新实践美学丛书

张玉能 主编

A Study on Aesthetics of Practical Ontology

石长平 著

实践本体论美学思想研究

人民出版社

总　序

张玉能

“新实践美学丛书”在“实践美学终结论”的叫喊声和“实践美学终而未结”的叹息声之中推出了。这表明实践美学并没有“终了”和“结束”，而是“终究”“结出硕果”。这是实践美学走向“新”阶段的一个标志。

实践美学，作为中国特色的当代美学流派，生成于20世纪50—60年代的美学大讨论，并且在20世纪80—90年代成为中国当代美学的主潮。与此同时，后实践美学与实践美学的论争也拉开帷幕。正是在这场论争之中，实践美学发展到了新阶段。20世纪90年代，著名美学家蒋孔阳的《美学新论》，既总结了实践美学的成果，也开启了新实践美学的发展新路。蒋孔阳是新实践美学的奠基人。我，作为蒋孔阳的学生，既爱真理，也爱吾师，因为吾师走在真理的路上。我和我的学生和朋友们，也将继续行进在真理的路上。这是一条马克思主义美学中国化的道路，也是坚持马克思主义实践观点发展实践美学的康庄大道，是新实践美学不断开拓前进的探索之路。前不久朱立元主编了一套“实践存在论美学丛书”，已经展示了新实践美学的锦绣前程，现在我们又出版这一套“新实践美学丛书”。这一切都表明，我们是脚踏实地、认认真真、兢兢业业地在为建构中国特色当代美学而努力奋斗，这也是我们的新实践美学的实践。我们认为，只有潜下心来，认真研究，坚持真理，才是繁荣和发展中国当代美学的现实历程。

《新实践美学论》作为本丛书的第一本著作，第一次印刷不到三个月就重印了，这应该是一件非常令人鼓舞的事情。它不仅显示了实践美学的新的生命力，而且更昭示着新实践美学生生不息的力量。我们将在近年向学术界和读者朋友们推出新实践美学的研究系列新成果。它们都是年轻的教授、副教授、博士生们精心研究的结晶。

我们将不再与一些没有根底的人进行所谓“终结”或“终而未结”的无谓

争论，我们将不断地潜心研究实践美学的新发展，为建设中国特色的当代美学作出应有的贡献，为繁荣当前多元共存的美学和文艺学学术尽心尽力。希望那些没有根底的人也找到自己的根，拿出一点像样的自己的东西来，别老是鹦鹉学舌般地到处信口开河，宣布这个“终结”，那个“终而未结”，然而自己却没有立足之地，悬在西方人概念的半空之中。还是脚踏实地地建构一点事业为好。因此，我与我的学生和朋友们将义无反顾地为建构新实践美学而走自己的路。

本来学术上的争论和切磋是非常正常的事情，但是，对于那些只有哗众取宠之心却无实事求是之意的“无根者”，我们将不再正视了，让这样一些人去鼓噪吧，我们还是明确方向，一步一个脚印地行进在我们自己的道路上。我们的成果将是我们努力的见证。我们也真诚地欢迎真正做学问的同行和朋友们批评指正，大家共同建设中国特色当代美学，在百家争鸣之中多元共存，携手前进。

是为序。

2009 年 7 月 6 日于武昌桂子山

目　录

实践美学在研究中创新发展(代序)

张玉能

石长平副教授的《实践本体论美学思想研究》要出版了,他要我写一篇序。一方面,我觉得,好像是习惯成自然了,因为我的博士生的大作出版我几乎都写了序言,这种习惯包含着一种深厚的感情,不得不如此;另一方面,我好像确确实实也有一点关于实践美学的想法要说出来,一吐为快。

实践美学从20世纪50—60年代形成,到80年代成为中国当代美学的主导形态,再到90年代遭遇后实践美学的质疑和超越,至今已经发展到了一个新的历史时期。在这个历史发展过程中,新实践美学脱颖而出,成为坚持和发展实践美学的主力军,在与反对实践美学的学人的论争之中许多主要问题得到澄清,许多关键概念得到厘清,许多新的观点得到阐发,这就标示着实践美学正在发展,充满着生命力,前途一片光明,同时也就打破了以往的那种所谓"实践美学终结论"的彻底破产,这种论调的炮制者现在"功成名就",好像同时也偃旗息鼓,改弦更张,另谋出路了。在这种情况下,我想到那些对实践美学发展作出了卓越贡献的美学家们,如李泽厚、朱光潜、蒋孔阳、刘纲纪、周来祥等。他们在实践美学发展方面功不可没,他们的实践美学思想是新实践美学和发展实践美学的宝贵资源和资料库。他们每一个人在马克思主义美学——实践美学的大旗下都取得了自己的成就。我们要发展实践美学,他们的美学思想是一些可靠而可贵的出发点。因此,我认为,发展实践美学还有另一条行之有效的路径,那就是研究李泽厚、朱光潜、蒋孔阳、刘纲纪、周来祥等老一辈实践美学大家的美学思想。因此,这也就是:实践美学在研究中创新发展。我在指导自己的博士生撰写博士学位论文的时候,就有意识地注意到了这个方面。因此,我的博士生黄定华、石长平、刘继平分别研究了蒋孔阳、刘纲纪、周来祥的美学思想。在指导这几篇博士学位论文的过程中,我深深地体会到,这些实践美学的前辈大家的论著和美学思想中有着许许多多的东西值得我们研究、发掘、继承、开拓。所以,我把研究他们的实践美学思想当做发展实践美学的另一条康庄大道。我希望能够有更多的博士生、硕士生来探索这一大宗珍贵的美学资源,以发展实践美学,进而推进中国当代美学的纵深发展。石长平的《实践本体论美学思想研究》就是这样的研究著作,可以对新实践美学的创新发展起到促进作用。

在我看来,实践本体论美学的代表人刘纲纪教授是实践美学的主将之一,是坚持和发展马克思主义实践美学的主帅之一。他的实践美学思想在许多方面都是实践美学创新发展的旗手。石长平的著作对此做了很好的研究,可以给新实践美学的传承与创新提供扎扎实实的思想资源。

石长平著作的内容主要是:第一章对实践本体论美学的代表人刘纲纪美学思想的历史渊源进行沿波讨源的追溯。刘纲纪的美学思想,是以深厚的中国传统文化为依托的,在人生态度上和理论资源上,儒、道、佛(主要是禅宗)三家对他的美学思想都有深刻影响。西方理论的影响主要包括三个部分:德国古典美学、马克思主义哲学和美学、近现代西方美学思想和心理学,其中马克思主义思想是根本基础。第二章论述刘纲纪实践本体论的涵含与建构语境。刘纲纪认为马克思主义哲学是关于本体论的哲学,它在不同范围和层次上可以分为物质本体论和实践本体论。实践本体论具有三重基本内涵,即存在者的存在论、认识终极解释的存在论、终极价值的存在论。在实践本体论的基础上,刘纲纪用实践创造、自由来阐明美的最终本性,从而展开他的实践美学理论。第三章主要分析总结实践本体论美学的总体特征与理论结构。实践本体论美学理论总体上有两个重要特征,一是理论形态属于马克思主义实践观的哲学美学;二是理论体系结构表现为动态开放的三维结构:其理论轴心是实践本体论的形上观照,其理论实践是多学科具体知识的形下实证,而其理论旨归则体现着入世态度与经世情结,具有强烈的时代性与现实感。而就其实践本体论这一形而上的理论维度来看,它的结构主要由三点构成:其哲学基础是整体实践观,其理论核心是创造自由论,其艺术本质观是审美反映论。第四章论述实践本体论视界里的美与美感。刘纲纪认为,以物质生产劳动为基础的实践活动是人类社会的起源,所谓的美,就是通过人类生活的实践创造所取得的,感性具体表现着人的自由的各种对象,因此,美的起源来自人类的实践,而美的本质也就是人在实践活动中所表现出来的创造性自由在其实践对象上的感性表现。在形态上,依据美与实践劳动的距离远近,可区分为纯粹意义的美与非纯粹意义的美,亦可区分为艺术美与现实美,现实美又分为形式美、社会美和自然美等。由于美是人的自由的感性显现,美感是人从他所创造的世界上直观到他的自由获得了实现时所引起的一种精神愉快,是一种由于见到人发挥自己创造的智慧、才能和力量,战胜了种种困难,从客观世界取得了自由而产生出来的愉快。美感有直观性、超功利性、能动性等特性。第五章探讨实践本体论艺术学美学的思想蕴含。由于马克思主义哲学首先是实践本体论的哲学,因此,马克思主义实践本体论美学的反映论,不等同和局限于一般认识论意义上的反映,它是一个既包括感觉和思维也包含情感和意志的广泛的概念,艺术本质上是对现实生活的审美反映。从历史的发展分析艺术美的类型,可以分为原始艺术、古代艺术、近代艺术和现代艺术;从艺术对现实的反映来看,艺术可分为再现和表现两大系列,两大系列又依据其他原则再分为11个门类。书法和绘画艺术理论是刘纲纪艺术美理论在部门艺术研究中的具体实践。他认为,书画是对现实的审美反映,是效于自然、心物交感的产物。从实践本体论美学的观点出发,刘纲纪提出了书法艺术的"比象说",总结出书法的生命形式和情感意味两大特征,提出了"广义文人画",并对"六法"作出了独特而精到的表诠。这表明了刘纲纪向科学实证美学尝试性发展的学术意图。

从以上的这个内容摘要来看,石长平博士的著作应该是目前关于刘纲纪实践本体论美学思想研究的最为全面、系统、完整的研究成果。它给我们以极其宝贵的启示。

首先,实践本体论美学思想昭示我们,当代美学思想体系是可以而且应该把马克思主义美学、中国传统美学思想、西方美学思想融会贯通起来的,建构起具有中国特色的,可以与西方美学对话的马克思主义实践美学。其次,实践本体论美学思想对于实践美学的创新发展最根本的贡献就是明确地提出了实践本体论。这一卓越贡献既坚持和发展了马克思主义美学的哲学基础,又纠正了中国哲学界和美学界长期否认马克思主义哲学本体论而把美学研究拘囿于认识论或反映论的牢笼中的褊狭,还给新实践美学的创新发展开辟了哲学本体论的根本路径。再次,实践本体论美学思想坚持和发展了马克思主义认识论的艺术论,把艺术反映论的范围奠基于实践本体论之上,把艺术反映论从单一的认识维度扩展到人的整个精神领域或者"知、情、意"整体,赋予艺术反映论以新的生命力。又次,实践本体论美学思想对美和美感作出了明确而又完整的界定,使得美学之谜有了一个可以捉摸的答案。而且刘纲纪的答案简明扼要,提纲挈领,切中肯綮。你可以不同意他的看法,可是不能漠视他的观点。最后，刘纲纪实践本体论美学思想涉及许多具体的文学艺术领域，把抽象的美学原理探索与具体的艺术门类研究有机结合起来。他的书法美学研究、绘画美学研究、中国美学史研究都是独树一帜、卓有成就的。

我们可以在刘纲纪教授那里学习许多东西，以进行新实践美学的创新发展。要学习好刘纲纪美学思想，当然首先要研读刘纲纪美学原著，然而石长平博士的《实践本体论美学思想研究》却可以给我们指引路径，可以让我们事半功倍，让有志于实践美学研究的学人少走弯路。让我们的新实践美学在实践美学研究中创新发展，希望有更多的类似石长平著作的研究成果问世，以壮大新实践美学的声势和成就。

2012 年 7 月 3 日暑热之中
于武汉桂子山知足斋

绪　论

一、缘起与意义

20 世纪 80 年代以来，中国从长期封闭自守走向了对外开放，在经济逐步改革的同时，意识形态领域也以开放的姿态迎迓各类异质文化，“80 年代翻译国外美学哲学文献的速度和数量是空前的。人们不问‘姓社姓资’，痛痛快快地奉行着鲁迅所主张的‘拿来主义’”①。一时间，曾长期被拒于国门之外的各种文化思潮接踵而至，令人目不暇接的哲学思想以不同的地域文化色彩和不同的语言体系影响着中国学界的思维形态、精神理念和话语方式。“求新声于异邦”，本是 19 世纪末到“五四”前后，以王国维、鲁迅等为代表的先行者的文化追求，在思想文化领域解禁以后，中国思想界以“五四”时期启蒙者同样的理论追求和更加饱满的热情对西方思潮采取了拿来主义的态度。从哲学美学领域看，在西方，从 20 世纪初到 50 年代被称做“现代美学时期”，西方世界由于从自由资本主义过渡到垄断资本主义，美学思想也由于时势的迅速变化而呈现出流派林立、思想芜杂、瞬息万变的复杂态势，这些以科学主义和人本主义为总体特点和发展走向的理论主潮，在国门洞开之后，与后现代主义美学（从 20 世纪 50 年代至今的哲学、美学思潮）一道在中国大陆的理论话语里反复呈现着。② 作为主要的人文主义思潮，叔本华、尼采、克罗齐、弗洛伊德、荣格，现象学、存在主义、法兰克福学派理论等，沿着康德开辟的道路，从审美客体的研究转向审美主体的研究，审美被当做人的超越功能和解放手段被突出出来。

与上述人文主义思潮相对应，科学主义美学思潮在费希纳、桑塔亚那、托马斯·门罗、杜威、瑞恰兹和维特根斯坦的分析美学，卡西尔、苏珊·朗格的符号美

---

① 邓晓芒：《中西文化领域中真善美的哲思》，哈尔滨：黑龙江人民出版社 2004 年版，第 358 页。

② 参见张玉能：《西方美学思潮》，太原：山西教育出版社 2005 年版。

学,阿恩海姆的完形心理学美学,以及结构主义、俄国形式主义、阐释学美学、接受美学等的推波助澜下,反对形而上思考,强调形而下的实证研究,着力于审美形式的结构与功能的分析,在厌倦了被他们认为徒劳无益的纯粹思辨活动的同时,表现出将研究实证化和科学化的理论倾向。后现代主义思潮主要有以德里达和保罗·德曼为代表的解构主义、福柯的后结构主义、拉康的后精神分析、伽达默尔的新解释学等,在后现代主义这里,文化批判、神话研究、文化结构分析、语言分析和符号形式的探寻成为注意的中心,文化研究成为哲学和美学研究的新视野。

旧的理论在重新诠释后以新的面目闪亮登场,新的理论则带着大洋彼岸海的咸味和墨香新鲜出笼。在中国占主流地位的马克思主义美学曾一时间被新理论的波涛推至边缘。“消解”、“去魅”、“解构”、“颠覆”等成为使用频率极高的关键词语,马克思主义实践论美学被性情急躁的人匆匆宣布终结了,取而代之的是“超越美学”、“生命美学”、“否定美学”、“存在美学”、“怀疑美学”、“体验美学”等,中国当代美学自20世纪90年代始进入了一个所谓的“后实践美学”时代,实践美学似乎要被放逐到理论的边缘。

实践论美学的遭际,实际上是马克思主义哲学和美学在后现代境遇中所经历的一次严峻挑战和重大考验。在纷至沓来的现代、后现代的各种思潮中,马克思主义者虽然没有失语,但他们的声音在众声喧哗中却显得相对微弱了,马克思的名字被人们有意无意地躲避或摒弃了。张立波在《后现代境遇中的马克思》中说:“尽管年长一些的马克思主义学者运用马克思主义的立场、观点和方法对后现代主义予以批判,尽管年轻的马克思主义学者试图深入探讨后现代主义及其与马克思、马克思主义、马克思主义哲学的关系,但从思想文化争论的总体面貌来看,马克思被游离于思想之外,被搁置起来了。”①20世纪90年代以后的某些时期里,马克思在一定程度上或明或暗地成为缺席的被告,任凭原告们随意言说或置之不理。

究其原因,是由于在中国,马克思主义长期以来作为国家的主流意识形态,后现代注重边缘、消解中心和权威,所以它不会也不愿关注马克思主义;自由主义寻求自我情欲的任性畅游,自然也就排斥作为指导思想的马克思主义;保守主义试图在传统中寻找赖以自足的思想资料,对源于西方的马克思主义也要加以抵制;同时,也由于马克思主义的阶级和革命学说在十年浩劫中被极端化发展和

① 张立波:《后现代境遇中的马克思》,北京:民族出版社2002年版,第3页。

运用,马克思主义成为暴力理论的代码,使那些饱受苦难的人们形成了排拒马克思主义的心理倾向;而且,由于俄苏模式的马克思主义长期显扬国家学说和经济学说,使得马克思主义哲学体系里的对人类全面解放的终极关怀的生态维度、价值维度等潜隐不显,这也使得“生态主义者”只看到人对自然的征服,而看不见与自然和谐共处的理论指向;使得“人文主义者”看不见马克思主义人文价值的一面,在附会着“人学空场”的言论中尖锐地批判其斗争学说。对马克思主义美学的批判与否定,正是对马克思主义否定与拒斥的一种具体表现。

马克思主义在后现代中的境遇直接影响着马克思主义美学的建设与发展。中国马克思主义美学在1942年确立以来,经由新中国成立后的两次美学大讨论,马克思主义实践论美学在中国大陆占绝对优势的一元格局逐渐形成,它极大地丰富和发展了马克思主义的美学思想,为新中国的社会主义文化建设起到了不容忽视的作用。由于几代学人的苦心经营,使之成为当今世界三大马克思主义美学形态之一,其理论贡献无论是在国内还是在海外都是丰硕的,但这种一元格局的存在,势必会在主流意识形态的运作下抑制其他美学学派的出现与发展,因此,20世纪90年代以来后实践美学诸派的出现,是这一时期一部分美学学人在西方诸思潮影响下力图在实践美学之外有所作为,实现当代美学观念更新和学术转型的一种努力,这是美学学科意识增强的表现,是当代美学积极谋求新突破、新建设的表现。① 他们突破实践论美学的一元化格局,使中国美学进入一个真正的“百家争鸣”的多元化时代,这种局面有利于广开思路、相互竞争,有益于营造一个富有勃勃生机的健康的学术氛围,也有利于实践论美学的深化拓展和丰富完善。

但是,正如刘纲纪所言:“多元化是现代思想发展的必然趋势,但这并不意味着每一元的思想都是符合实际的、正确的,也不意味着在多元的情况下,中心与主流将不复存在,必然要被彻底消解。”②多元化的倡导不是取代或取消原有理论思想,超越实践美学也不就是抛弃实践美学,实践美学并没有如明日黄花在

① 邓晓芒在《20世纪中国美学之回顾与反思》(《福建论坛》1999年第4期)中对这一现象有一个引人深思的看法,他说:“进入90年代……一些新进的青年学人却已在谋划着一场对整个美学的颠覆,当他们用大量生吞活剥的外来新名词对美学和文艺学领域进行轮番的地毯式轰炸之后,又以西方后现代的姿态对以往的美学范畴和美学问题加以解构,由此而宣布了‘后实践美学’乃至‘反美学’的到来。其实,这种貌似激进的倾向与中国历来蔑视理论建构、一味妙悟的美学传统骨子里有某种暗合,美学中最先锋的思潮与90年代的国学热和传统文化的回归走着同一条路。”

② 刘纲纪:《中国书画、美术与美学》,武汉:武汉大学出版社2006年版,第858页。

后实践美学一相情愿的"终结"声里烟消云散，实践美学更不是在后实践美学谋求自我树立、自我卓异的讨伐中如他们所说那样病入膏肓了。拒绝马克思，运用西方现代和后现代理论资源构建中国新美学的学术意愿本无可厚非，但我们还要问，建立在西方某些理论思潮之上的后实践美学诸派真的拿到了灵蛇之珠、获得了荆山之玉了吗？实践美学真的被完全消解、彻底抛弃了吗？而且，他们口诛笔伐的李泽厚实践美学真的就是中国马克思主义实践论美学的全部吗？正如众所周知的那样，事实并非如此。可是我们不能只怪罪后实践美学诸君的急于超越、突破、建树的学术努力，实践论美学自身存在的理论困境没有得以圆满解决是原因之一，但为人所忽视的另一个原因是，当我们面对非实践美学对实践论美学家不相统一的学术见解的批评时，常常习惯性地默认了这种对马克思主义美学的不同见解和不同建构当做一种缺陷而加以认同，也许还没有完全意识到这恰恰是实践论美学的卓越之处，是对前期以李泽厚为代表的实践论美学的改造和超越，是实践论美学永葆理论生命力的一种具体表现，是对马克思主义美学的建设与发展。与李泽厚同一时期的蒋孔阳、刘纲纪、周来祥、杨恩寰以及下一代学人朱立元、张玉能、邓晓芒、王德胜、陈炎、彭富春、李丕显等先生，他们都在实践美学的领域里孜孜耕耘并创获着许多理论成果，我们尚没有去认真总结，他们中很多人的理论成果尚没有被深入系统地研究，没有能总体性地呈现给学界，从而给实践美学的批判者以偏概全、以旧（观点）为新（观点）的错觉，造成学术论争中不应有的偏激与尴尬，这是我们不应回避的一个现实。在这个意义上，对刘纲纪等实践论美学家的思想研究应作为一个紧迫的任务提到日程上来。

就目前而言，国内对实践论美学第一代代表人物刘纲纪等人的研究显得相当薄弱，这可以从对中国现当代美学家的评传中略见一斑。20 世纪 80 年代末，辽宁人民出版社出版了第一套《中国当代美学思想研究丛书》，集中研究了朱光潜、宗白华、王朝闻、蔡仪、李泽厚、蒋孔阳、高尔泰等人，这似乎为后来的美学家研究开了先河，其名单基本上不外乎这几位美学家，如 1993 年姜小东等主编的《中国美学家评传》（吉林教育出版社出版），除了上述几家外，只多了周扬；1997 年封孝伦的《20 世纪中国美学》一书出版，该书以宏阔的历史视野，对 20 世纪美学进行了梳理和总结，从梁启超到周来祥，对他们的美学思想进行了比较深入的评述，而刘纲纪和王朝闻等著名美学家只放在"中华美学学会成员介绍"中予以简短评说。陈文忠的《美学领域中的中国学人》出版于 2000 年，对刘纲纪先生的简括介绍是在该书的第九章"李泽厚：20 世纪后期中国美学的领潮人"里作为 20 世纪 80 年代第二次"美学热"时期李泽厚的响应者而予以点评的。只有在

1989 年由穆纪光主编的《中国当代美学家》一书中，刘纲纪才与 25 位中国当代美学家们一道给予应有的研究。我们所罗列这些，并不是有意责备那些“并不求其全”的美学断代史的研究者们，更无意苛求对中国 20 世纪美学进行宏观论述的美学学人们，因为史的编写必然有编撰者见仁见智的取舍。但有一点是可以肯定的：对刘纲纪等实践论美学家的存而不论或论而简略是中国现当代美学史撰写中的一种倾向。也许在他们看来，实践美学只要谈到李泽厚就足够了，刘纲纪的美学思想的独特之处并没有被指认和彰显出来，最多被认为是对李泽厚“诸命题说法的一种发挥”。①

造成这种情状的原因，除了前述的思想文化大背景之外，我们认为还有如下几种原因：一是撰著者追求一种大致的粗放线索，不求全面的写作意图。这是多数研究者的共同倾向，如章启群先生的《中国百年美学史略》等。二是认为刘纲纪作为美学史家的影响大于他作为美学家的影响，如封孝伦先生指出：“刘纲纪的美学影响，主要不在于他的关于美本质的观点，而在于他与李泽厚联合主编的《中国美学史》。”②三是仅把刘纲纪作为李泽厚美学观点的响应者和发挥者的身份认定，如前述陈文忠先生的观点。四是刘纲纪的著述除《艺术哲学》、《哲学与美学》、《传统文化、哲学与美学》外，其他为数众多的关于马克思主义哲学美学的论著散见于报纸杂志，未能及时集结成册。这些论述，大多是他近年来对马克思主义哲学与美学最为深刻、成熟的思考，但由于它们散见于报刊之中而不易搜集，使得许多研究者不能从整体上认识到他美学思想的独特精到之处，对他思想流变的脉络缺乏总体把握，这是一个重要的原因。五是地缘关系。相对于学术中心北京和上海而言，武汉虽是实践美学的重镇，却是全国学术的非中心地区，这在一定程度上影响了刘纲纪美学思想的传播与研究。凡此种种，制约了刘纲纪美学思想研究的有效进行。

现阶段，对刘纲纪等马克思主义美学家进行深入系统研究的不利因素日益减少，对他们进行研究的条件逐渐成熟。从研究的学术氛围方面看，西方现代思潮笼盖中国理论界的情形已有所改变，向传统理论回归的趋势已渐显现，研究马克思的通道又被重新疏浚。人们发现，在对林林总总的现代、后现代理论进行解读时，许多都和马克思主义有着承继的关系，如果要对它进行有效的诠释，想绕过马克思几乎是不可能的；同时，随着马克思主义研究的逐步回暖，马克思主义

① 陈文忠：《美学领域中的中国学人》，合肥：安徽教育出版社 2001 年版，第 524 页。

② 封孝伦：《20 世纪中国美学》，长春：东北师范大学出版社 1997 年版，第 450 页。

的理论地位和重要性进一步加强，因而，在现今中国的思想语境中，一切源于西方的文化思潮必然要和马克思主义发生撞击，马克思主义必然要对其进行质询。有不少论者已经指出在马克思主义中具有后现代意蕴，这在一定意义说明了马克思主义的当代性，也印证了后现代思想家的论题仍未能溢出马克思的理论视域。如海德格尔、罗蒂、德里达、福柯、詹姆逊等人的思想，或直接或间接地与马克思主义有着亲缘关系。德里达在大声疾呼“不能没有马克思”的同时，肯定地说：“地球上所有的人，所有的男人与女人，不管他们愿意与否，知道与否，他们今天在一定程度上都是马克思和马克思主义的继承人。”①不管这是否是德里达解构的一种策略，但可以肯定的是，我们今天仍处于马克思主义的“问题域”里，马克思主义远未终结，我们对于社会政治、历史的思考和行动都会不由自主地置于马克思所创造的场域里。马克思主义在西方所遭遇的这种从抑到扬的过程，在文化理论全球化的今天，自然也极大地影响了中国思想理论界，一度为人贬抑的马克思主义在中国思想界再次凸显出来，这种“回到马克思”的现象，绝非只能用马克思主义是主流政治意识形态可以解释得了的。被人贬抑批判了的马克思主义实践论美学也被越来越多的美学工作者重新探讨。当然，这种探讨已非20世纪50—60年代迫于政治权力的言不由衷的“一万个拥护”和“举双手赞成”，也不是80年代某些批判者不加辨析毫不留情的全盘否定，而是以一种科学的理性的眼光对其进行重新审视，是一种学理上的批判和论析。这种状况的出现，主要源于两种缘由：首先在于实践论美学所具有的“实践精神”。马克思主义从来就不是经院哲学，马克思主义美学也不是论坛美学，不仅仅表征着一种知识态度，更主要的它暗示着一种生活样式，是对人、社会、自然的发展历程、前景和命运的深切关怀。在中国现阶段，由于市场经济的转变，政治、经济、文化等权力的重新分配，使得官民、富贫、强弱的对立格局重新形成，人与社会、人与自然以及人与人本身的矛盾对抗有进一步加剧的趋势，如何消除解决这些矛盾冲突，塑造和谐人格，营造和谐社会等现实问题是生命美学、超越美学无法解决的，它们所张扬的彼岸性并不能给每一个具有强烈现实感的个体以真实的关怀与慰藉。其次在于实践美学的“批判精神”和“建设意图”。秉承着马克思主义的批判精神，实践论美学对社会各种异化现象始终持批判的态度，仅就文学艺术而言，它强烈批判拒绝责任、拒绝社会、陷入自我内心的庸俗文艺，强烈批判以金钱、色情、暴力为主题和旨趣的文化垃圾，倡导健康的社会主义新文化建设。与

① [法]德里达：《马克思的幽灵》，北京：中国人民大学出版社1999年版，第127页。

马克思主义建设更为公正、自由、合理有序的社会理想的宏伟叙事一致,实践论美学褒扬的“艺术化人生”和“天人合一”的审美理想境界,展示着一种普遍的历史进步观和人的全面发展的美好图景。在这种社会氛围和思想倾向中,进一步研究马克思主义实践论美学家的精深思想,弘扬实践论美学的实践品格和进步精神,建构社会主义和谐文化,确保社会主义先进文化的主导性地位,其意义是极其重要的。

从被研究主体的方面讲,面对从西方泊来的主义与思潮,面对着马克思主义实践论美学遭受的质疑和批判,刘纲纪利用正反两方面的思想资源对实践论美学进行不断地阐释与建构,因而他的思考也就更全面、更深刻、更接近中国所处全球经济化、政治化和文化价值多元化的实际,因而也更具有现实意义。如他对中国现阶段的分析(现代与后现代交叠,启蒙与后启蒙交叠)对两种大众文艺的分析,对现阶段社会主义新文化建设需要重新叙写新理想主义和新英雄主义的论述等,都为文学艺术的发展走出迷茫指出可行的方向,为解释中国现阶段斑驳复杂的文化现象提供了宝贵的思想资源。这样就会使对刘纲纪研究避免流于相对空泛的理论体系上,相反,使其思想研究更具有当下性和前瞻性、针对性和实效性。其次,2006 年 10 月,刘纲纪 250 余万字的五卷本文集出版,这使得过去散见于报刊上的诸多重要论述都集中起来,为研究刘纲纪的整体思想和理论体系提供了相对便利的条件。

总结和反省老一辈美学家的理论结构、思想个性和学术历程,会使我们今天的美学工作者获益良多,会对中国美学的进一步创新和发展提供更多的可能。前辈厚积薄发的思想智慧总会给后学者无尽的启思,无论对学人还是学术,也无论是对实践美学还是中国美学乃至世界美学,我们都有理由认为,对刘纲纪先生实践论美学思想的深入系统研究,将具有不可忽视的理论价值和现实意义。

二、现状与问题

对刘纲纪的实践本体论研究是从 20 世纪 80 年代开始的。经过长时期的积淀与思考,刘纲纪丰富的哲学和美学思想在 80 年代以大部头的著作形式呈现出来,《中国美学史》(第一卷)、《美学与哲学》和《艺术哲学》的先后出版,填补了以马克思主义哲学美学理论系统研究中国美学历史和艺术的学术空白,在他的学术影响日益扩大的情况下,对他美学观点的探讨也开始了。概括来讲,这些研究大致可分四类:书评式研究;总结比较型研究;介绍型研究;论争型研究。

1. 书评式研究

对刘纲纪的研究最初是以书评的形式开始的。就目前搜集到的资料看,较早的是金大陆1985年在《读书》第1期所发表的《关于〈美学对话〉的对话》一文。该文模仿《美学对话》中两人交谈的形式,对刘纲纪在《美学对话》中所表述的美学思想做了简要的评述。1986年,刘纲纪的《美学与哲学》和《艺术哲学》相继出版,引起了学术界的广泛关注,一些学者以书评的形式对这两部书中的美学思想进行辨析和评价,并对他这一时期的美学思想进行了初步述评。主要有:张玉能先生的《马克思美学研究新成果——简论刘纲纪实践观美学思想》(《文艺研究》1987年第5期);易中天先生的《站在实践哲学的历史角度——刘纲纪"实践自由说"的美学观评述》(《武汉大学学报》1987年第6期),等等。稍后,黎山峣先生发表了《实践—自由—审美:刘纲纪美学思想评述》(《江汉论坛》1989年第5期),邹华先生发表了《向外部世界扩张的崇高——刘纲纪的美学思想》。从形式上看,都是评论性文章,而且主要是对刘纲纪《艺术哲学》的评论,《美学与哲学》虽有论及,但多是用来引征证明《艺术哲学》中的美学思想的;从时间上来看,这一时期是刘纲纪的美学思想基本形成期,尽管《艺术哲学》是刘纲纪"实践本体论"思想的具体展开与落实,但他清理与建设实践论美学的基础工作尚在初步进行中,他的"马克思主义哲学是实践本体论的哲学"的命题尚没有明确提出,以上四文的论述也只能是对刘纲纪前"实践本体论"时期美学思想的述评。

张玉能先生的这篇文章是这一时期比较重要的研究文献之一。该文认为刘纲纪的思想是"实践观美学思想",但这尚属一个较为笼统的界说,"他(刘纲纪)的美学思想是以作为历史展开的动态形式的实践(首先是物质生产劳动)为坚实基础的"①,这还没有完全把刘纲纪与李泽厚、蒋孔阳等人的实践观点严格区分开来。到了2000年,张玉能先生在他的另一篇文章里才明确地指认了刘纲纪美学思想的独特之处,他说:"在80年代末、90年代初,刘纲纪系统地比较了马克思、恩格斯、列宁等革命导师的相关哲学和美学的关键范畴,又旗帜鲜明地提出了实践美学的哲学基础的重要方面——实践本体论,在李泽厚观点转变之时,继续高举实践美学的大旗。我以为刘纲纪的实践美学思想体系可以称为'自由

① 张玉能:《马克思美学研究的新成果——简论刘纲纪实践观美学思想》,《文艺研究》1987年第5期。

实践美学'或'实践本体论美学'。"①这一观点,直接启示了本论文的构思。易中天先生依据刘纲纪业已出版的《美学与哲学》、《艺术哲学》、《美学对话》和《中国美学史》,洞见了刘纲纪贯穿在这一系列著作中的新观点:"美是人在世界的实践创造中所取得的自由的感性的具体表现。"认为这"实际上已经形成了一个可以称之为'实践自由说'的美学新学说"。② 指出这一新观点是以马克思主义指导美学研究所取得的一个重要成果,具有理论和现实的意义。易文通过对"实践美学"、"自由本体"等七个问题的论述,指出刘纲纪的美学思想是"以实践哲学为理论基础,以自由本题为逻辑起点,以劳动起源为发生原理,以创造特质、社会属性和感性形态为本质观点,并以历史尺度作为逻辑线索贯穿于其中的美学新学说。"③这一结论基本上是正确的,易中天较早地在刘纲纪的美学思想中洞悉了其本体论思想和这一思想在其整体理论体系中的重要作用,但是,把"自由"看做刘纲纪美学思想的本体却是不符合实际的,即使说"实践自由是马克思主义美学的本体论",仍然是易生歧义的说法,而把历史尺度作为刘纲纪的美学思想的逻辑线索的提法,也是值得商榷的。

黎山峣的文章写作时,刘纲纪的实践本体论已经明确提出,这就使得黎文得以在更高的哲学层面较为准确地把握刘纲纪的美学思想,因为"实践本体论"的提出,标志着刘纲纪的美学思想发展到了一个新的时期——深化发展期。黎文对"实践——自由——审美"的逻辑推演,把刘纲纪的实践本体理解为"劳动为基础的人类整体的实践活动",对刘纲纪的美学思想在西方美学和当代审美意识发展中所做的考察,对本书有一定的启发。邹华的文章是 20 世纪 90 年代初研究刘纲纪较重要的一篇。当大家都把注意力集中到刚出版的《周易美学》时,邹华仍对《艺术哲学》情有独钟,他高度评价了这部著作严密的逻辑过程和有机的范畴联系,认为它是一部"不多见的具有系统性和流动性的理论形态"。④ 但这篇论文有两个观点值得商榷:一是把刘纲纪的美学思想定性在"客观论"美学上;二是把刘纲纪的美学思想的内容和观点看做是对胡风美学思想的展开和深

① 张玉能:《实践美学:超越传统美学的开放体系》,《云梦学刊》2000 年第 2 期。

② 易中天:《站在实践哲学的历史高度——刘纲纪"实践自由说"的美学观点述评》,《武汉大学学报》1987 年第 6 期。

③ 易中天:《站在实践哲学的历史高度——刘纲纪"实践自由说"的美学观点述评》,《武汉大学学报》1987 年第 6 期。

④ 邹华:《向主体外部世界扩展的崇高——刘纲纪的美学思想》,《西北师范大学学报》1993 年第 1 期。

化，是胡风美学思想的更高形式。对于第一点，邹华显然把刘纲纪美学思想与蔡仪美学思想混为一谈了。蔡仪的“美在典型”的客观论美学在20世纪50、60年代美学论争中是众所周知的，刘纲纪一贯反对这种观点，这在他的论著中很容易就可以看到。即使是在前不久当笔者和刘先生漫谈时还讲到这个问题，他回忆了当时在北大上课时的旧事：一次蔡仪先生拿出两个大小不同的信封，问学生哪一个更美，学生们并不知道一个是普通的信封，一个是严格按照“黄金分割比例”特意制作的，大家都没有认为一个比一个更美或更丑。笔者当时说：您在那时就不大同意蔡先生的观点了？刘先生语气坚定地纠正说：不是不大同意，是不同意。可见，把“客观论”美学思想加给刘纲纪是很不确切的。第二个问题是建立在第一个问题的基础上的，我们无意把客观派或主观派的头衔加给胡风，可以肯定的是，胡风关于“创造了感性世界”的理论可能与实践观美学思想有共通之处，但它并不因此就成为刘纲纪美学理论的生长原点。

1992年，刘纲纪《周易美学》的出版在学术界引起了广泛的反响。1993年，刘清平先生首先发表了《〈周易〉研究的新开拓：评〈周易美学〉》一文，从训诂学考证、现代哲学分析、中西方哲学与美学思想比较等方面对《周易美学》进行了评析，指出这部著作是“从哲学本位的角度，将《周易》放在古代文化思想发展的客观的历史背景中，全方位深层次地讨论了其美学精神”的力作①；张玉能先生接着在《文艺研究》上发表了《周易美学》一文，对刘纲纪的《周易美学》进行了中肯的评析，指出它“不仅从总体上把握住了中国美学中的生命美学及其交感论和意象论的体系框架，而且具体阐发了中国古代美学中的许多重要美学范畴”。而且，在对中国古代美学范畴体系的整理和研究上，“《周易美学》在这个领域中的开拓和发掘，无疑是成功的范例”②。高楠先生则以《贵在拨乱反正的学术价值——评〈周易美学〉》（《中国图书评论》1993年第5期）为题，从当时社会神秘化、庸俗化《周易》的现实出发，指出《周易美学》正本清源、拨乱反正的学术价值和现实意义。1994年，邹元江教授接连发表了两篇评论：一是《生命哲学与生命美学：评刘纲纪的周易美学》（《哲学研究》1994年第1期），二是《心物交感——文艺本题论》刘纲纪《〈周易美学〉述评》（《贵州社会科学》1994年第5期）。前者着重分析了刘纲纪对中国美学思想的哲学基础是生命哲学的论断，论述了《周易美学》中的生命美学思想；后者意在阐明在《中国美学史》特别是在

① 参见刘清平：《〈周易〉研究的新开拓：评〈周易美学〉》，《武汉大学学报》1993年第3期。

② 张玉能：《周易美学》，《文艺研究》1993年第5期。

《周易美学》中，刘纲纪所提出的中国古代文艺本体论的核旨——心物交感观点。实际上，这一观点是刘纲纪的"审美反映论"在中国古代文艺研究上的具体阐发。进入21世纪以来关于《周易美学》的书评是夏冬红在《周易研究》2000年第1期发表的《〈周易〉中的美学——谈刘纲纪先生的〈周易美学〉》，亦值得注意。

1993年，刘纲纪主编的《现代西方美学》出版，邹元江发表了《解释的难题与创造地解释——评刘纲纪主编的〈现代西方美学〉》（《中国图书评论》1994年第3期）一文，对这部50余万字的著作及时给予评介。评论指出，该书从刘纲纪一贯主张的马克思主义实践观出发客观而相当深入地分析了西方现代各主要流派，因而与其他同类著作相比较有深度，它从某种意义上标志着国内对西方现代美学的研究开始走向成熟、深化和理性自觉。应该说，在国内编写西方美学的方面的著作中，以马克思主义作为方法的不少，以马克思主义作为方法同时贯穿马克思主义实践本体论观点的，似乎并不多，所以，邹元江先生的评价是相当中肯的。

和《周易美学》在21世纪仍被关注一样，《艺术哲学》也依然是不能让人轻易忘却的著作。在《文艺研究》2005年的第5期上，阎国忠先生发表了长文《实践美学的经典文本——评刘纲纪的美学思想》。作为美学界的名宿，阎先生是对中国当代美学的发展最为关注的学者之一，实践派美学的潮起潮落、云卷云舒，他都一直给予热情的支持和中肯的批评。他的长文，尽管是回眸刘纲纪写成于20世纪的文本，但并没有只从《艺术哲学》的观点出发，而是把它放在当下的理论背景和社会现实中，跨越两个世纪，跨越刘纲纪美学发展的三个时期，对刘纲纪《艺术哲学》中的思想，进行了比较深入的比照研究，是近年来探讨刘纲纪思想的一个重要文献。但作为书评，所谈问题仍主要是针对《艺术哲学》而言的，刘纲纪在《中国美学史》、《现代西方美学》，特别是《中国书画、美术与美学》里的思想并没有过多论及，他在同时期发表的《给实践美学提十个问题》（《吉首大学学报》2005年第4期）中所提到的问题，其中有的是刘纲纪已经在有关论著里作过解释的。可见，阎先生对刘纲纪美学思想尤其是近一个时期里的思想把握得仍不尽全面。

中国大陆之外，有两个人也以书评方式对刘纲纪学术思想进行了论析：一个是台湾已故著名学者傅伟勋，另一个是有影响的德国汉学家卜松山。《中国美学史》问世后，在台湾乃至韩国和日本学界都引起了不小反响，在傅伟勋等台湾有识之士的帮助下，《中国美学史》在台湾迄今已有4个版本，傅伟勋在1986年台湾《文星》杂志上发表长文对《中国美学史》给予评介，称其为中国美学的开山之作。稍后，应傅伟勋之约，刘纲纪为台北东大图书公司写作了《刘勰》一书，傅伟勋作了《大陆哲学界的"苦行僧"刘纲纪教授——〈刘勰〉序》，认为刘纲纪是"今日大陆美学界的佼佼者"。[①] 对他诚挚可亲的为人、深厚的学力以及"颇富奇才之气"的书法艺术给予了热情赞誉。卜松山在《以美学为例反思西方在中国的影响——刘纲纪〈德国美学在中国〉德文版序》(《青岛海洋大学学报》1998年第1期)中，简括地论述了西方人文学科对中国美学等领域的理论创建的范式意义和中国古代诗性思维对西方理论未来发展的可能影响，肯定了刘纲纪和他的中国同行们在自己的文化背景下对马克思的美学理论所进行的富有创见的探讨，以及把这种研究反馈到马克思故乡所具有的启发性意义，认为刘纲纪是"中国美学领域最具影响力的"学者之一[②]，因为刘纲纪和其他中国学者一道为德国读者了解中国美学作出了很大贡献，使中德两国在文化上开始了互相对话。

2. 总结、比较型研究

与李泽厚、蒋孔阳相比，对刘纲纪的研究显得相对薄弱。专著没有一部，研究论文也为数不丰。尚能令人欣慰的是，到目前为止，有四部著作里以章节形式对刘纲纪进行了总结性研究。分别是：穆纪光主编的《中国当代美学家》(河北教育出版社1989年版)，陈望衡的《20世纪中国美学本体论问题》(湖南教育出版社2001年版)，余三定的《学术的自觉与学者的自立：当代学者研究》(华中师范大学出版社1998年版)，以及章辉的《实践美学：历史谱系与理论终结》(北京大学出版社2006年版)。

《中国当代美学家》比较全面地介绍了中国当代35位美学家，其中由黎山峣先生执笔的"刘纲纪"一节，从唯物主义的实践观、鲜明的历史感和强烈的现实性三个方面，对刘纲纪的美学思想特点和学术贡献做了简要介绍。与此相同，余三定先生出版了《学术的自觉与学者的自立：当代学者研究》，在所研究的十几位学者中，以《博大精深　自成一家——刘纲纪教授的美学研究》为题(该文系余三定、张玉能两位先生合写，此前以相同题目刊发在《云梦学刊》1992年第4期上)对刘纲纪的美学思想进行了精要的描述，其中对刘纲纪学术思想的发展历程进行的历史分期、对他的学术贡献和历史地位的认定都是卓有见识的。陈

① 傅伟勋：《大陆哲学界的"苦行僧"刘纲纪教授——〈刘勰〉序》，见刘纲纪：《美学与哲学》，武汉：武汉大学出版社2006年版。

② [德]卜松山：《以美学为例反思西方在中国的影响——刘纲纪〈德国美学在中国〉德文版序》，《青岛海洋大学学报》1998年第1期。

望衡的《20 世纪中国美学本体论问题》把 20 世纪中国美学本体论分为六类：一是以梁启超和前期朱光潜为代表的情感本体论；二是生命本体论，这一类有王国维的生命意志论美学、宗白华生命的宇宙精神美学、张竞生的生命力美学以及后期的潘知常的生命美学、扬春时的生存美学；三是以后期鲁迅和周扬为代表的社会本体论；四是以蔡仪为代表的自然典型本体论；五是陈望衡的境界本体论；六是实践本体论，主要代表人物是李泽厚、刘纲纪、蒋孔阳和后期朱光潜等。作为实践美学的重要代表人物之一，在该书的第八章第五节，以“刘纲纪：美是自由的感性显现”为题，对刘纲纪的美学思想进行了简要介绍。该文在哲学层面上阐述了刘纲纪的“实践本体论”的创造性和正确性，并认定它为其美学思想的哲学基础，这无疑是比较深刻而准确的。但且不论陈先生的“六分法”是否合于实际，他对实践本体论的研究中也存在不少值得商榷的地方：一是将李泽厚、高尔泰等同列在实践本体论一章中，这显然是不合适的，因为这样既混淆了李泽厚与刘纲纪的不同“本体”，又紊乱了以高尔泰为代表的“主观派”与“实践论”美学派的区分；二是误解了刘纲纪对“实践”的规定，认为刘纲纪的实践概念是“仅指人的物质生产活动而非其他”①，这就缩小了实践的内涵，不尽符合刘纲纪的实践本体的原意。与前面三部著作相比，章辉的《实践美学：历史谱系与理论终结》有两个特点：一是新近出版，它代表了最近一个时期以来对刘纲纪研究的最新动向与成果；二是以批判的姿态进行的研究，在某种程度上可以代表实践美学批判者的主要思想观点。在该书的第一节里，著者以“刘纲纪：创造自由论”作为题目进行了论述。实际上，该节是吴冶平、章辉于 2001 年在《社会科学家》第 3 期所发表的《刘纲纪实践美学观的理论贡献及其局限》的改写版，如果有所不同的话，那就是比原来多了些稳健与平和。在文中，论者以清理实践美学历史谱系的学术努力，系统地总结了刘纲纪的美学思想，较为准确地把握其思想精髓，对其理论贡献的定位也是比较公允的。但问题也是显而易见的：对实践与自由的质疑，依然没有走出李泽厚的阴影；而“人类中心主义”、“个体与社会统一”等问题的又一次提出，则清晰地见出其对刘纲纪近期美学思想的疏离与隔膜，因为对包括人类中心主义在内的“中心主义”，刘纲纪已经做过比较透彻的阐释和辩证的批判，他的从“实践本体论”向“实践批判的存在论”的演进，正是基于对当下社会主义市场经济条件下个体生存状况的深切关注而提出来的。

① 陈望衡：《20 世纪中国美学本体论问题》，长沙：湖南教育出版社 2001 年版，第 364 页。

学术论文方面。1997年邹元江在《美术观察》第8期上发表了《从美术到美学与哲学》，这是涉及刘纲纪美术美学思想为数不多的文章之一，该文以时间为顺序，从刘纲纪13岁在家乡拜师学习书法和绘画介绍到《现代西方美学》的出版，在不足4000字的行文中，对刘纲纪的重要论著做了简要介绍，粗略地勾勒了刘纲纪的学术活动历程。作为总结性研究，它只截至1993年，类似于编年史式的描述，也使得其论析不尽深刻。2000年，彭富春先生撰写了《刘纲纪与实践本体论的建构》(《华中师范大学学报》2000年第5期)，文章首先在哲学高度上阐述了刘纲纪的"实践本体论"的逻辑思路，论证了这一论断的创造性与合法性，然后依此为理论基础对刘纲纪的美学思想进行了阐扬，论述简明，观点扼要，理论深刻，是一篇重要的研究文献。

与李泽厚的比较特殊的私人关系和共同的马克思主义哲学基础(主要指李泽厚前期)，使得实践论美学的研究者往往不能把他们两人中的任何一个撇开去单独评述。这种现象在许多研究实践论美学的文献都可以看得到，如阎国忠《走出古典——中国当代美学论争述评》(合肥：安徽教育出版社1996年版)、薛富兴《分化与突围》(北京：首都师范大学出版社2006年版)等著作的部分章节，但总是讲李泽厚的多，讲刘纲纪的相对较少。朱刚的《多声部的实践美学：李泽厚刘纲纪实践美学之比较》(《沙洋师专学报》2001年第10期)却均匀用墨，对他们的思想异同进行了一半对一半的认真比较。论者比较的重点在于李、刘二人美学思想的逻辑理路，通过对他们各自学术理路的分析，指出了二人在实践论美学的发展中所作出的不同贡献。这些结论客观地展现了两位美学大家的理论特点，是通过比较的方法来总结其美学思想的一篇较好的文章，但论者显然没有能够深入区分二人对实践的不同理解，其不足之处与陈望衡先生相似，没有充分注意到刘纲纪的"实践本体"是对李泽厚"工具本体"的突破与超越，而这正是实践美学大大地向前推进一步的主要原因和重要标志，这不能不说是朱文一个理论疏忽。

3. 介绍型研究

这类文章严格来说不能算作研究文章，但作者在介绍对象时总要评述其学术论著和理论观点，常常以价值判断的言说方式来表明自己的态度与看法，带有探求的性质，所以也把它归为一类。主要有：彭国亮的《追求真善美》(《学校党建与思想教育》1997年第5期)，唐铁惠的《贵州普定走出的美学名家》(《当代贵州》2006年第1期)，丁东风的《中国当代著名社会科学家选介》(《社会科学家》1990年第5期)等。彭文明确赞同把刘纲纪的美学观特征概括为"实践自由说”,对《中国美学史》的学术贡献也给予了高度评价;唐铁惠以安顺、北大、武大为三个人生坐标点,介绍了刘纲纪的生活和工作经历,对刘纲纪“实践本体论”的开创性历史贡献,唐铁惠引用了刘纲纪“过去没有人如此明确地提出和论证过”的话①,为我们界定这一哲学命题的理论地位提供了更为可靠的依据。与唐文相似,2006 年《学位》杂志第 3 期上邹元江的《珞珈山上的美学沉思者——记著名美学家刘纲纪教授》更为系统地介绍了刘纲纪的著述情况和思想特点,也是一篇较好的文章。

4. 论争性研究

学者的使命主要有二:一曰文化传承,一曰文化创新。人类文化的重要作用是加强人类自我的自觉性,为人类的生存发展不断寻求新的有效的途径,而自觉性的提高又是以每一个具体的个人自觉性程度的提高来逐步实现的,这种实现正是那些担负文化创新的学者彼此追求自己的独立性的具体体现。追求和坚持独立性,就会有分歧和矛盾,正是前哲所谓的君子和而不同,有了歧异的观点就需要大家坐下来,认真探讨辩论,相互启发,以便明辨是非,使文化在创新之中不断去伪存真而趋近真理,在这种意义上,学术争鸣是学术健康发展的必要条件,是学术事业繁荣蓬勃的一种标志。

较早对刘纲纪实践美学观点提出批评和质疑的文章是陈方既的《也谈书法美》。1979 年,湖北人民出版社出版了刘纲纪的《书法美学简论》,这是我国对书法美的本质和特征作出马克思主义阐释的第一部专著,在书法界引起了强烈的关注,被赞成者评为揭开书法美神秘面纱的好书,但同时也激起了反对的看法,陈方既的论争文章就是在这种情况下发表的。他对刘纲纪以“审美反映论”来探讨书法的用笔美、结构美和意境美提出了质疑和批评,认为刘纲纪的“形体动态美反映论”对书法美的根源、规律和形式特点作出了错误的解释。现在看来,陈方既的批评主要是基于对刘纲纪的“反映论”的曲解或误解之上的,这种质疑也可能是刘纲纪后来要写作《艺术哲学》来透彻地阐释他的“审美反映论”的契机之一。尽管《也谈书法美》是一篇较早的论争性文章,由于所谈论的问题仅在书法美学范围里,所以并没有引起人们的过多注意。在蔡仪《马克思究竟怎样论美》一文发表后,刘纲纪在《哲学研究》上以《关于马克思论美》为题与蔡先生进行了辩论,第一次较为系统地表达了刘纲纪的实践观美学思想。两年后,潇牧对刘纲纪的观点提出了质疑,他在《美的本质疑析——兼与刘纲纪先生商榷》

① 唐铁惠:《贵州普定走出的美学名家》,《当代贵州》2006 年第 1 期。

(《学术月刊》1982 年第 7 期)认为,用“劳动创造了美”的命题去解释美的根源和本质是简单化的,因而也是欠妥当的,因为这忽视了与劳动生产“并重”的人口生产,“当我们研究这个社会历史范畴的时候,就不能不考虑人自身生产对美的本质形成的重要作用”①。虽然潇牧的文章有不少对马克思主义原著和对刘纲纪的误读,但就潇先生这篇文章的立意而言,并不反对“劳动创造了美”的命题,他的旨归是落实在美不能离开人类社会这一点上的,只不过强调“人口生产”的重要意义。现在看来,包括刘纲纪先生在内的实践论美学把人口生产作为生产包含的逻辑内容而较少予以彰显,这就在理论上给人以不应有的误解,认为实践美学不顾“人口生产”,实际上,刘先生在同年发表回应潇牧的文章里已经提及,只是认为它作为物质生产不可或缺的一个前提或要素,对于它对美的本源的揭示的重要作用等未能展开论述。对于这一点,在 20 多年后阎国忠先生的《实践美学的经典文本——评刘纲纪的美学思想》又一次被作为一个问题提了出来。

1986 年刘纲纪的《艺术哲学》出版了,除了前面所述的褒扬外,不同的看法也有。何梓焜的《浅议艺术反映对象的特殊性》(《岭南学刊》1995 年第 1 期)对刘纲纪艺术反映论、艺术本质论等提出了不同看法,认为把“自由”确定为艺术反映的特殊对象是不能成立的,这个对象只能是“美”。何先生的诘问可以说是十几年后“后实践美学”批评的先声,它既体现了“自由”这一概念的复杂性,也表明了在刘纲纪先生的“实践本体论”美学中,对“自由”的阐释还存在着可待指证的隙地,尚需进一步拓充和澄明。

进入 21 世纪,随着“后实践美学”超越和终结实践美学的呼声日渐高涨,有两篇文章对刘纲纪的实践本体论美学观点提出批评。分别是:杨春时的《审美的超实践性与超理性——与刘纲纪先生商榷》(《学海》2001 年第 2 期),华昉的《超越实践美学:当代中国美学建设的首要任务——兼评刘纲纪先生实践美学观的人本主义哲学基础》(《广西社会科学》2004 年第 6 期)。杨文实际上是对刘纲纪《马克思主义的实践观与当代美学》所做的回应,因而主要对其所主张的“超越美学”观点的申辩,文章责难了实践美学的理性主义和主客对立的二元论,对实践和自由的关系也提出了不同看法,认为审美的自由不是产生于实践,恰恰是实践的不自由才引起的,对实践美学的观点进行了颠覆性的批判。如果说杨春时先生是想“超越实践美学”,那么华昉先生则要

① 潇牧:《美的本质疑析——兼与刘纲纪先生商榷》,《学术月刊》1982 年第 7 期。

“彻底抛弃实践美学”，在“一种既区别于东方又区别于西方的第三哲学”上建立全新的当代中国美学。因为刘纲纪和他所代表的实践美学派一贯坚持的美学原理及其哲学基础是错误的，是建立在费尔巴哈人本主义的哲学基础之上的倒退的美学。① 但事实却很明显：实践美学不是违背马克思主义而是建设和发展马克思主义，费尔巴哈的人本主义哲学也未必完全错误。华昉的批判代表了一种凌空高蹈的历史虚无主义倾向，如果说德里达的解构仅仅是“锯掉坐在屁股底下的树枝”，华先生则是斩草除根的清剿，这种批评方法是很值得商讨的。

另外，一些访谈性的文章由于多是在特定的历史时期对刘纲纪进行的访问，如陈炎先生是在国内非理性思潮泛滥、建设马克思主义现代美学受到挑战的背景下②；徐碧辉先生是在国内外美学的形上研究遭遇摒弃的时候，又恰逢刘纲纪从德国讲学回来③；李亚彬先生是在“后实践美学”与“实践美学”的论争全面展开之后④；聂运伟先生的访谈是所有访谈中最长的一篇，刘纲纪对自己的过去做了较多的回忆，对他当时的想法也做了较全面的反思和清理⑤；石长平在刘纲纪被评为终身教授之后、五卷本文集付梓之前去进行了访问⑥。所有这些，由于访问者所提出的问题都是某一时期具有代表性的前沿问题，而刘纲纪的回答则是这一阶段思想的总结性阐述以及对美学在下一个阶段发展趋势的展望，是构成全面了解刘纲纪哲学和美学思想形成和发展不可或缺的文献资料。在国外，1993 年刘纲纪的《实践本体论》被译成日文在日本发表后，日本学者山口勇专程到武汉大学就此访问了刘纲纪，其访谈录在日本发表，因此引起了中日学者对物质概念、实践本体等马克思主义重大理论问题的讨论，而山口勇先生的访谈录，是在海外公开发表的第一篇访谈，因而也具有较高的文献价值。

综上所述，对刘纲纪实践本体论美学思想的研究呈现如下几种情形。

一是没有真正的专题研究，没有研究专著，都是以学术论文或论文样式进行

① 参见华昉：《超越实践美学：当代中国美学建设的首要任务——兼评刘纲纪先生实践美学观的人本主义哲学基础》，《广西社会科学》2004 年第 6 期。

② 参见陈炎：《马克思主义与现代美学的研究——访刘纲纪教授》，《文史哲》1987 年第 4 期。

③ 参见徐碧辉：《中华美学学会副会长刘纲纪教授访谈录》，《中华美学学会通讯》1995 年第 2 期。

④ 参见李亚彬：《走向新世纪的马克思主义美学——访刘纲纪》，《光明日报》1997 年 1 月 4 日。

⑤ 参见聂运伟：《路漫漫其修远兮，吾将上下而求索——刘纲纪先生访谈录》，《文艺研究》2004 年第 6 期。

⑥ 参见石长平：《刘纲纪教授访谈录》，《美与时代》2007 年第 7 期。

的短促研究；二是以书评为主的个案研究较多；三是在对刘纲纪美学思想的“内部研究”中，多集中在实践、自由等几个核心范畴上，相对忽视了整体的系统研究，而对“实践”范畴的理解上，大多数研究存在着程度不一的误解，与刘纲纪的原意不符合或不尽符合；四是与李泽厚所进行的比较研究，多处在肤表层次，多属于理论言路、体系特征等“外部研究”；五是除彭富春、章辉等极少数论文外，其他均为前阶段研究，整体的历史的研究相当匮乏；六是为数不多的争论性文章多是从“点”到“点”的论争，见不出被批评对象的理论全貌，尤其需要指出的是，这些文章大都是在未能全面把握“实践本体论”堂奥的前提下，以李泽厚所持守的美学观点为主攻目标，其论锋所指多有脱靶之嫌。种种研究情形表明，对刘纲纪的研究虽然已经取得了不少成绩，但相对刘纲纪深博的思想和宏富的论著，相对于实践论美学和整个中国当代美学发展的理论需要，仍然是远远不够的。薄弱的研究现状提醒我们，对刘纲纪美学思想尽可能地做全方位、大纵深的研究是十分必要的，也是十分紧迫的。

第一章 实践本体论美学的文化渊源与思想先声

在中国的传统思想和文化中，儒家和道家是两大源头，其中儒家处于主导地位。从历史观点看，道家主要总结了中国原始氏族社会文化的历史成果，儒家主要总结了阶级社会即奴隶社会和封建社会文化发展的历史成果，因此，儒道两家合起来基本涵盖了中国整个的历史文化，而禅宗则是有着两家结合发展而来的旁支。由于中国传统文化主要体现为儒道思想，因而儒家思想和道家思想是刘纲纪美学思想的重要来源。刘纲纪的美学思想的西方来源主要包括三个部分：德国古典美学、马克思主义哲学和美学、近现代西方美学思想和心理学，而在这三者之中，马克思主义美学思想是根本基础。由于中国的马克思主义实践观美学早在延安时期已经确立，刘纲纪汲取毛泽东、周扬、朱光潜等前一辈思想家的理论精华，在兼容并蓄前哲和时贤的基础上，弥纶群言，错综中外，在比较研究中融摄超越，创造性地提出和建构他的"实践本体论"美学思想。

第一节 实践本体论美学思想的传统寻根

美学作为一门学科虽然源自西方，但也在东渐过程中为中国本土文化所洇染渗化，成为近代以来中国学者言说艺术和人生的一种新的重要方式。像近代以来的其他中国美学家一样，作为当代美学家，刘纲纪的美学思想由于长期处在当代中国美学各派论争的具体情境中，而这种论争又主要建立在德国古典美学和马克思主义哲学的理论平台上，这使得其美学思想中显在地受西方哲学美学的影响，在与西方文化相关的思维模式和话语方式中展开的。但无可否认，这种展开是在中国传统文化背景下进行的。因而，探讨刘纲纪美学思想的形成不能脱离中国传统文化，儒家思想和道家思想是其美学思想的重要来源。刘纲纪美学思想中对于中国传统文化的继承和发展，体现了他美学思想中的民族性和本土化的特色。

从现象学和发生学的角度来看，文化是先于个体的存在，任何个体都是文化传承中的一员，都受到传统文化的制约和影响，传统文化形成他的“前理解”和“前结构”，中国传统文化主要体现为儒道思想，因而儒家思想和道家思想是刘纲纪美学思想的重要来源。从人生态度上看，儒家的积极入世，道家的自然淡泊，佛家的超然宁静，都是围绕着人与人、人与现实社会的关系来展开的。一方面，在儒家积极入世的思想影响下，刘纲纪强调为国为民而积极进取的社会责任感和个人人格力量的养成；另一方面又形成了道家淡泊名利，追求内心平和恬静的生活态度。在理论资源上，儒道佛（主要是禅宗）三家的对美和艺术的理解和言说对刘纲纪美学思想都有很大影响，尽管各家的表现程度不一，方式不同。刘纲纪说：“不了解儒道两家的美学，就不可能了解中国古代美学。”①不了解中国古代美学，也就不可能成为中国的美学家。刘纲纪的美学思想，正是以深厚的中国传统文化为依托的，作为当代中国的美学家，他的美学思想可以在中国传统文化中找到其内在的思想根脉和逻辑理路。

一、儒家思想与刘纲纪的人生态度和美学

从传统文化的角度看，与这一时期大多数美学家如李泽厚、蒋孔阳等一样，刘纲纪思想所受到的主导性影响是儒家的。范明华先生曾指出：“在刘纲纪先生的思想构成中，中国古代美学，尤其是儒家美学，应该说占有相当的比重。”②刘纲纪实践本体论美学思想的形成与传统儒家思想有着深刻的精神上的内在联系，是在马克思主义指导下对传统儒家文化思想的积极扬弃。刘纲纪极其推重儒家思想，在他看来，儒家思想在很大程度上就是中华民族思想文化的象征，否定儒家文化，就在很大程度上否定了中华民族的思想文化，否定了中华民族。在《关于儒学研究的若干问题》中，刘纲纪指认了儒家文化在中国思想文化中的主导地位，指出了其思想的全面性、现实性和包容性等精神实质，这是其他诸子百家所不能战胜和取代的。刘纲纪还深入考察了儒学的现代意义和孔子思想的世界意义，高度赞扬了仁爱思想、民本思想、大同思想的普遍性意义和永恒性价值。认为儒家关于人与自然、个体与社会相统一的思想是一个非常重要、深刻的思想，是它异于西方哲学和优于西方哲学的关键所在，为现代社会中个体与社会对

---

① 李泽厚、刘纲纪：《中国美学史（先秦两汉编）》，合肥：安徽文艺出版社 1999 年版，第 215 页。

② 鲁红卫等主编：《割不断的情缘》，武汉：湖北美术出版社 2004 年版，第 137 页。

立和人的异化提供了解决的信念和可能的途径,在这一点,它是与马克思主义的社会主义理论相通的。刘纲纪说:"儒学中的宝贵思想渊源于中国原始氏族社会,因此它与马克思主义、社会主义的思想又有能相通之处。""中国儒家思想对个体与群体和谐统一的追求与马克思理论不能混同,但又有能与之相通的地方。这是在'五四'后几年间,中国许多先进的知识分子之所以很快接受了马克思主义的重要原因之一。"①同样,这也是作为坚定的马克思主义者的刘纲纪接受儒家文化思想的原因之一。

冯友兰说过:"儒家思想不仅是中国的社会哲学,也是中国人的人生哲学。儒家思想强调个人的社会责任,道家则强调人内心自然自动的秉性。……儒家'游方之内',显得比道家入世;道家'游方之外',显得比儒家出世。"②儒家的思想在总体上是为社会的、积极入世的精神,为了实现社会理想,儒家认为先要从自身做起,然后方可治国平天下,因而采取由内而外的方式,强调个体高尚人格的重要意义。体现在儒家知识分子的身上,就逐渐形成了"兼济天下,独善其身"的人生态度和对"出则为帝王之师,入则为万世师表"的理想的人生境界的追求。在谈及人生境界时,刘纲纪说:"要倡导个体与群体的发展相统一,提倡在个人利益与集体、社会、国家、民族利益发生矛盾的情况下勇于牺牲个人利益的集体主义、爱国主义、社会主义的人生观念和人生境界。"③在儒家思想影响下,刘纲纪形成了他一方面强调主体自身高尚人格养成的重要意义;另一方面积极入世、具有强烈社会责任感的人生态度,把德学双修作为实现益国利民这一终极目的的前提和基础,两者相辅相成,而他的儒家人格和精神也因此对应着他的美学思想。

在刘纲纪那里,他的这种人生态度和理想追求可以用"内圣"与"外王"来表述。他说:"如果借用儒家的术语来讲,我认为今天中国哲学的创造性转化应当同时包含'内圣'(个人的自我反思、自我完善)与'外王'(个人对国家、社会、人类所应尽的历史责任)两个方面,并探索使两者相互联结起来的现实的道路。"④尽管他谈的是哲学的转化问题,但实质上却是建构这种哲学的人的问题。在这里,刘纲纪明确了他的"内圣"与"外王"的内在含义,"内圣"就是个人的自我反

---

① 刘纲纪:《传统文化、哲学与美学》,武汉:武汉大学出版社 2006 年版,第 56、62 页。

② 冯友兰:《中国哲学简史》,赵复三译,天津:天津社会科学院出版社 2005 年版,第 19—20 页。

③ 刘纲纪:《传统文化、哲学与美学》,武汉:武汉大学出版社 2006 年版,第 549 页。

④ 刘纲纪:《传统文化、哲学与美学》,武汉:武汉大学出版社 2006 年版,第 76 页。

思和自我完善，就是要“善其身”，就是“改造客观世界的同时改造主观世界，树立马克思主义的科学的世界观和为人民服务的崇高理想”。[①]“外王”就是一个人对国家、社会、人类所应尽的历史责任，是“善其身”的目的——“工其事”。

“如果你想得到艺术的享受，那你就必须是一个有艺术修养的人。如果你想感化别人，那你本身就必须是一个实际上能鼓舞和推动别人前进的人。”[②]刘纲纪的“内圣”首先体现在使自己成为品格高尚的人。在他身上，既有着他所赞誉的孔子的温柔敦厚的人格理想，主张温良恭俭让，“矜而不争，群而不党”的情操，也有着孟子广慈博爱、信守真理的道德养成。刘纲纪学养深厚，著作等身，但与人论争的文章却仅有极少几篇，即使这些文章，他也是在充分尊重对方的前提下让事实说话，在平等商榷的气氛中进行理论对话。他的怀念北大学习生活和追思老友王朝闻等人的文章，言辞恭谨，情感真挚，读之使人感动，在其他一些理论性著作如《书法美》、《美学对话》等中，也总是以平易谦和的口吻称读者为“朋友”，在文章里表现出对话的亲切感。在传统儒家看来，人格和艺术精神是统一的。刘纲纪在谈及艺术家的人格与其作品的关系时，他认为虽然不能把艺术家的人格等同于他的作品，但历史上被肯定的伟大作品，归根结底是与艺术家的伟大人格密不可分的，孔子的“人而不仁，如乐何”的言论已经包含了艺术与道德、人格不能分离的意思。刘纲纪十分重视和赞赏孟子的“养气”理论，他认为，孟子所谈的养气，不是单纯抽象的理论认识，“而是一种和情感意志相连的道德情感的修养，以及个体在精神上的一种极高的人格境界的达到”[③]。是个体人格精神美的表现，是被鲁迅称之为“中国的脊梁”的人的高尚品性。他对孟子“君子有三乐”中的第二乐“仰不愧于天，俯不怍于人”最为欣赏，认为这是个体人格完善所达到的一种精神愉悦。所有这些归结到他自己身上，就是完善品格情操，树立马克思主义科学的世界观和为人民服务的人生理想。

刘纲纪的“内圣”还体现在他的独立精神上。他称颂孔子高扬了个体人格的主动性与独立性，并把个体人格的发展和完成看做是真正实现社会和谐发展的极为重要的条件。孔子的“匹夫不可夺志”、“无求生以害仁，有杀生以成仁”都是他多次引证论述的思想。[④] 孟子在孔子之后，再次高扬了个体人格的主动

① 刘纲纪：《传统文化、哲学与美学》，武汉：武汉大学出版社 2006 年版，第 80 页。

② 《马克思恩格斯全集》第 42 卷，北京：人民出版社 1979 版，第 155 页。

③ 刘纲纪：《艺术哲学》，武汉：武汉大学出版社 2006 年版，第 519 页。

④ 参见李泽厚、刘纲纪：《中国美学史（先秦两汉编）》，合肥：安徽文艺出版社 1999 年版，第 109 页。

性与独立性，而且还强调了个体的情感和意志的力量。刘纲纪指出："孟子理想中的人格，是为自己坚信的真理而斗争，绝不在任何邪恶的势力和任何巨大的困难面前屈服的人格。"①孔子说君子有三畏：畏天命、畏大人、畏圣人之言，而孟子却一无所畏，不仅不畏，而且藐视："说大人则藐之，勿视其巍巍然。""我何畏彼哉。"（《孟子·尽心下》）对于圣人，孟子不仅不畏，还说"人皆可以为尧舜"（《孟子·告子下》）。由于孟子以自身内在的固有善性为出发点和归宿，极大地强调了个体人格情感意志的一无所畏的强大力量，很大程度上突破了孔子思想中保守的一面，更接近于个体人格的自由和独立精神的追求。对于孟子"浩然之气"和"充实之为美"的说法，刘纲纪至为赞赏，认为这是把儒家仁义道德的原则贯彻到个体情感中，使之成为个体的情感意志内在具有的一种无所畏惧的强烈追求。孟子所言的这种集义而生的气，是一种独立的凛然正气，是一种至大至刚的正气，是以善为标的，所以它塞于天地之间，不会向邪恶低头，体现在人身上就是独立的人格精神和人格美，是独立自由精神的之所在。刘纲纪受孟子的这种思想的影响显然大于孔子的影响，他多次褒扬孟子为宣扬捍卫他所信守的真理而斗争的激情和由此表现出来的所向披靡的雄辩的力量，认为孟子美学鲜明地代表了一种积极肯定个体人格的自由和力量，不向任何外在的强大势力退让低头的倾向。他说："在儒家美学中，孟子的美学富于批判性、进取性、开创性，而且有着鲜明的古代民主精神。因此，历代反对因循保守、追求进步的艺术家、美学家，有不少人对孟子怀有好感，或多或少地受到孟子的影响。"②这里面，当然包括他自己。孟子美学富于批判性、进取性、开创性的精神，与马克思主义的批判精神有着相通相融的地方，这就使得刘纲纪的实践本体论美学思想闪烁着理性的思辨与科学的批判精神。20 世纪 80 年代以后，在马克思主义遭遇普遍的质疑和抛弃之时，刘纲纪坚定地守卫在马克思主义麾下，坚信马克思主义的真理性，坚持以与时俱进的发展来赋予马克思主义以新的理论形态。他在对马克思主义哲学的重新考察中批判了斯大林的简单的马克思主义，指认了马克思主义是以物质的自然界为基础的实践的人本主义，在对国内外不正确的实践观和本体论批判的基础上，创造性地在人类社会生活的层次和范围内提出了实践本体论思想，进而在这一哲学基础之上展开了他的美学思想并建构了较为严整的美

① 李泽厚、刘纲纪：《中国美学史（先秦两汉编）》，合肥：安徽文艺出版社 1999 年版，第 187 页。

② 李泽厚、刘纲纪：《中国美学史（先秦两汉编）》，合肥：安徽文艺出版社 1999 年版，第 189 页。

学体系，开拓出了中国马克思主义实践观美学的新路径。

萨义德说："知识分子活动的目的是为了增进人类的知识和自由。"①刘纲纪的"外王"就是对国家、社会、人类所应尽的历史责任，就是为了增进人类的知识并使之获取更多的自由发展。刘纲纪激赏儒家"先天下之忧而忧，后天下之乐而乐"的胸怀和抱负，高度赞扬中国知识分子继承儒家以民为本、以天下为己任的优秀传统。在引用了《孟子·公孙丑下》中"如欲治平天下，当今之世，舍我其谁也？吾何为不豫哉"。之后，刘纲纪写道："这种以天下为己任，认为人皆可以为尧舜的精神，是我们民族的一个伟大的优秀传统。"②个体价值的实现必须体现在他的社会性中，个体所固有的仁义等善的本性要扩而充之，"中国儒家一向十分注意这个'安身立命'的问题，但它把这看做是达到'内圣'的功夫，而'内圣'又是为了'外王'，'修身'要落实到'治国平天下'。我认为这正是中国儒家哲学可贵和伟大之处，即它不停留在'安身立命'的问题上，而要由此拓展到以天下为己任，赋予个人以一种伟大的社会历史责任感。"③因而刘纲纪推崇儒家关于人与自然、个体与社会相统一的思想，提倡在个人利益与集体、社会、国家、民族利益发生矛盾的情况下勇于牺牲个人利益的集体主义。他赞同儒家"舍生取义"、"杀身成仁"、"老吾老以及人之老，幼吾幼以及人之幼"的仁义理想和价值取向，认为儒家的这种在实行仁义之道时，在任何情况下都不放弃自己应履行社会责任的人生原则，才是人所应有的生活态度，"才是一种美的生活"，"这种仁义之道的实行，也就是人的生存意义和价值的实现。"④自由是刘纲纪美学思想的核心范畴，而他对审美自由的理解又是以个体与社会相统一为核心的，这一理解源于儒家思想是相当明晰的。

以美淑世是刘纲纪实践美学思想的鲜明特征之所在，他的理论旨归是他改造现实的入世态度与经世情结。因此，刘纲纪的哲学美学是关涉社会民生的科学，他不赞同所谓的"纯哲学"的说法和研究路向，认为把哲学和美学的问题等同于政治、历史、社会问题是错误的，但以为这些问题纯然与哲学和美学无关更是错误的，要建立一种与当代社会、历史、政治等问题的解决相关的，因而能在实

① [美]爱德华·W.萨义德：《知识分子论》，单德兴译，北京：三联书店2002年版，第22页。

② 李泽厚、刘纲纪：《中国美学史（先秦两汉编）》，合肥：安徽文艺出版社1999年版，第170页。

③ 刘纲纪：《传统文化、哲学与美学》，武汉：武汉大学出版社2006年版，第76页。

④ 李泽厚、刘纲纪：《中国美学史（先秦两汉编）》，合肥：安徽文艺出版社1999年版，第168页。

际的社会生活中发生广泛影响的美学和哲学才是正确的思路。刘纲纪的美学研究在于他对人生和现实的强烈关注，在于对社会和文化现实的强烈关注，他理想中的美学是为人生、为人民大众的，是继承了中国当代美学的优秀传统，具有中国民族特色的、以社会主义和共产主义的实现为根本目的的。

儒家思想不仅为刘纲纪提供了宏观上的思想资源，在微观上也为他的美学提供了广泛丰厚的理论资源。在为《中国儒家百科全书》（北京：中国大百科全书出版社 1997 年版）撰写的"儒家美学思想"的词条中，刘纲纪梳理了历代儒家美学的思想和主要理论，总结了其基本特征，阐释了其现代意义。他较详尽地列举了儒家的重要美学观点：尽善尽美论、文质观、中和为美说、比德说、感兴说、雅俗观、刚柔观、意象观、虚实观九大观念，而孟子的"知人论世"、"以意逆志"等又相通于马克思主义的社会学研究观点，所有这一切，都可以在刘纲纪的美学思想和艺术理论中，在他的《艺术哲学》、《周易美学》、《书法美》、《文征明》、《刘勰》等著论中轻易找到，对刘纲纪美学理论影响之深广是相当显在的。《周易》虽是儒道结合的思想产物，但其在根本思想上没有离开儒家的仁学，因而是儒家的经典，它是以道补充儒来建构体系的一个具体例证。《周易》中"生命"的观念对刘纲纪美学思想影响也是不容忽视的，《周易美学》在刘纲纪美学思想演进过程中是一个重大的转折点，其中的一些观点深刻影响了他对艺术本质的理解，影响了他的书法艺术和绘画艺术理论。

二、道家和禅宗思想与实践本体论美学

在刘纲纪看来，如果没有道家就不会有如此丰富多彩的中国文化，而禅宗则是儒道两家结合发展而来的旁支，没有道家也就不会有在中国后期封建社会文化发展中起重要作用的禅宗思想——中国式的佛学，而且，禅宗文化发展到明代后期开始具有了与封建思想文化不同的近代色彩，在中国后期封建社会文化发展中起重要的作用。他说："道家美学在中国美学史上的贡献是巨大的。后世一切有关审美和艺术创造的特殊规律的认识，绝大部分得自道家美学。道家美学所包含的那些批判的因素，追求独创的思想，也对后世产生了深远的、良好的影响。……道家美学是脱出了政治伦理学的纯粹的美学。在这个意义上，对道家美学应给以更高的评价。"①这种影响当然也表现在刘纲纪身上。在《老子思

① 李泽厚、刘纲纪：《中国美学史（先秦两汉编）》，合肥：安徽文艺出版社 1999 年版，第 268 页。

想论纲》里，刘纲纪盛赞老子是“中国古代最伟大的辩证法家，他在这方面作出了无人能与之比拟的贡献”。是“文明社会的伟大的批判家”，法国空想社会主义者傅立叶等人对文明社会的那种尖锐、机智、深刻的批判，在老子的思想中可以看到许多与之类似之处。他总结了老子的主要思想观点：批判精神、辩证法精神、自由精神、大公无私精神以及豁达恢弘精神等，认为老子的上述精神和氏族思想具有更多更容易通向现代的思想因素，是“具有不可忽视的现代意义的思想。因为道家思想源于原始氏族社会，而这个社会在后来的阶级社会中所丧失的一切宝贵的思想，如摩尔根、恩格斯所已指出过的，将会在一个更高的阶段上重现出来”。① 这个阶段就是刘纲纪实践本体论美学思想所最终指向的社会主义和共产主义社会，而批判的精神、辩证的精神和豁达乐观等精神，无论在刘纲纪的学术追求和生活态度上都可以看得到。

在《中国美学史》中，刘纲纪对比孔子美学论述了老子美学的重要特征，认为老子的美学包含在它的哲学之中，是从“道”的自然无为的观点，从个体生命如何求得自由发展的观点来看待美与艺术，同时老子立足于对文明社会的批判来观察美与艺术，因而他处处揭露美与真、美与善和美与丑等矛盾的对立和转化，使得他的言论包含着强烈的辩证批判精神。刘纲纪认为，老子的美丑观、真善美关系论、美与“无为”说以及“大巧若拙”、“大音希声”、“涤除玄览”等美学思想“打开了中国古代美学思想的新天地”，②是孔子美学的劲敌和畏友，它和庄子美学一起对儒家美学起着重大的补充深化作用。而这其中，老子从“道”的自然无为的观点出发提出的美与“无为”的关系问题，对刘纲纪的美学思想影响尤大。刘纲纪认为，“无为而无不为”作为老子哲学的根本原则，是整个道家美学的理论基础和出发点，包含着对合规律与合目的、必然与自由的相互关系的理解。因为在老子看来，目的不是外在于规律、与规律不相容的东西，而是内在于规律、与之不可分的东西，目的与规律的这种相互渗透和统一，正是一切审美与艺术活动所具有的一个极其重要的特征，老子第一次触及了美之为美的特征问题。刘纲纪说：

（老子）在一种朴素的形态下深刻地意识到了自由与必然的统一、合目

---

① 刘纲纪：《传统文化、哲学与美学》，武汉：武汉大学出版社2006年版，第23、18、26页。

② 李泽厚、刘纲纪：《中国美学史（先秦两汉编）》，合肥：安徽文艺出版社1999年版，第212页。

的与合规律的统一。这样，高扬了个体生命自由的老子哲学就紧紧把握着了和美与艺术的本质密切相关的根本问题，作出了超越孔子美学的重大贡献。因为美的领域正是个体生命获得高度自由发展的领域，也正是个体的自由和客观的必然性、合目的与合规律达到了内在的高度统一的领域。在中国古代美学中，只有老子美学才第一次真正进入了这一领域。

老子认为顺应自然规律去求得个体生命的自由的发展，是最高的善，同时也即是最高的美。但这种自由发展又绝不是反社会的，它丝毫不否定他人的发展，而是充分肯定着他人的发展的。①

这看来是刘纲纪对老子的美与自由的阐释，实际上，也基本是他的实践美学对于美和艺术的一般理解。

刘纲纪说："就一般道家哲学而言，老子的地位高于庄子；但就美学而言，庄子的影响却远远超过老子。老子是道家美学的开创者、奠基者，庄子则是道家美学的完成者，是整个道家美学的最重要的代表。"②他还进一步认为，庄子学说处处带有浓厚的审美特征，是一种美学化了的哲学，所以道家哲学应以庄子为代表。其对庄子美学的重视和偏爱于此可以明显见出。

刘纲纪在《中国美学史》中较为详细地论述了庄子的美学思想。他指出，庄子美学的特征是反对异化、追求个体的无限与自由两者的交融统一，庄子是以此为核心展开了他的美论，深刻独到地表诠了天地的自然无为之美、法天贵真之美、洋洋无限的大美、丑中之美和美的相对性等。对于美感，刘纲纪认为，庄子的审美感受论主要表现在"乘物以游心"的审美超功利性、"心斋"与"坐忘"的审美心理特征、"身与物化"的审美境界等。在艺术理论上，庄子论说了艺术形象的特征问题（"言"与"意"）和艺术创造的特征问题（"道"与"技"）等，这样就构成了庄子关于美、美感和艺术的较为系统完整的美学思想，而这些也就相应地影响到了刘纲纪关于美、美感和艺术的理解，成为他美学思想中重要的理论来源。

对于审美超功利性质，在西方是由康德在 18 世纪末在哲学上明确论证的，而在中国美学史上则是庄子在朴素的形态下提出并加以强调的，两者共同构成了刘纲纪阐释审美特征的理论资源。刘纲纪认为，庄子学派所说的人的生活要

---

① 李泽厚、刘纲纪：《中国美学史（先秦两汉编）》，合肥：安徽文艺出版社 1999 年版，第 214 页。

② 李泽厚、刘纲纪：《中国美学史（先秦两汉编）》，合肥：安徽文艺出版社 1999 年版，第 215 页。

达到自由的、美的境界，就要超出人世的一切利害得失之上，他虽然是一个人生态度问题，但它恰好是一种超功利的审美态度，美不是源于功利欲望的满足本身，而是源于从这种欲望的满足中所表现出来的人的自由。尽管庄子学派还没有在纯粹的美学意义上来明确地探讨审美的超功利问题，但在他们的思想中已经包含着这一思想。对"身与物化"的审美境界论，刘纲纪认为，包含了我与社会和我与自然这两个方面的统一，这时物与我是相容的，既不用我去取消物，也不用物来否定我，这种统一当它在人的感性的观照中呈现出来的时候，正是审美的境界。因此，庄周梦蝶在实质上深刻地涉及了审美问题，揭示了审美心理活动中普遍存在的现象，即审美主体与对象处在物我不分交融统一的状态中。从马克思主义的观点来看，这是在实践的基础上所发生的"自然的人化"在人们情感心理上的反映。刘纲纪说："庄子学派把审美当做物我一体的境界，对后来中国美学的发展产生了极大的影响。中国美学不仅是单纯从物的属性上去寻找美，而且，把美看做是一种生活的境界，一种令人忘怀一切的特定情境。"①"从我与物的精神联系上去寻找美"正是刘纲纪祛除旧唯物主义见物不见人的纯客观说，唯心主义只从心灵、精神出发的见人不见物的纯主观说，而在马克思主义实践观的基点上阐解美和美感的思想理路。此外，由庄子学派发端于此的境界说，为后世"意境"说所本，也可以认为是刘纲纪不赞同艺术"典型说"，而主张"境界说"的最初张本。②

在阐释审美自由的时候，《庄子》里面的许多典故诸如庖丁解牛、吕梁丈夫等常常为刘纲纪所引证；《逍遥游》中的大鹏之美、《人间世》中的栎社树之美也是刘纲纪理解"壮美"的例举；而法天贵真、无法之法、"心斋""坐忘"、"言"与"意"、"道"与"技"等概念、范畴和思想又往往成为他解读书法、绘画等艺术创作和欣赏的法度标准、形象传达、心理特征等常用的理论资源。

与道家相比，禅宗与之很有相似之处，但两者又有本质的区别。道家所说的"道"虽然不是感官可以直接感知的，但是一种自然的实体，由"道"而生的万物也是实际的现实存在，不是主观的幻相。而禅宗认为人世的一切都是"心"所生的幻相。在超越功利取得自由这一点上，道家和禅宗也是相似的，但道家的超脱

① 李泽厚、刘纲纪：《中国美学史（先秦两汉编）》，合肥：安徽文艺出版社 1999 年版，第 258 页。

② 在《艺术哲学》里，刘纲纪说："我想对'典型'这个概念，以及是否有'典型性'作为衡量一切艺术作品高下的标准提出质疑。……中国古代美学家常用的'境界'这个词也许比'典型'或'理想'这个词更好。"（刘纲纪：《艺术哲学》，武汉：武汉大学出版社 2006 年版，第 215 页）

是与道合一、效法自然无为的“道”，对生活采取放任自然的态度，不为利害得失而劳苦心神，在热爱自然的无限永恒中与自然合为一体，取得一种逍遥于宇宙之中的绝对自由。对禅宗而言，最高的东西是个人的“心”，超越就是回到内心，获得觉悟。从处世态度上来看，道家对人世的痛苦和不平有一种愤激的反抗批评精神，而禅宗在多数情况下却采取消极对待的态度。

禅宗是一种宗教学说，但却与艺术有着许多深刻相通的地方。刘纲纪认为可以概括如下几点：第一，禅宗认为人心能包罗呈现万象，它既为实有，又是幻象，这和艺术对现实的反映有相通之处；第二，禅宗认为只要把呈现于心中的万象看做幻象，超出一切功利得失去看待，人就可以产生自由的感受，这和超越功利的审美直观有着极为相似之处；第三，禅宗强调“自性”和“心”的作用，认为万象都由“自性”和“心”产生，而且人的自由的实现完全取决于“自性”和“心”，这和艺术创造有类似处；第四，禅宗强调的“顿悟”与艺术创作中的灵感、直觉很有相似之处。与道家相比较，禅宗思想有着为道家所不及的方面。首先，在中国古代思想史上，禅宗第一次在唯心主义的形态下极大地强调了个体的独立自由精神，把主体性的地位、个体的自由和尊严抬到了相当高的地位。其次，禅宗对人生的深沉的孤独感和寂灭感，尽管是悲观消极的，但它却使人现实地看待人生，不回避人生中存在的凄孤和无奈，从而唤起对人生的更深邃的思索，把个体在宇宙中存在的意义和价值问题尖锐地提出来，因而，禅宗思想的出现，是中国历史上个体意识的一次重要觉醒。正因为这样，刘纲纪在《中国古代美学思想》中给予禅宗以较高的评价：“禅宗极高地提高了主体心灵能动性的地位，把主体内心的自觉自由放到审美和艺术的最高位置。一切外在的事物、想象，只有作为主体的这种内心生活的表现，才具有真正的美的意义。这是中国古代美学发展过程中的一个重大变化，它隐含着中国古代美学从古典主义到明清浪漫主义的转变。”①

刘纲纪认为中国古代思想史上存在六种美学思潮，也因此相对地把中国的文化境界划分为六种：儒家境界、道家境界、“楚骚”的境界、玄学境界、禅宗境界和明中叶后产生的近代人文主义观念萌芽的境界。禅宗境界就是通过心的省悟，觉解到外部世界的一切无非是人心所生的幻相，不执著于有与无的区分，超脱世间的得失、是非、荣辱、寿夭而获得自由解脱，同时就进入了美的境界。因此，禅宗的艺术境界讲究的是“意”，中国艺术写意的倾向基本上是与禅宗联系

① 刘纲纪：《传统文化、哲学与美学》，武汉：武汉大学出版社2006年版，第254页。

在一起的。这种禅宗追求的意境,在空寂、微茫和淡漠中透出对凡俗的热爱和对人生执著的审美倾向,在明中后期的发展中表现为真、情、趣的意境,极大地影响了刘纲纪对书法和绘画作品和理论的理解。在他的《书法美》、《文征明》、《龚贤》、《黄慎》和对倪赞、董其昌等画家的研究文章中,有着大量以禅、道美学概念和思想来解读他们的作品与理论的言论,如用"生意"来阐释"气韵生动",对文人画的独特诠释,对妙品、逸品的赞赏,以及对师造化、写逸气、顿悟、玄解等术语的应用,等等,不胜枚举。

这种影响还明显地表现在刘纲纪自己的书法,特别是绘画中。他的艺术创作,在某种程度上也可以说是他学术思想的另一种表现形式。范明华先生说:"刘纲纪先生的绘画是一种非常典型的学者绘画,具有学术的包容性、学理的清晰性与严密性,以及学术品位的高雅性。"①这是比较贴切的评价。刘纲纪的前期绘画用笔苍劲,墨色浑厚,主要表现的是儒家刚劲不挠的风骨,具有阳刚之美。在深刻地研究元、明、清三代文人画之后,刘纲纪的后期作品超越了过去他所受的浙派画风的影响,更多地受到黄公望、倪赞、文征明、董其昌、龚贤、王原祁等典型文人画家的影响。文人画是与道家、玄学和禅宗相连的具有隐逸思想的画派,尽管各代表现不尽相同,但道家的飘逸超脱、禅宗的空灵机趣一直是其主要特色,虽然至清代,王原祁等"四王"要求"清正雅正",但也只是用儒家中和思想对元明文人画中过分表现荒疏狷狂的一种矫正,依然不脱道、禅的意境。刘纲纪后期绘画如《山居图》、《山林幽亭图》、《幽亭秀木图》、《青松流泉图》、《听泉图》、《闲云潭影》、《山溪图》、《云归带雨馀》、《雨中山色》、《林壑清趣图》、《寥廓江天图》等,②大多表现出了古代文人画的这种超逸色彩。实际上,无须看画,仅仅从绘画的命名就可以明心见性,清晰地解读出其中的禅踪道影。刘纲纪说:"我一提笔作画,首先想到的就是要体现某种意境或境界,这里自然包含了儒、道、禅三家的境界。"③毫无疑问,儒家思想始终是他的主导思想,但这并不妨碍他借助道、禅思想像朱光潜先生一样用"出世"的精神作入世的事业。刘纲纪的后期绘画受儒、道、禅三家的影响,而儒家的影响主要表现为对中和雅正的自觉追求,对周易美学中生命意识的表现,去除了传统文人画种惯有的萧索冷清,而要明确地传达出道、禅对生命、生意、生机的热爱,这当然与儒家厚德载生、关爱生命的思

① 鲁红卫等主编:《割不断的情缘》,武汉:湖北美术出版社 2004 年版,第 137—138 页。
② 参见鲁红卫等主编:《割不断的情缘》,武汉:湖北美术出版社 2004 年版。
③ 鲁红卫等主编:《割不断的情缘》,武汉:湖北美术出版社 2004 年版,第 27 页。

想有关,但更与道、禅两家珍视生命、执著人生的精神实质相连,他的山水画中的人物几乎都是骨气清高的隐者,仙风道骨,超然飘逸,与自然山水浑然合一,具有深刻的生命意义和象征意味。刘纲纪说:"有时我在画中也出现古代隐士作为点景人物,但绝不是宣扬出世,实际上是一种人格象征。"①一种什么样的人格象征呢?在日常工作中默默奉献,保持着积极用事的信心与毅力,履行着一个平凡的马克思主义者的社会责任,同时面对世俗功利保持着自然淡泊、平和超脱的人生态度,在私己的心灵世界追寻着一种自由超迈的精神欲求,这应当就是刘纲纪受道理禅意影响所要追求的古朴高迈的人格。

第二节　实践本体论美学思想的西方探源

刘纲纪美学思想的西方来源主要包括三个部分:德国古典美学、马克思主义美学、近现代西方美学和心理学。在这三者之中,马克思主义美学思想是其根本基础,他对其他两者的融摄和涵化,都是在马克思主义的基本立场上进行的,是以马克思主义的根本观点对其加以批判和改造的结果。由于实践本体论美学属于中国的马克思主义实践观美学,而中国的马克思主义实践观美学在20世纪40年代的确立标志着马克思主义美学思想中国化的最初成果,因而在刘纲纪的美学思想中,以马克思主义的根本观点批判地汲取德国古典美学和现代西方美学思想,同时又紧紧结合中国的实际,从中国社会主义的政治、经济、文化等的具体情况出发,从中国古代传统哲学美学的固有特点出发,使马克思主义美学思想一直行走在中国化的轨道上。

一、作为理论渊源的德国古典美学

德国古典美学与整个中国现当代美学都存在着深刻而普遍的联系,从知、情、意到真、善、美,从必然到自由,等等,构成了哲学家和美学家们研究和创造的理论平台,其学术遗产对中国的影响是极为广泛的。对刘纲纪而言,德国古典美学作为德国古典哲学的重要组成部分,是他自马克思主义沿波讨源的必然结果。刘纲纪说:

到北大哲学系之后,我认识到马克思主义哲学是从批判继承德国古典

① 鲁红卫等主编:《割不断的情缘》,武汉:湖北美术出版社2004年版,第27页。

哲学而来的，而美学在德国古典哲学中又占有很重要的地位。由此可以推想，马克思主义的美学也是从批判继承德国古典美学而来的。依据这样的思路，我对马克思主义美学的研究，经历了一个从马克思上溯到黑格尔、席勒、康德，再返回马克思的过程，经过翻来覆去的思考，也不知写了多少笔记，最后终于形成了我对马克思主义美学的理解，并确立了一个基本的理论构架：实践（首先是物质生产劳动）——创造——自由（在实践创造的基础上，作为一个漫长历史过程来看的人类从必然王国向自由王国的飞跃）——自由的感性表现——广义的美与审美——艺术。①

在《德国美学在中国的传播与影响》中，刘纲纪又回顾了他对于马克思主义美学研究的经过，他写道："自20世纪50年代后期以来，我感到要真正搞清楚马克思主义的美学，就必须深入研究德国古典美学。……我个人在美学的研究上经历了一个从马克思出发，上溯到黑格尔、席勒、康德以至温克尔曼、莱辛，又再从他们回复到马克思的过程。"②

在这里，康德、席勒、黑格尔是其思想的主要源泉。黑格尔的《美学》是刘纲纪较早接触到的，在1958年湖北红安县一个水库工地的工棚里，他细读了朱光潜的译本。对康德的《判断力批判》上卷，刘纲纪回忆说："是在1964年才读到宗白华先生的译本。开始不太理解，读进去之后，我终于把康德——席勒——黑格尔——马克思这条线打通了。"③他认为，康德的美学虽然晦涩难解，但却包含了深刻的思想和发生了广泛深远的影响，"把审美与艺术的本质放在人的自由与必然的统一这个根本问题的基础上来加以解决，这是由康德第一次明确提出的，是他对美学的划时代的贡献。这种看法，……紧紧地逼近了解决审美与艺术的本质问题的关键。"④康德从主体审美心理特征的形式分析来揭示美与人的自由的联系是刘纲纪所赞同的，康德的"自由"是刘纲纪解释美感的直接的思想依据和来源，"自由的愉快"正是借用康德的论述。刘纲纪指出："所谓审美的愉快，不是别的，就是康德首先指出的'自由的愉快'。"⑤刘纲纪关于审美自由的

① 聂运伟：《路漫漫其修远兮，吾将上下而求索——刘纲纪先生访谈录》，《文艺研究》2004年第6期。

② 刘纲纪：《传统文化、哲学与美学》，武汉：武汉大学出版社2006年版，第607页。

③ 刘纲纪：《美学与哲学》，武汉：武汉大学出版社2006年版，"旧序"第3页注释。

④ 刘纲纪：《美学与哲学》，武汉：武汉大学出版社2006年版，第681页。

⑤ 刘纲纪：《美学与哲学》，武汉：武汉大学出版社2006年版，第31页。

超功利性、合规律性和个体与社会相统一的论断,与康德的想象力的"自由中的合规律性"、审美的愉快是一种无功利的"自由的愉快"、"主观形式的合目的性"等关于主体意识和心理活动的表现,以及普遍必然的伦理道德要求的准确理解与分析有着深刻的思想联系。① 此外,康德对自然生命与美的看法,对崇高的理解等也对刘纲纪在《周易美学》等著作中解读天地之美和阳刚之美产生了一定影响。对康德的研究,刘纲纪始终是借助于马克思,通过对黑格尔美学批判的理解来理解康德美学的,这就使他不同于李泽厚的康德——席勒——马克思的研究路线。在他看来,善于抓着经验中具有普遍性的现象,作出缜密的分析与界定是康德思想的重要特征与优点,但康德思想却有着脱离了人类具体历史的发展因而陷入抽象的巨大弱点,因此,黑格尔更为重要。他说:"我在80年代所写的文章、著作中提出的一些与李泽厚的'人类学本体论的美学'既有共同点又有不同点的看法。这些看法也与我对康德美学的理解相关,但我更为重视的是黑格尔美学。"②

在《德国美学在中国的传播与影响》、《鲍姆加登之后关于美学的争论与看法》等文章中,刘纲纪给予了席勒高度的评价。黑格尔之前,席勒已开始克服康德美学脱离人类历史的弱点,从历史的观点来考察美与艺术的发展了,这使黑格尔深受影响从而形成了他的艺术发展的辩证历史观,刘纲纪美学思想中历史与逻辑统一的重大特征,直接从黑格尔和马克思那里受到影响,但要进一步寻根探源就要归功于席勒的美学思想了。席勒的美是自由与必然的统一,"美既是我们的状态也是我们的作为",美是"活的形象",主张"感性—客观地解释美"等美学思想,都或隐或显地表现在刘纲纪对马克思主义美学思想的阐释中。在论述道家的"技"与"道"的关系时,他还把席勒的"技艺"是通向美的重要环节的思想做了相应的比较研究。更重要的是,席勒影响了刘纲纪对审美功能与审美理想的理解。刘纲纪认为,席勒提出了一个既不同于"感性冲动"的王国,又不同于"形式冲动"的王国的"美的王国",他评价道:"人只有通过审美才能达到真正的自由,并成为不受自然必然性支配的有道德的人。在这里,席勒建立起了他的审美乌托邦,但其中所包含的合理的深刻的思想,不仅影响到黑格尔,而且还影响到马克思。"③也当然地影响到了刘纲纪,在刘纲纪的审美理想中,实践本体论

① 参见[德]康德:《判断力批判》上卷,宗白华译,北京:商务印书馆 1964 年版,第 28、46、112 页。

② 刘纲纪:《美学与哲学》,武汉:武汉大学出版社 2006 年版,第 616 页。

③ 刘纲纪:《美学与哲学》,武汉:武汉大学出版社 2006 年版,第 685 页。

美学重铸健康人格,全面发展个体的自由,改造社会,找寻人类和平,建立人与自然的和谐关系等终极关怀的理论指向是非常显在的。

黑格尔是对刘纲纪影响最大的德国古典美学家。刘纲纪说:“在西方哲学史上,除马克思以外,我最崇拜的哲学家就是黑格尔,受他的影响最深。我常在马克思与黑格尔之间来回运动,有时为了理解马克思而读黑格尔,有时又为了理解黑格尔而读马克思。黑格尔是古今罕见的大思想家。”①黑格尔对刘纲纪影响主要表现在两个方面,一个是思维范式和研究方法,另一个是对诸如美、艺术等具体现象的认识和理解。对于前者,是指黑格尔的充满逻辑力量的辩证法的思辨思想和他的逻辑与历史相统一的写作方法(这一方法与其说是马克思主义的方法,毋宁说是黑格尔的更为准确)。黑格尔的辩证思维对中国当代几乎所有的哲学美学家都产生过影响,在实践美学领域内,受益最多的要数刘纲纪的实践论美学和周来祥的和谐美学。周来祥的和谐美学的美的三大历史形态,是对黑格尔辩证法三段论自觉和忠实的运用,和谐—崇高—辩证的和谐正是一个正—反—合的思维程式。以至于有论者认为它是“黑格尔美学的当代中国版”②。辩证思维的方法显明地表现在刘纲纪的《中国美学史》和《艺术哲学》这两部最为用力的著作中。说《艺术哲学》是一个成功地学习黑格尔美学的学术范本,似乎并不为过。在该书的《绪论》里,刘纲纪对黑格尔艺术哲学所具有的广阔的历史眼光和深刻的辩证精神极为推重,称它是西方艺术哲学发展的顶峰,在研究方法上,刘纲纪使用的正是黑格尔的辩证法和历史与逻辑相统一的指导原则,整个书中,充满了黑格尔式的缜密的思辨与严谨的推理。总之,从方法到体式,从形式到内容,黑格尔的影子无处不在。在谈到写作《中国美学史》时,刘纲纪说:“在写这部书时,我还多次翻阅黑格尔的《哲学史讲演录》,因为黑格尔此书的写法也是以历史与逻辑的统一为原则的,尽管它的哲学基础是唯心主义的。”③运用历史与逻辑相统一的思想方法,从宏观上把握审美的历史形态,将实践本体论美学理论的核心概念、范畴、原理转化为审美意识的具体的历史考察,在宏观上审视先民审美意识的演变总貌,揭示中国古代美学思想的实质与特征,说明其对人类美学思想发展的贡献,这是美学史的目的。将观念的抽象落实为历史的具体,

① 聂运伟:《路漫漫其修远兮,吾将上下而求索——刘纲纪先生访谈录》,《文艺研究》2004年第6期。

② 薛富兴:《分化与突围》,北京:首都师范大学出版社2006年版,第323页。

③ 聂运伟:《路漫漫其修远兮,吾将上下而求索——刘纲纪先生访谈录》,《文艺研究》2004年第6期。

这是刘纲纪自上而下,从抽象上升到具体的辩证思维所要展现的理论魅力所在。实践本体论美学思想之所以个性卓然,以其获得了史的坚实支撑密切相关,在这里,黑格尔功不可没。

黑格尔对刘纲纪影响的另一个方面,主要表现在他对于美、艺术等具体审美现象的认识和理解上。其一,在对马克思主义的实践(劳动)、人的本质对象化的理解中,刘纲纪往往参照黑格尔对劳动、对象化等概念的阐释来加以说明,这在他的论述中可以清楚地看到,这也就是他所说的"有时为了理解马克思而读黑格尔"的意思所在。其二,刘纲纪为了揭示艺术产生的必然性,为了对艺术(美)的对象和本质进行深刻合理的阐明,他用较长的篇幅详尽地分析了"绝对理念",以马克思的实践唯物主义的眼光解读了"绝对理念"在神秘主义形式下所包含的现实内容和科学的论断,指出了黑格尔把艺术与人类历史的创造和发展、人类对自由的追求密切联系起来的重要意义。① 这一分析,直接指向了刘纲纪对美和艺术本质的规定,指向了刘纲纪美学思想的核心。其三,刘纲纪最为重要的美学命题"美是自由的感性显现",是对黑格尔的艺术定义的科学改造。刘纲纪认为艺术的对象是"以人类生活的社会性的实践创造为基础的人的自由的感性具体的表现"。这自然容易让人想到黑格尔的"美(艺术)是理念的感性显现"。刘纲纪说:"我想毫不讳言地指出,我对艺术的对象的定义,并非我个人的什么发明创造,而只是按照我对马克思主义以及马克思主义对黑格尔哲学批判的理解,把黑格尔关于艺术的定义加以唯物主义的改造的结果。"②其四,刘纲纪的社会学美学分析是他艺术哲学不可分割的重要组成部分,在他看来,黑格尔的决定艺术美的发展的三个层次,即"一般世界情况"、"情境"和"情致"是马克思主义的社会学美学分析的大致基础。③ 其五,在刘纲纪的艺术类型理论中,他对艺术类型的历史分类(原始艺术、古代艺术、近代艺术、现代艺术)是对黑格尔艺术三阶段分类方法的借鉴和推演。其六,在艺术美与现实美的高低问题上,刘纲纪认为艺术美高于现实美,尽管他受毛泽东的影响最大,但黑格尔的影响也不容忽视。

邹华也看到了黑格尔在刘纲纪理论体系中的重要影响,他说:"支撑刘纲纪美学思想的基础是历史唯物主义或实践唯物主义,特别是黑格尔的美学思想给

---

① 参见刘纲纪:《艺术哲学》,武汉:武汉大学出版社 2006 年版,第 91—101 页。

② 刘纲纪:《艺术哲学》,武汉:武汉大学出版社 2006 年版,第 186 页。

③ 参见刘纲纪:《美学与哲学》,武汉:武汉大学出版社 2006 年版,第 127 页。

予刘纲纪更为直接的影响。在李泽厚从黑格尔转向康德的路口上，刘纲纪继续向黑格尔走了过去。在《艺术哲学》中，处处可以看到他对黑格尔美学理论的历史唯物主义的阐述和运用；在黑格尔被西方现代哲学和20世纪80年代中国美学唾弃贬抑的情势下，刘纲纪这样充分地肯定黑格尔，的确是十分难得的。当然，为刘纲纪所推重的不再是那种与抽象的本质必然相似的绝对理念，而是理解美学基本问题的深刻的历史感和辩证精神，在刘纲纪的美学思想中，那个为黑格尔的逻辑过程忽视甚至吞没了的个体感性自由，已经成为他的全部分析论证的核心。"[①]这种看法，在阎国忠那里也可以得到印证，此不赘述。

但无论是康德，还是黑格尔，他们对刘纲纪所施予的影响都只能是在马克思主义这一根本基础上才可能得以实现。邹华所说的作为刘纲纪论证核心的个体感性自由，正是刘纲纪对黑格尔思想批判地扬弃而对康德理论优点加以合理吸收的具体表现。因为刘纲纪认为，黑格尔确实不如康德那样把个体、感性、自然摆在首要位置，但批判地理解黑格尔是批判地理解康德不可缺少的重要方面。康德的优点与黑格尔优点的整合是他所要努力达到的目标，而这种整合对刘纲纪而言，是要回复到马克思那里，在马克思主义实践观点上的整合。

二、作为思想根基的马克思主义哲学美学思想

马克思主义哲学美学思想是德国古典哲学美学的继承和发展，是刘纲纪美学的思想根基和最重要来源，马克思主义实践哲学的历史唯物主义和辩证法是所有实践美学思想的哲学基础和方法论，刘纲纪的实践美学思想当然也是以马克思主义实践唯物主义和实践观为基础的美学思想。在哲学和美学探讨上，刘纲纪始终坚守在马克思主义的旗帜之下，在某种意义上，说刘纲纪美学的思想根基是马克思主义哲学和美学思想，应该是不言而喻、不证自明的。刘纲纪的实践本体论美学的总体特征之一就是它的理论形态属于马克思主义实践观的哲学美学，整体实践观是它的理论基础和逻辑出发点，这已是学界不争的事实。在回答陈炎的访谈时他曾经说，在从事理论研究的30多年里，"我写的每一本书、每一篇文章，都离不开马克思主义的指导，离开了马克思主义的哲学基础，我在大量的错综复杂的感性材料面前，就会感到束手无策，就没有办法将它提升到一定的

① 邹华：《向主体外部世界扩展的崇高——刘纲纪的美学思想》，《西北师范大学学报》1993年第1期。

哲学高度加以认识"①。这些话再清楚不过地表明了马克思主义作为思想根基对刘纲纪的深刻影响,从世界观到方法论,从鸿篇巨制到短文随笔,根本观点的确立、理论框架的搭设、思想系统的构建等都是在马克思主义思想的指导下进行的,字里行间都深深地打上了马克思主义的烙印,渗透着马克思主义的精神实质,跃动着马克思主义的思想灵魂。

刘纲纪实践本体论的提出,是建立在刘纲纪对马克思主义哲学精神或哲学特征的重新认识的基础上的。在"回到马克思,发展马克思"这一思想指导下,刘纲纪对马克思主义哲学中唯物主义问题进行了重新考察,他批判了斯大林主义的"正统"马克思主义,反思了列宁对物质概念的笼统规定,也指出了恩格斯对"实践"的忽视倾向,认为马克思主义的基本特征是人本主义、实践的唯物主义和彻底的自然主义,因之它可以称之为以物质的自然界为基础的实践的人本主义。② 正是在对实践的唯物主义和彻底的自然主义哲学精神的引导下,刘纲纪才创造性地在不同层次和范围中区分出自然本体和实践本体,使对包括美在内的人类的一切社会活动的解释建立在实践本体基础之上;正是在对马克思主义的人本主义思想的理解上,刘纲纪才纠正了实践论美学前期忽视个体、重视理性的理论偏弊,恢复了实践论美学既注重群体、理性也关注个体的感性生存的真实面貌,把实践本体美学的理论旨归明确地建立在马克思主义关于人的全面自由发展的经典论述上,赋予了它关爱人生、体念社会的应有的理论品格。

实践、自由、(审美)反映是刘纲纪美学思想的三大理论基石,而这三大核心范畴无一不是从对马克思主义理论的阐发中提炼出来的。实践是马克思主义实践哲学的本体,也是实践美学的逻辑起点,审美活动作为人对世界的对象性活动,是在人类的实践中逐渐发展起来的。马克思没有明确界定实践概念,在《1844 年经济学哲学手稿》中,马克思说:"理论的对立本身的解决,只有通过实践方式,只有借助于人的实践力量,才是可能的。"③马克思在《关于费尔巴哈的提纲》中提出的实践观点是哲学上的一次革命。刘纲纪对实践的本体意义的指认,不仅符合《1844 年经济学哲学手稿》,而且也是对《关于费尔巴哈的提纲》的精确解读,在两者之间,刘纲纪更重视《关于费尔巴哈的提纲》中所包含的本体论意义。在《关于费尔巴哈的提纲》里,马克思明确地提出,以往的全部哲

① 陈炎:《马克思主义与现代美学的研究——访刘纲纪教授》,《文史哲》1987 年第 4 期。

② 参见刘纲纪:《传统文化、哲学与美学》,武汉:武汉大学出版社 2006 年版,第 151、170 页。

③ 《马克思恩格斯全集》第 3 卷,北京:人民出版社 2002 年版,第 80 页。

学——包括唯物主义哲学和唯心主义哲学——的根本问题，就在于不是从人的"实践"的"感性活动"去理解人对世界的关系，因而不能真实地理解人与世界的真实关系。在这里，马克思已经把"人何以存在"的根据，从《1844年经济学哲学手稿》中关于人的"自由自觉活动"的"类特性"，确认为人的"实践"活动，这在马克思哲学思想演进的过程中具有重大意义。在《关于费尔巴哈的提纲》第三条中，马克思又针对近代唯物主义哲学关于"人"与"环境"相互关系的争论，明确地把人的存在的根据归结为"革命的实践"。在《关于费尔巴哈的提纲》的第八条中，马克思把上述思想凝结为一个根本性的论断："社会生活在本质上是实践的。凡是把理论导致神秘主义方面去的神秘东西，都能在人的实践中以及对这个实践的理解中得到合理的解决。"①这样，马克思就在确认社会生活的"本质"与解决理论的神秘主义相统一的意义上，确认了"实践"的本体地位。刘纲纪正是在对马克思的经典论述作出如此深刻理解的基础上，才提出了他的实践本体论这一理论创见的。

自由是刘纲纪美学理论由实践通往美的中介，对自由的论述是对马克思关于人的本质、必然王国与自由王国、"人也按照美的规律来创造的"等有关重要论断的合理阐释和发挥。刘纲纪认为，人的本质力量是人之为人的特性，是人从动物状态脱离出来的根本，是人的自由自觉的实践过程和结果。他第一次明确地提出了审美自由不同于一般自由的三个特点，这三个重要特征的提出，都以马克思主义的思想作为立论证据。第一特征是超功利性，第二特征是合规律性，这是刘纲纪结合上述马克思主义的有关命题，从马克思主义哲学关于"自由是人对客观世界必然性的认识和实际支配"作为根本指导思想出发来深入分析自由的本质的结果。最后一个特征是个人与社会的高度统一，这是刘纲纪认为最为重要的特征。为了论证审美的自由是个人与社会性的统一，在《艺术哲学》中刘纲纪用了10多页的篇幅，其中引用马克思、恩格斯达17次之多，涉及《1844年经济学哲学手稿》、《关于费尔巴哈的提纲》、《资本论》、《经济学手稿》、《德意志意识形态》、《剩余价值学说史》、《詹姆斯·穆勒〈政治经济学原理〉一书摘要》、《自然辩证法》、《反杜林论》、《社会主义从空想到科学的发展》等多部著作。

刘纲纪的审美反映论是建立在对列宁反映论的理解基础之上的，从对马克思、恩格斯著作中找到了关于反映是人脑对外界客观事物的意识的经典论述，不

① 《马克思恩格斯选集》第1卷，北京：人民出版社1972年版，第16—18页。

仅找到了反映是感觉和思维,也找到了情感和意志也是反映的有关阐释。[①] 从而突破了过去只把马克思主义的反映看做认识论意义上的反映的片面性理解,使反映获得了更大也更准确的涵含,为合理揭示艺术的本质与规律敞亮了一条通往真理之路。

总之,刘纲纪所有关于对美和艺术本质和规律等问题的解决,都是在马克思主义实践本体论、实践认识论、实践辩证法、实践价值论的根本原则的指导下,对马克思主义的诸如"人的本质力量的对象化"、"人也是按照美的规律来创造的"、"劳动创造了美"、"自然的人化"等经典命题的有深度的、具有启发意义的阐发。没有马克思主义就没有中国的实践美学,也就不会有实践本体论美学。

三、作为学术背景的西方近现代美学与心理学

刘纲纪美学思想与西方近现代哲学美学和心理学的关系主要表现在:柏格森的生命美学,格式塔心理学的"完形"理论和阿恩海姆的视觉选择性和选择的意向性等观点,卡西尔的符号哲学,苏珊·朗格的"生命形式"、"情感形式"论,贝尔的"有意味的形式",对葛兰西"实践论"、卢卡奇"社会存在本体论"以及南斯拉夫实践派等西方马克思主义的批判;在他的后期美学思想中,海德格尔等的存在主义理论构成了他"实践批判的存在论"美学思想的理论背景。

在其美学思想构建之初,刘纲纪的观点主要建立在对俄苏一些美学家的有关理论的批判性继承上。车尔尼雪夫斯基的"美是生活"观点和普列汉诺夫社会人类学视野里的劳动观都启发了他对美学问题的重新思考,1956 年发生在苏联的关于审美本质问题的大讨论,形成了"社会派"与"自然派"两大阵营,其中"社会派"的主要代表万斯洛夫、包列夫等人的观点,特别是斯托洛维奇对于"客观性"的理解,既影响了李泽厚对美的本质的定义,也影响到了刘纲纪的对美的客观性的阐释。[②] 刘纲纪明确提出"实践本体论",正是 20 世纪 80 年代后期西方现代哲学和美学流派的思想大量涌入中国之时,面对着以胡塞尔、海德格尔和萨特为代表的现象学本体论、以哈特曼为代表的自然本体论、以维特根斯坦等为代表的分析哲学家的语言本体论和以卢卡奇等为代表的社会存在本体论等理论狂欢,刘纲纪敏锐地感觉到,必须彻底认识和澄清马克思主义的本体论,以回应

---

① 参见刘纲纪:《艺术哲学》,武汉:武汉大学出版社 2006 年版,第 13—18 页。

② 关于斯托洛维奇对这一问题的论述,详细可参见凌继尧:《美学与文化学——记苏联著名的 16 位美学家》,上海:上海人民出版社 1990 年版,第 120—128 页。

各种理论对马克思主义的严峻挑战，他把所有上述观点放在他学术研究的背景上，对西方现代哲学和美学思想进行了详细的考察和批判，特别对西方马克思主义诸如葛兰西的实践一元论、南斯拉夫实践派、卢卡奇的社会存在本体论等本体论的考辨和批判，从而以一个马克思主义者的思想智慧和与西方诸流派一决雌雄的勇气提出了他的实践本体论理论，使中国马克思主义实践观美学迁跃到一个新的阶段。中国改革开放、发展社会主义市场经济之后，中国社会发生了巨大深刻的变化，相应地人们的审美观念和艺术也发生了巨大深刻的变化，市场经济条件下个体充分发展的天地广阔了，但人与人之间的生存竞争加剧了，人生存的机遇性和偶然性增大了，不同的人所从事的职业和拥有的财富对各自生存状态的影响空前地凸显出来了。针对这些变化，刘纲纪在他的后期美学思想中，运用马克思主义关于个体人的生存与发展的经典论述，把他的实践本体论转进到"实践批判的存在论"。在这里，海德格尔等人的存在主义理论中关注人的生存状态的合理观点无疑成为他这一美学思想构成的理论背景。

刘纲纪说过："我历来认为，对西方现代哲学缺乏足够的了解和研究，中国古代的哲学研究是难以取得真正有重要价值的成果的。"[①]在谈到《中国美学史》的研究方法时，他又说："要对西方美学，特别是康德以来的美学有相当的了解和研究。……对我国古代美学很早就以朴素形式提出来的某些重要的范畴和命题，近代西方资产阶级美学已经从哲学、心理学及其他学科上，不同程度地做了比较系统的研究。因此，对近代西方资产阶级美学的批判理解，是我们理解中国美学的一把必不可少的钥匙。"[②]了解和借鉴西方美学，对刘纲纪来说具有重要的方法论意义。在他的研究中，从古希腊哲学关于"数"、"和谐"到现代弗洛伊德关于个体生存的生命欲望与冲动等观点，都可以在对中国古代美学的阐释中看得到。对于《周易美学》，作者写作时立下了两条宗旨，其中一条就是"尽可能详细进行中西比较"[③]，在西方美学的广阔背景中探幽发微，揭示《周易》蕴含的美学思想，揄扬其对世界美学的贡献。刘纲纪认为，《周易》是一部"弥纶天地之道"的关于生命哲学和生命美学的世界奇书，而生命问题又是西方近现代美学中的一个重要问题，他在《周易美学》中专辟一章"西方近现代美学中的生命问题"来进行探讨，从古希腊谈到康德，谈到19世纪以来叔本华、尼采、狄尔泰、

---

① 刘纲纪：《传统文化、哲学与美学》，武汉：武汉大学出版社2006年版，第490页。

② 李泽厚、刘纲纪：《中国美学史（先秦两汉编）》，合肥：安徽文艺出版社1999年版，第16页。

③ 刘纲纪：《周易美学》，武汉：武汉大学出版社2006年版，"新版序"第1页。

柏格森、苏珊·朗格、弗洛伊德等，他特别对柏格森和苏珊·朗格的生命美学理论同《周易》进行了大篇幅的对比论述，使《周易》的生命美学思想在西方生命美学理论的文化背景下彰显独特的魅力。

书论和画论不仅是刘纲纪《中国美学史》中研究的主要内容，他还有许多关于书法和绘画理论及人物的著作，特别是在《书法美》和《"六法"初步研究》等书画论专著中，刘纲纪把对中国传统艺术的研究都置放在西方近代以来的心理学研究成就的基础上。他对书法心理学的详尽分析，涉及意识与潜意识、视觉组合、视觉融合、视觉定势、动觉、联觉、想象、联想、联觉、思维、情感、意志、高峰体验等众多西方心理学概念和范畴。对体现在中国书法中关于生命、情感、力量等的诠释，刘纲纪借鉴苏珊·朗格的"生命形式"、贝尔的"有意味的形式"等美学理论，把这些在中国书论、画论中只靠直观体悟的东西，从过去印象主义批评的局限里解放出来，而在西方现代哲学美学和心理学理论中找到了科学合理的解释。在对书法抽象美的分析中，刘纲纪用大量的篇幅与法国抽象派画家塞尚的作品和理论，与自塞尚而下的野兽派、表现派以及由沃林格尔和康定斯基的美学理论倡导下所兴起的立体派等西方现代绘画作出了审慎的对照论述。在对中国传统画和画论的理解中，威廉·荷加斯的《美的分析》、贡布里希的《秩序感》、阿恩海姆的《艺术与视知觉》以及格式塔心理学的"完形"和"同构"理论等，也是刘纲纪经常引征的美学著作和观点。这些西方近现代的心理学和哲学美学理论，构成他全部美学思想，特别是绘画与书法理论形成的重要学术背景。

第三节　批判性融会与创造性建构

刘纲纪美学研究的一以贯之的方法首先是错综中外——打通"中、西、马"，这使得他的理论既有宏阔厚重的历史感，又有动态开放、与时俱化的现实性。其次是弥纶群言——融摄和整合马克思主义实践论美学。中国实践美学的产生在20世纪30年代，中国的马克思主义美学在1942年以毛泽东的《在延安文艺座谈会上的讲话》为标志而确立，而"实践派"的提出则是在20世纪50、60年代，是在毛泽东实践观美学思想上的发展。刘纲纪在兼容并蓄前哲和时贤的基础上，在比较研究中融摄超越，进而提出了他的"实践本体论"美学思想。

一、错综中外——打通"中、西、马"的比较研究

何谓打通"中、西、马"呢？刘纲纪有个简要的说法："说简单一点，如何接

受、消化西方美学资源使之本土化，和如何发掘、阐释中国传统美学资源，并使之世界化，这是一个完整命题的两个方面，我的立场就是以马克思主义的实践美学对此加以研究。"①他又说："打通中（学）、西（学）、马（学），在马学的基础上整合中学与西学。而在西学必须与中国的国情相适应这个意义上说，中学又应占主要的地位。"他认为，说"学贯中西"还不够全面，要把马学加进去，成为"学贯中西马"，在"体"、"用"问题上，应当是"以马克思主义为基础的，以中国为本位的中西互为体用"。②

"欲求超胜，必先会通。""学贯中西"即中西美学比较研究是打通"中、西、马"重要组成部分。对于西方自古希腊以来的丰富的哲学和美学思想资源，刘纲纪一向极为重视，他的哲学和美学研究几乎都是在马克思主义实践观的指导下，在整个西方哲学和美学史的学术背景下展开的。《中西美学比较方法论的几个问题》可以看做是刘纲纪对这一问题的总结。他指出，要遵循历史的方法、辩证的方法和逻辑的方法，要从三个方面进行充分的理论准备：一要对马克思主义的哲学和美学有系统深入地了解；二要借鉴西方近现代美学研究的成果，这是对中国古代美学作出现代的科学分析的必要条件；三是深入研究中国古代哲学，非此不可能真正理解中国古代美学。在刘纲纪的《艺术哲学》、《中国美学史》等重要著作中，与西方哲学美学的比较处处可见。孔子美学、墨子的美与功利的关系思想、庄子的大美和自由、宗炳的"踪迹"等都在同古希腊以降的重要美学思想的比较中得到阐释，毕达哥拉斯派、赫拉克里特、柏拉图、亚里士多德、朗吉弩斯、博克、康德、席勒、黑格尔、柏格森、苏珊·朗格、弗洛伊德等美学家的身影也不断闪现。同这些美学家的比较研究还充分表现在《周易美学》中，《周易美学》甚至可以说是一本中西美学思想比较研究的经典范本，交感论与模仿说、卦象与卡西尔符号哲学、"辉光"的美学精神与普罗丁和托马斯·阿奎那等神学家对"光"的解释等，构成了《周易美学》深沉厚重的历史感和辽阔的世界视野。

对于马克思主义实践观的美学与中国本土美学学术资源的关系问题，刘纲纪认为它们是完全能够融会贯通的。马克思主义传入中国后，"五四"前后几年间很快就为中国不少进步的知识分子所接受，成为中国最进步的、占主导地位的思想，这说明它一方面符合中国革命的需要，另一方面与中国传统的思想文化存

---

①　聂运伟：《路漫漫其修远兮，吾将上下而求索——刘纲纪先生访谈录》，《文艺研究》2004 年第 6 期。

②　刘纲纪：《传统文化、哲学与美学》，武汉：武汉大学出版社 2006 年版，第 91—92 页。

在着能够融合会通的地方。在刘纲纪看来，从历史和社会的背景讲，中国的原始氏族社会存在的时间很长，发展到了很成熟的程度。因此，在进入文明社会（阶级社会）之后，原始氏族社会的思想与风习被大量地保存了下来，其中许多思想都可与马克思主义相通，如儒家的仁爱、民本、大同的思想，道家对“耕而食，织而衣，人人无有相害之心”的社会的歌颂，对阶级社会中统治阶级所讲的仁义道德的虚伪性的无情揭露与批判，都有与马克思主义的相通之处。从哲学的层面看，充分肯定人与自然、个体与群体、主体与客体、有限与无限、感性与理性是必须统一、应当统一和能够统一的，两者之间不存在什么无法跨越的鸿沟，这是中国哲学的精华所在。此外，如大量丰富深刻的朴素辩证法思想，相信一切危难最终都是可以克服的思想，高度重视人自身的作为与努力的思想，认为“行”高于“知”、重事功而反空谈的思想，也都是十分宝贵的。上述这些古代哲学特有的精华与宝贵的思想，显然又都可以和马克思主义哲学相通。从美学的层面说，既然整个中国传统思想文化包含着许多能通向马克思主义的东西，中国传统的美学又是传统思想文化的一个重要组成部分，那么它当然也是能通向马克思主义美学的。也就是说，马克思主义美学能够通过批判地继承中国传统美学而实现中国化，打通中（学）、马（学），在马克思主义美学思想的基础上，继承中国古代美学从人与自然、个体与群体、主观与客观、有限与无限、感性与理性的统一中去寻找美的优秀传统，将中国古代美学的一系列概念、范畴、定义、命题加以改造，以应用于对马克思主义实践观美学的阐述问题。这在刘纲纪的中国美学史和中国书画论等理论实践中都有显在的体现。

为了更好地实践打通中（学）、西（学）、马（学）这一研究理念，刘纲纪还在世界范围内对马克思主义美学的研究与阐释进行了深入的清理和分析，对马克思主义美学基本形态进行了比较研究。他认为从19世纪末到20世纪马克思主义美学形成了三种基本形态：苏联马克思主义美学、西方马克思主义美学、中国马克思主义美学。在他看来，苏联马克思主义美学可以称之为本质主义的反映论、认识论美学。西方马克思主义是第一次世界大战后欧洲先进资本主义国家的无产阶级革命遭到普遍失败，并无法再次形成热潮这一历史条件下的产物，这种马克思主义实际是马克思主义和西方现代唯心主义的混合物。在这种美学中，符合或基本符合马克思主义的正确思想和违背马克思主义的错误思想经常杂然并陈、相互交织在一起的。

中国的马克思主义美学是马克思主义的普遍真理（含马克思主义的美学思想）与中国革命文艺发展的具体实践相结合的产物。从中国的马克思主义观点看，西方马克思主义对马克思主义基本原理的质疑、批评、否定是轻率、主观、任意、没有根据的，而苏联对马克思主义的理解则在许多情况下带有僵硬、武断、教条的特征。这两者都是中国马克思主义所不取的。中国从20世纪30年代开始，在鲁迅、瞿秋白等人的努力下，从俄苏系统地输入马克思主义美学，并取得了重要的成绩。但中国是一个有着自己悠久的思想文化传统（包含美学、艺术传统）的大国，在国情上又与西欧、俄苏有很大的差异。因此，从苏联传入的马克思主义美学，没有任何一种思想被中国人简单地认同和接受。1942年，毛泽东的《在延安文艺座谈会上的讲话》的发表标志着中国的马克思主义美学的诞生与建立。刘纲纪指出："在20世纪的马克思主义美学中，以毛泽东为代表的中国的马克思主义美学，是足以同苏联和西方的马克思主义美学并列而无愧的，并且在一些重大问题上作出了超越前两者的贡献。"①

刘纲纪把中国马克思主义美学提到与苏联马克思主义美学、西方马克思主义美学并肩而立的地位，这是一个客观而富有创见的提法。他对三种马克思主义美学形态的划分，对于全面了解马克思主义美学在世界范围内的形成、发展、转化和嬗变提供了一个比较科学的坐标系。这既是他为中国美学今后在打通"中、西、马"的研究上提供的一种学术路向，也是他这一思想在其理论中的具体实践，因为，对三种马克思主义美学形态的划分本身就是一种打通中、西、马研究的成功范例。

二、弥纶群言——融摄和整合马克思主义实践论美学

现代以来中国美学对刘纲纪美学思想的影响，主要表现在毛泽东、鲁迅、周扬、王朝闻、朱光潜、宗白华、马采、邓以蛰、李泽厚等人的哲学和美学思想。在这些人中，鲁迅是马克思主义美学的最早输入者之一，周扬是最早使用马克思的实践观点论述美学和文学艺术问题的前期马克思主义实践论美学家，毛泽东是中国马克思主义实践论美学的确立者，王朝闻、后期朱光潜与前期李泽厚是马克思主义实践论美学在新中国成立后的主要倡扬者和阐发者，宗白华、马采、邓以蛰尽管不能算做马克思主义实践论美学家，但他们在新中国成立后的美学研究中都自觉地接受马克思主义实践唯物主义的理论指导，对中国古代传统美学和艺术作出了精辟独到的研究。因而，所有这些人无论在其理论思想上，还是在其人格精神上或直接或间接、或显著或潜隐地给了刘纲纪以影响。刘纲纪正是在他

① 刘纲纪：《略论19世纪末至20世纪马克思主义美学》，《文艺研究》1999年第3期。

们的人格魅力和理论阐发上获得了感染与启发，在中国传统文化和西方哲学美学的富饶土壤中，培植了他的实践本体论美学的智慧之树。

刘纲纪说：

> 我最初学习研究美学，深受毛泽东的《在延安文艺座谈会上的讲话》，周扬译的车尔尼雪夫斯基的《生活与美学》、王朝闻的《新艺术创作论》的影响。①

毛泽东的实践观美学对他的影响是第一位的。20 世纪 70 年代末至 80 年代初，刘纲纪曾致力于毛泽东哲学的研究，进入 21 世纪，刘纲纪在新的历史条件下又重新阐释毛泽东的《在延安文艺座谈会上的讲话》，以深远的历史眼光和宏阔的全球视阈写出了近十万字的《讲话解读》，依据《在延安文艺座谈会上的讲话》精神实质阐发中国马克思主义实践美学，回答现代以及后现代所提出的包括审美在内的种种文化问题。他认为，毛泽东以《实践论》为他的整个哲学的根本，更符合马克思哲学的精神，"可以说是中国学者对美学研究的一大贡献。"②刘纲纪认为，以毛泽东的《在延安文艺座谈会上的讲话》为代表的中国马克思主义美学的产生，是马克思主义的普遍真理与"五四"以来中国文艺发展的具体实践相结合的产物。它不同于苏联和西方的马克思主义美学的特征，集中到一点，就是鲜明地确立和深刻地论述了"以人民大众为本位的马克思主义实践观的美学"，在毛泽东的思想中，实践观点和文艺为人民大众服务的观点是不可分地统一在一起的，这种美学也可表述为以马克思主义实践观为基础的人民大众的美学。

毛泽东"以人民大众为本位的马克思主义实践观的美学"是刘纲纪对毛泽东实践美学观的准确定位。毛泽东的《实践论》、《新民主主义论》，特别是《在延安文艺座谈会上的讲话》中所集中体现出来的这一思想，不仅"使毛泽东的美学思想在美学史上闪耀着异彩"③，而且从 20 世纪 40 年代至今对中国美学和文艺理论研究与发展，对于文学艺术创作的范式与路向，起着巨大而深刻的实际指导

① 聂运伟：《路漫漫其修远兮，吾将上下而求索——刘纲纪先生访谈录》，《文艺研究》2004 年第 6 期。

② 聂运伟：《路漫漫其修远兮，吾将上下而求索——刘纲纪先生访谈录》，《文艺研究》2004 年第 6 期。

③ 陈望衡：《简论毛泽东实践美学观》，《毛泽东思想研究》1988 年第 2 期。

意义。对刘纲纪而言,毛泽东的美学思想首先影响到的是他为社会为人民服务的人格精神,其次才影响到的学术思想,或者说是对他作为马克思主义者的思想与作为马克思主义美学家的思想的双重影响。实践美学理论旨归正在对毛泽东"以人民大众为本位的马克思主义实践观的美学"的忠实继承与创造性发展,"大众文艺"、"能动的革命的反映论"的艺术反映论等也都深刻地体现了与毛泽东实践观美学的渊源关系,而刘纲纪关于"艺术美高于现实美"的观点,除了有黑格尔的影子外,更多的是对毛泽东的《在延安文艺座谈会上的讲话》精神的直接继承。从这个意义上讲,刘纲纪的实践论美学一开始就不同于李泽厚的"实践美学"。

中国马克思主义美学的建立既是以马克思主义为指导的,同时又明显受到马克思曾给以高度评价的俄国革命民主主义者车尔尼雪夫斯基的影响,而这要归功于周扬。周扬对中国马克思主义美学的产生起了重要的作用,他在美学和文艺理论上作出了很大的贡献,他的思想对于中国当代的美学和文艺工作者都产生了不容忽视的影响。车尔尼雪夫斯基的美学在20世纪30年代"左联"时期已被介绍到中国,到了延安时期,周扬又以毛泽东的《实践论》为指导深入地研究、介绍、评论了车尔尼雪夫斯基的美学,并翻译了他的《艺术与现实的美学关系》(《生活与美学》)一书。周扬在马克思主义实践观点的基础上吸取了车尔尼雪夫斯基"美是生活",艺术是生活的再现,生活的美比艺术的美更丰富、更生动的思想,同时又消除了它脱离实践的直观唯物主义缺陷。在同笔者的一次谈话里,刘纲纪曾回忆了60年代初在参与编写由王朝闻主持的《美学概论》时与周扬的交往,和周扬对他在美学研究上的肯定与鼓励,他说:"这对我以后深入研究马克思主义哲学和美学是一个很大的鼓励。我始终很敬重他,他不仅是党内意识形态方面的领导人,也是一个学者,一个卓越的马克思主义理论家。"

对于老一辈研究美学的学者,有的在思想上直接影响他的马克思主义美学观,如王朝闻等,有的在研究方法、艺术涵养等方面陶冶了他的学养和理论兴趣。他说:"中国老一辈研究美学的学者,其实都精通某些艺术门类,有很高的艺术品位,像邓以蛰、宗白华、马采、王朝闻等先生,都可谓艺术鉴赏大家。从他们的言传身教中,我受益匪浅,也正是因为书画,我得以更多地接触了这些著名学者。"①刘纲纪这样回忆道:

① 聂运伟:《路漫漫其修远兮,吾将上下而求索——刘纲纪先生访谈录》,《文艺研究》2004年第6期。

我主要谈谈和宗白华、朱光潜、王朝闻三位先生的交往。我在北大念书的时候，宗先生住在未名湖畔健斋的二楼，那是我常去的地方，有时晚上九、十点钟，兴头来了，也跑去拜访。他收藏有许多珍贵的书画，对我有极大的吸引力。……我觉得，在对中国美学特征的体悟上，他比朱光潜先生要深入一些。

1962年，我到北京参加王朝闻主编的《美学概论》，王先生请朱先生为编写组的同志专门讲美感问题，这是我第一次见到朱先生。我感到他的论述十分精到，且是一位可亲可敬的老师。随后，我去燕东园拜访他。我记得朱先生很热情，很关心我，和我谈了不少事情，还希望我努力学习外语，现在我还保留着他给我的几封信。……20世纪50年代，朱先生的美学思想转向马克思主义的实践观，这是一个了不起的自我超越。

我与王朝闻先生认识得较早，读书期间，我开始发表一些美术理论的文章，引起了他的注意。他常常让我参加一些学术活动，从编美学教材看，他是主编，是我的上级，从年龄上讲，他是我的前辈，但我们又是"忘年交"，直到现在还经常联系。①

在刘纲纪的理论研究中，对上述这些学者们思想的总结性论述也构成了他全部理论的有机组成部分。《论鲁迅美学思想的发展》、《中国马克思主义美学的建设者与开拓者——王朝闻美学研究的当代意义》、《读王朝闻文艺论集》、《中国现代美学家和美术史家邓以蛰的生平及其贡献》、《马采〈哲学与美学文集〉序》、《宗白华对道家美学的阐发》以及主编的《邓以蛰美术文集》等编著中，刘纲纪对他们的思想贡献和理论局限都给予了深入详细的评述和分析。这都清楚地表明了刘纲纪正是在前贤的理论基础上博采众长，海纳百川地弥纶群言，而后融会超越，自成一家、独树一帜的。

在缅怀王朝闻的一篇文章中，刘纲纪写道："王朝闻同志是我多年来所尊敬与眷恋的前辈、师长与友人，我中青年时代的生活和工作的相当大的一部分是和他联系在一起的。……王朝闻在中国马克思主义美学的传播和发展中占有不能忽视的重要地位，他是中国马克思主义美学研究的建设者、开拓者之一，并为此

① 聂运伟：《路漫漫其修远兮，吾将上下而求索——刘纲纪先生访谈录》，《文艺研究》2004年第6期。

作出了独特的贡献，他的美学思想在今天看来也仍然具有重要的现实意义。”①实际上，在刘纲纪探索马克思主义中国化的学术理路中，可以找到王朝闻作为“艺术家的美学”的影响，在他对美和美感的理解里，王朝闻主编的《美学概论》的启思也是能够明显地指认出来的。

毫无疑问，朱光潜是在20世纪中国产生了最大影响的美学家。章启群在《百年中国美学史略》中说：“在朱光潜之后的几乎每一个中国美学的研究者都是从读朱光潜的书而迈进美学之门的。”②这并非虚妄之谈。刘纲纪也是读着朱光潜的书进入美学殿堂的。他回忆说：“我读初二的时候，班主任很赏识我的读书兴趣，常常借书给我看，并在贵阳买了本朱光潜先生的《谈美》送给我，这本书是我接触美学的启蒙读物。”③在北大求学和编写《美学概论》期间与朱光潜的书信往来和当面畅谈，都使刘纲纪在学术探索上受到了很大的鼓舞，而朱光潜在转向马克思主义美学研究之后，在美学大讨论中对马克思主义实践观美学的阐发也在一定程度上启发了刘纲纪的思想灵感，成为他以后构建实践论美学体系的必要的理论语境。

李泽厚作为“实践美学”的前期代表人物，对所有中国后来的实践美学派别的美学家们来说，都是一个永远绕不过去的话题，即使所谓的“后实践美学”，也基本是在后期李泽厚哲学和美学思想的先导下发展而来的。刘纲纪对李泽厚有较高的评价：“他的研究重视宏观的、根本性问题的探讨，很具原创性与启发性，表现出思想家的气度。”④作为北大时期的学长和后来的老朋友，李泽厚和刘纲纪之间有着比较密切的关系，早在1956年的时候，清华大学建筑系开设由蔡仪主讲的美学课，李泽厚和刘纲纪每次都一起去旁听。但不少研究者对两人的关系存在一定的误解，主要表现在对《中国美学史》的写作和两人在美学理论的相互影响上。对于《中国美学史》，李泽厚只是主编，刘纲纪才是真正的撰写者。李泽厚曾明确说过：“和刘纪纲合作写的《中国美学史》，是他执笔写的，所以我始终不把这部书列入我的著作中，尽管我提供了某些基本观点。”⑤刘纲纪也曾提到过这一事实：“1980年，我参加李泽厚主编的《中国美学史》的写作，开始我

---

① 刘纲纪：《美学与哲学》，武汉：武汉大学出版社2006年版，第536页。

② 章启群：《百年中国美学史略》，北京：北京大学出版社2005年版，“序”第10页。

③ 聂运伟：《路漫漫其修远兮，吾将上下而求索——刘纲纪先生访谈录》，《文艺研究》2004年第6期。

④ 刘纲纪：《传统文化、哲学与美学》，武汉：武汉大学出版社2006年版，第604页。

⑤ 戴阿宝：《美的历程——李泽厚访谈录》，《文艺争鸣》2003年第1期。

只承诺写某些部分，以后他极热情地要我和他一起主编，实际上全书都是我独立撰写而成的，他只负责通读、审阅我写的稿子，并且只做了极个别的文字上的更动。即使我的观点与他的观点不同的地方，他也不做改动。全书只有绪论的最末一段是由他加上去的。此书之所以能较快地写成，和他对我的热情的鼓励和不断的催促分不开。我写完一章就寄一章给他，当时他自己正在写收入《中国古代思想史论》中的文章，后来我感到在某些文章中他参考吸收了我写的稿子中的一些看法和材料。"①在2009年的一次访谈中，他再次谈到了这个问题："70年代末、80年代初，在山东济南开了一个全国社科重点项目的会议。当时我提出了一个中国美学史的研究项目，中国社会科学院哲学所也提了个中国美学史的研究项目。在讨论时，大家提出意见，究竟是两家分开搞，还是合在一起搞？当时我有两方面的考虑：一是如果分头搞的话，恐怕当时很难同时上两个项目，会放弃一个；二是我和李泽厚是同学，我和他很熟悉。结果就是中国社会科学院和武汉大学联合搞这个项目，圈子里的人很认可李泽厚，我也很同意。但我当时还只承诺写某些部分，也没有要求当主编或副主编。……应该说，这部书的写作得到了李泽厚的极热诚的鼓励、支持、帮助和推动，这也反映了我们之间的深厚友谊。但这部书是我独立写出来的，我参考了他的一些看法，但绝不是照搬，我做了独立的更深入的阐发，而且参考的地方我也都注明了。书中的观点是我自己研究的结果，绝不是复述他的看法。"②搞清楚了这一段历史，就可以使我们了解到他们之间的密切关系，同时也可以避免在研究李泽厚时错误地把《中国美学史》当做他的著作而从中找寻或褒或贬的证据（已经有研究者这样做了）。

在美学理论上，有的研究者认为刘纲纪的美学思想是在李泽厚的基础上的进一步阐发（这一点我们已经在绪论里谈到，也将在第三章里再涉及）。实际上，如上所述，刘纲纪的实践论美学思想一开始就与李泽厚的不同，在对核心概念如实践、自由等的理解上，对美的本质的规定上，以至在整个研究理路上，两人都显出迥然相异的旨趣。他们基本相同的，是作为理论基础的马克思主义的某些重要命题或范畴，如"人类社会生活的本质是实践的"等根本观点。刘纲纪多次讲到他赞同李泽厚所提出的"美是诞生在人的实践与现实的相互作用和统一中"的观点，认为这是美学讨论中所取得的一个重要成果，将自由与美的本质联

① 聂运伟：《路漫漫其修远兮，吾将上下而求索——刘纲纪先生访谈录》，《文艺研究》2004年第6期。

② 刘纲纪、李世涛：《我参与的当代美学讨论——刘纲纪先生访谈录》，《文艺理论研究》2009年第4期。

系起来是很有意义的,但即便是这些,他们也有着很不相同的具体理解。一些研究中国实践美学的学者常常以为李泽厚代表了整个实践美学派别,这实在是一个不该有的大误解。但申明这些并不是要否认李泽厚对于刘纲纪的影响,我们在这里所想要指出的是,李泽厚对刘纲纪美学思想的影响不是如有的研究者所认为是直接的、正面的,而恰恰相反,主要是间接的、逆向的。也就是说,刘纲纪在构建他的美学理论过程中,不是沿着李泽厚所指向的路径,而是一开始就意识到李泽厚所开辟的美学之途可能是一条充满争议的路径。正是在对李泽厚的深刻反思和理性批判中,他走出了另外一条探索真理之路。我们不妨不厌其长地读读这段引文:

20世纪80年代之前,李泽厚的看法主要集中表现在1962年发表的《美学三题议》一文中。当时我们正在一起参加王朝闻同志主编的《美学概论》一书的编写工作。我感到他的这篇文章虽有新意和创造性,但在理论和逻辑上又经不起推敲。他在此文中提出美是真与善的统一,但实际上并不是所有既真又善的东西都是美的。他又把"善"理解为人的实践活动,这样一来,美作为真与善的统一又成了真与人类实践的统一,美与不美就决定于人类的实践活动是否与真相符合。既然如此,又如何能说美是产生和决定于人类的实践活动的呢?此外,他把"善"理解为实践,看来是以列宁的《哲学笔记》为依据的,但他所引述的话只是列宁对黑格尔《逻辑学》的解读,目的是要从中剥取黑格尔接近实践的思想,并不意味着列宁自己也认为"善"就是实践。实际上,不论是马克思、恩格斯或列宁,当他们论到"善"(不论道德意义上的或一般功利意义上的善)的时候,都把"善"和与之相反的"恶"的观念的产生看做是人类社会实践(首先是物质生产实践)的产物,因而也是随着人类社会实践的变化而变化的人类对"真"的认识也同样是如此。因此,只有首先承认马克思主义认为人类对真与善的认识和依据这种认识而采取的行动都是由人类社会实践的发展决定的,这样才能从实践出发来解决真、善与美的关系问题,并找到美产生的实践的根源。当人类意识到他能通过自己的创造性的活动克服各种困难,掌握客观必然规律以取得自由时,这种自由在人类实践的过程和结果上的感性表现就会引起一种既同功利的满足有关,又与由功利的满足而产生的愉快不同的精神的愉快。这就是原初意义上的美感,也就是康德首先提出,以后又由席勒、黑格尔进一步加以阐明的"自由的愉快"即美的愉快的真正的实质所在,而引起这种愉快的对象,就是在人类在语言中称之为"美"的对象。所以我把美定义为"人类在自身生活的实践创造中取得的自由的感性表现"。李泽厚在《美学三题议》中提出的理论框架,主张美是真与善的统一,虽然也是从马克思主义来讲的,但在我看来已很受康德哲学、美学的影响,也是后来他从80年代初起,不断走向"康德加马克思"的理论思路的最初表现。①

在《美学与哲学》的"新版序"中,刘纲纪以更多的篇幅再次谈到了他与李泽厚对美学研究的不同思路和对美的不同认识。这既是刘纲纪对区别于李泽厚美学思想的申明,又是他本人探索马克思主义实践美学心路历程的真实描述。20世纪80年代,刘纲纪明确提出了"实践本体论",他坦言,直接的动因是他难以同意李泽厚的"人类学本体论"。在理论建构的道路上,李泽厚的做学风格也许正像他的《美的历程》一样,走马观花,逸笔草草,充盈着诗性的粗放,而不求逻辑上的稳妥融洽。他不愿在某一个问题上过多地盘桓逗留,而总是急切地奔向下一个目标,这也使得他在理论上总能比别人先行一步,而留给人们更多的争论抑或启思。作为中国马克思主义实践观美学的倡扬者和坚定捍卫者,刘纲纪不愿苟同马克思主义实践论美学被随意装饰打扮,"在学术上,从青年时代开始,我的最高目标就是做马克思主义的一个忠实的阐释者,我努力要做的阐释是一种我认为有深度的、有独到之见的阐释"②。面对李泽厚以康德观点改造马克思主义,对实践美学作出不尽符合马克思主义原意的阐释,从而使实践美学理论不能正确解释审美问题和艺术实际的时候,刘纲纪总是以美学家的责任心和马克思主义者的使命感,义不容辞地予以回应和批评,重新作出有深度的合理阐释。刘纲纪的美学思想的一些重大突破,不少都是在对李泽厚学说作正本清源的批判基础上进行的,很大程度上,李泽厚对刘纲纪的影响基本是在这种意义上表现出来的。

综合以上论述,正是在吸收现当代中国思想家和美学各家所长的基础上,刘纲纪发展了当代中国实践美学思想,形成了他的实践论美学思想体系。从实践这个本体和逻辑起点出发,刘纲纪形成了他关于"美是自由的感性显现"、"美感是由于人见到自由获得实现而引起的精神的愉快"、"艺术是对现实生活的审美

---

① 聂运伟:《路漫漫其修远兮,吾将上下而求索——刘纲纪先生访谈录》,《文艺研究》2004年第6期。

② 聂运伟:《路漫漫其修远兮,吾将上下而求索——刘纲纪先生访谈录》,《文艺研究》2004年第6期。

反映”等关于美、美感和艺术等美学问题的论述，在对以毛泽东、周扬、王朝闻、朱光潜、宗白华、马采、邓以蛰、李泽厚等人的实践美学思想进行总结的基础上，独抒机杼，创造性地发展了当代实践美学思想，建构起来一个具有中国特色和世界性意义的实践论美学思想体系。这一体系的建立，是他综采众长、兼收并蓄、融会贯通的结果，其对当代中国实践美学的富有成果的探索，具有历史意义和现实意义。

第二章　实践本体论的内涵与建构语境

本体论是研究世界本原或基质的一门哲学学问，是研究亚里士多德所说的"寻求各种最初的根源和最高的东西"。刘纲纪的本体论，正是这一意义上的本体论。他认为马克思主义哲学是关于本体论的哲学，它在不同范围和层次上可以分为物质本体论和实践本体论，就包含自然和社会在内的世界的本体是什么这一范围内，应当主张物质本体论，只涉及人类社会的范围内，则应当主张实践本体论。实践本体论具有三重基本内涵，即：追寻作为"世界统一性"的终极存在的存在论；反思终极解释的存在论；体认终极价值的存在论。而刘纲纪的这一创造性理论的形成是有具体的历史语境的，是他对国内外理论成果进行深入广泛的考察，特别是对西方马克思主义和国内实践论美学研究成果批判与吸收的基础上提出的独到见解。

第一节　本体论的基本内涵

本体是关于世界本原（本源）或第一原因的最高范畴，"本原"在哲学上指一切事物的最初根源或构成世界的最根本实体，而"本源"是指"事物产生的根源"，两者的意义合在一起构成了本体的含义。本体论是研究世界本原或基质的一门哲学学问，它具有三重基本的内涵。

一、本体与本体论

汉语中的"本体"一词是为了翻译古希腊的 ousia 及其各种后继词汇而创造出来的，ousia 作为一个重要的哲学范畴首先是由亚里士多德提出来的。它原来是希腊文系词 einai 的阴性分词 ousa，在巴门尼德和柏拉图那里与中性分词 on 并没有区别，而亚里士多德发展了巴门尼德的学说，将其改写为 ousia，赋予其特殊含义，用以指首要的、第一意义上的 on（存在或是）。

本体是本原还是本源，其关系是怎样的？把本体说成是本原或者本源是中国新时期本体论研究中十分常见的现象,由于本原和本源在汉语中是两个含义十分相近的词语,因此大多数学者对这两者并没有进行明确的区分,有些学者虽主张要对两者进行区分,但他们所给出的界定却往往不同甚至相反,由此就产生了概念上的混乱。主张本体即本源的学者把对本源的追问看做是一种对世界的构成方式或规律的研究,把世界的本源问题等同于世界的统一性问题来看,本源论是把哲学本体论看做研究世界的起源及其构成的学问。如孙周兴把海德格尔的"The Origin of the Work of Art"(英译名)译成了《艺术作品的本源》。

而把本体说成本原似乎占学者中的大数。陆梅林曾经指出,"'本体'一词,原指'始基'、'始原'、'本原'、'终极存在'等意思。在哲学的长期发展中,尽管各种哲学对'本体'有着不同的理解,但它始终含有'本原'的意思。"①苗力田译亚里士多德的《形而上学》,汪子篙等人在《希腊哲学史》中讨论这部著作以及早期希腊哲学家的思想时,所使用的也都是本原一词,他们认为本体是关于世界本原或第一原因的最高范畴,因此,哲学本体论就带有一种终极性,或者说,哲学本体论是关于世界第一原因的终极关注。应该说,这些学者对本体以及本体论的说明还是基本符合哲学史的实际的,但上述两派学者无论是主张本原论还是主张本源论,都没有对本原或本源等进行解释。按照《现代汉语词典》的解释,"本原"在"哲学上指一切事物的最初根源或构成世界的最根本实体",而"本源"则是指"事物产生的根源",这样似乎是把本原当成了哲学范畴,本源则只是日常用语,至于两者的字面意思则并无什么差别。

本原(arche)是由西方最早的哲学家泰勒斯提出来的,可以说是希腊哲学中的第一个哲学范畴。他把宇宙的本原说成是水,此后,阿那克西美尼认为是气,赫拉克利特认为是火,恩培多克勒又增加了土,称为"四根"。汪子嵩等的《希腊哲学史》援引《希英大辞典》的解释说,该词的原意包括两个方面:一是开始、发端、起源,二是政治上的权力、统治和政府官员。② 亚里士多德在《形而上学》中曾有两处解释过该词的含义,而且前后界定并不一致,前一个本原概括的是早期哲学家的观点,仅仅是指质料,后一个本原则是指原因,除了质料之外还包括形式、动力、目的等原因。由此可见,在亚里士多德这里实际上已经在两个意义上使用本原概念了。

苏宏斌先生认为,中国译者所说的本原和本源在亚里士多德与海德格尔那

① 陆梅林:《观念形态的艺术—艺术意识形态论之二》,《文艺研究》1990 年第 5 期。

② 汪子嵩等:《希腊哲学史》第 1 卷,北京:人民出版社 1988 年版,第 153 页。

里其实是同一个词,都是既指事物的起源又指事物的本质,译名的分歧显然只是源于选择的随意,与思想无关。早期哲学家所说的本原只是万物的起源,并不能解释事物之所以存在的原因和根据,因此亚里士多德将其归结为"质料"。而本体论所谈论的本原则是事物存在的原因或者根源,因此既包含起源又包含本质的意思。但由于这两种不同的思想在中文中都是由"本原"来表示的,本源似乎只是本原的异文,因此就无法将其从字面上区别开来。为此应该在哲学上把本原和本源视为两个不同的概念,其中,本源专指起源的意思,本原则表示起源和本质的统一体,与此相应,本源论是指古希腊早期的宇宙论,本原论则是指由亚里士多德开创的本体论。理由在于,"源"是指"事物的根由",因此本源就是起源、来源的意思,而"原"则既可以解作最初、开始的意思,义可以看做"原因"的意思。因此不应把本原和本源截然分开,因为亚里士多德的本原论并不是把质料因(本源)完全抛弃了,而是将其以扬弃的形式包含在自己的"四因说"之内,因此本源论乃是本原论的早期形态。① 这一说法,是我们所赞同的。

本体与本质是什么关系呢?从词源学上考察,我国学者所说的本质与英语中的 essence 一词相对应,这个词的词源主要有两个,一个是 ousia(本体),另一个是 to ti en einai(是其所是),两者都是由亚里士多德提出来的。usia 的译名演变过程时就已指出,essence 一词乃是现代学者为了翻译亚里士多德的 ousia 而创造出来的,在许多英文著作中一般都是作为 ubstance 的一种补充而出现的,因而本质与本体实际上是同义词。不过从该词的另一个词源来看,本质则只表示本体的部分含义(尽管是首要的含义)。亚里士多德把本体分为至少有四种最主要的意思:是其所是、普遍、种和载体。这里所谓"是其所是"的希腊原文就是 to ti en einai,按余纪元《亚里士多德论 on》中的分析,该词的意思是指事物中最持久的、恒久不变的东西,它决定了事物最根本的特征,因此主张译为"恒是"。这与现代思想中的本质一词所表示的含义显然是一致的,西方学者也因此常常将其译为 essence。不过,这里的本质与本体显然并不是同义词,因为本质只是指本体最根本的特征,除此之外本体还包含其他非本质的特征。从这个角度来看,本体显然不等于本质,而是由本质与其他特性组成的统一体。这样看来,本体与本质的关系包含两种形态:一种情况是,本质是对本体的一种翻译,两者完全是同义词;另一种情况是,本质是本体的主要内涵,它与偶性、特性一起构成了本体。刘纲纪本体论中所使用的本体是后者的含义。

① 苏宏斌:《何谓"本体"》,《东方丛刊》2006 年第 1 期。

除了本体与本原/本源的关系外,本体与存在、存在与是等概念之间的关系也有着争论,但所有这些论争其实都是在本体论所包含的内部概念上的问题之争。陈望衡先生总结说:“从西方哲学来看,‘是’、‘存在’、‘本体’、‘实体’、‘本原’、‘本质’、‘基体’等等范畴通常被认为是本体论研究的对象,但这些概念也是有些不同的。……‘实体’就本体是基体的意义而言。‘本原’就万物的统一性和开端性而言。‘本质’就本体‘其所是’的规定而言。”①在这一系列范畴中,本体是所有范畴的中心,是首要范畴。这种见解是我们所赞同的。

关于“本体论”,朱立元先生对此有过比较深入的研究。他认为“本体论”(英文 Ontology,德文 Ontologie)这个词,据现存资料,最早是由德意志经院哲学家郭克兰纽(Rudolphus Goclenius)于 1636 年首先使用的。他将希腊词 On(ον 即 Being)的复数 Onta(οντα 即 beings,“存在者”、“在者”或“是者”)与 logos(意谓“学问”、“道理、“理性、“论证”等)结合在一起创造出新词 Ontologie,可译为“存在学”或“存在论”。② 对它的界定,一般都认为是 18 世纪德国的哲学家沃尔夫(Christian Wolff,1679—1754)最先定义的。他在进行学科分类时,把哲学分为两部分:理论哲学和实践哲学。前者包括逻辑学和形而上学,形而上学又分为本体论、宇宙论、理性灵魂学和自然神学。他界定本体论为:叙述各种抽象的、完全普遍的哲学范畴,如“有”以及“有”之成为一和善,在这个抽象的形而上学中进一步产生出偶然、实体、因果、现象等范畴。③《不列颠百科全书》写道:“本体论是研究存在本身,即关于一切实在的基本性质的理论。这个术语直到 17 世纪才首次拼造出来,然而本体论同公元前 4 世纪亚里士多德定义的‘第一哲学’或形而上学是同义的。”④在中国,《中国大百科全书·哲学卷》认为:在西方哲学史中,指关于存在及其本质和规律的学说,在古希腊罗马哲学中,本体论的研究主要是探讨世界的本原或基质,在中国古代哲学中,本体论叫做本根论,等等。⑤ 由此可见,本体论是研究世界本原或基质的一门哲学,是研究亚里士多德

---

① 陈望衡:《20 世纪中国美学本体论问题》,长沙:湖南教育出版社 2001 年版,第 2—3 页。

② 参见朱立元:《当代文学、美学研究中对“本体论”的误释》,《文学评论》1996 年第 6 期。

③ 参见黑格尔:《哲学史讲演录》第四卷,贺麟、王太庆译,北京:商务印书馆 1978 年版,第 189 页。

④ 《不列颠百科全书》(国际中文版),不列颠百科全书编辑部编译,中国大百科全书出版社 1999 年版。

⑤ 参见《中国大百科全书·哲学卷》,中国大百科全书出版社 1992 年版。

所说的"寻求各种最初的根源和最高的东西"①。存在和本体论问题成为当代哲学研究的一种时尚后,引发了一系列的争论,在 Ontology 这个词的中文译法上存在着不同的看法。大陆主要有"存在论"、"是论"、"万有论"、"本体论"等,港台的学者则倾向于把其译为"存有论",而我们认为"本体论"的译法较好,它能突出地肯定和体现存在问题在哲学研究中的基础地位。刘纲纪所说的本体论,正是在这一意义上的本体论。

本体论作为一个古老的哲学问题为什么成为当代哲学研究的时尚呢?概括来讲,本体论研究复兴的原因之一,是传统形而上学陷入了危机之中。总结哲学本体论的发展史就会发现,虽然传统哲学家们一直是在"说何物存在",但他们却总是把"说何物存在"的问题视为"何物实际存在"的问题,也就是把自己的"承诺"当做毋庸置疑和不可变易的绝对。正因为如此,传统哲学家总是把自我批判的本体论变成非批判的本体论信仰。把传统本体论的目标理解为对绝对确定性的终极解释的寻求,都把传统本体论的根基归结为对理性至上性的承诺。在这个意义上,整个现代西方哲学拒斥传统本体论的绝对主义和理性主义,张扬相对主义和非理性主义。另外,从近代社会向现当代社会的转型过程中,生活世界的巨大变化也引发了人们对存在问题的重新思索:第一次世界大战显示出生活世界的巨大的裂口,使西方学者对自己的生活现状和文化传承产生了疑虑;现代科学技术被广泛地应用到生活中,引起了物的主体化和人的异化;弗洛伊德关于无意识的理论对当代人的生活世界产生了重大的影响,很大程度上改变了人是以理性为主的动物这个旧观念。在当代人的生活世界,包括精神世界中发生的重大的事件促使哲学家们重新去反思传统哲学,特别是作为传统哲学的基础和核心部分的本体论,于是,以追问存在为标志的本体论研究的复兴,就成了当代哲学中的一种时尚。

20 世纪初以来哲学中本体论研究的复兴呈现出多元化的发展趋向。在当代哲学的发展中,由于不同的哲学家和哲学流派面对着不同的问题群落,所以他们对本体论问题的探索也是见仁见智、迥然各异的,主要有以下几种表现形式:第一种趋向表现为以胡塞尔、海德格尔和萨特为代表的现象学本体论;第二种趋向表现为以哈特曼为代表的自然本体论;第三种趋向表现为以维特根斯坦、卡尔纳普和蒯因为代表的分析哲学家对本体论问题的新的思索;第四种趋向表现为

① 北京大学哲学系外国哲学史教研室编:《古希腊罗马哲学》,北京:三联书店 1961 年版,第 234 页。

以卢卡奇、古尔德为代表的社会存在本体论；第五种趋向表现为中国哲学家金岳霖、熊十力对本体论问题的新思索。[①] 实际上，还有一种趋势，那就是马克思主义哲学的本体论研究，而以卢卡奇等为代表的社会存在本体论只是众多的马克思主义哲学本体论研究中的一种，这一点我们将在下一节里谈到。本体论的复兴虽然呈现出迥然相异的态势，但其共同点则是对人类生存问题的关注和对人文精神的呼唤。

二、本体论的三重基本内涵

大多数学者认为，本体论其实质就是探求"终极存在"的理论，它蕴含着人类对一种高远境界的哲学追求，体现着人类对经验世界多样性的统一和一切本源于它、最终又复归于它的终极本质或终极本原的思考与探索，其最本质的特征应当是追求"终极"。那么本体论的基本内涵主要是什么呢？人们有着不同的看法。有人认为，本体论应包括两个方面：一是追求现实的不可还原的最本质的存在；二是这种最本质的存在所趋向的终极境界，本体论的终极追求，实质又是对人的价值和意义的追问。也有人认为本体论应具有三重基本内涵，孙正聿在其《哲学通论》和《哲学修养十五讲》里比较详尽地阐述了这一思想，我们认为这是对本体论基本内涵较为科学的阐释，本文采用孙先生的观点，并加以改造。

孙正聿认为，人类的实践活动不仅具有现实性，而且具有理想性，不仅具有有限性，而且具有无限的指向性。基于人类实践本性的理论思维，总是渴求在最深刻的层次上或最彻底的意义上把握世界、解释世界和确认人在世界中的地位与价值。理论思维的这种渴求，是一种指向终极性的渴求，或者说，是一种终极性的关怀。理论思维的这种终极性的渴求或关怀，构成了贯穿古今的哲学本体论。哲学的"本体论"，是一种追本溯源式的意向性追求，是一种理论思维的无穷无尽的指向性，是一种指向无限性的终极关怀。它所寻求的"在"或"本体"，既是无规定性的纯粹的存在，又是解释一切有规定性的"在者"的"在"，还是规范人的全部思想与行为的"在"，因此，哲学本体论具有三重基本内涵，即：追寻作为"世界统一性"的终极存在；反思作为"知识统一性"的终极解释；体认作为"意义统一性"的终极价值。[②] 由于本体论是关于存在的哲学学问，依据上述观点，结合刘纲纪等学者的阐释，我们认为，本体论的三重基本内涵可以理解为：存

---

① 参见俞吾金：《本体论研究的复兴和趋势》，《浙江学刊》2002 年第 1 期。

② 参见孙正聿：《哲学通论》，上海：复旦大学出版社 2005 年版，第 148 页。

在者的存在论、认识终极解释的存在论、终极价值的存在论。

1. *存在者的存在论——对世界统一性的追寻*

把本体论界说为"存在论"即关于"存在"的理论,这是一种有哲学史根据的通行看法。人类思维面对千差万别、千变万化的世界,试图寻求一种万物都由它构成,最初从它产生的存在物,把它作为"是之所以为是"的最终原因,这就是哲学思维在其童年时代所指向的"终极存在"。这种追求指向的"存在",并非各种具体事物或经验对象的存在,即不是"在者",而是总体性的存在,即"在"本身。这种"存在"对于思维的主体来说,是一种统一性的绝对的抽象,思维主体寻求这种绝对的抽象的统一性,是企图以此为根据去说明全部"在者"的生成、演化根据和原因。因此,这种"存在"对于思维主体所把握的世界来说,具有"终极存在"的意义。

这种哲学思维所关注和指向的终极存在,是经验世界的多样统一性,是万物所由来的某种感性存在物。在赫拉克利特那里,作为万物本原或世界统一性的"火",既是某种可感的现实存在物,又是一种象征意义的"逻各斯"。它启发哲学家沿着对"逻各斯"的逻辑把握去寻求世界的统一性即终极存在。这种终极存在的本体论哲学理论概括起来主要有三种:一是始基论或本原论。认为本体是万物的始基、基元和本原,如古代哲学家用水、火、气、土等作为始基或本原,来说明万物的产生、存在及变化。二是基础论。认为本体是万事万物的构成要素或基本单位,或存在的基础。如四元素说、原子论、单子论等都体现了这种思维倾向。三是本质论。认为本体就是万物存在变化的本质、共相,等等。这三种理论形态都体现了一种绝对意识的本体规定:本原性、基础性、本质性。这种哲学思路就是探寻对象世界的现象与本质的逻辑关系,把"本体"或"终极存在"视为超越经验而为思维所把握的理性存在物即"共相"的存在。像柏拉图所认为的那样:现实存在的任何事物或现象,总是以其特殊性的存在或存在的特殊性而表现出诸种不完善性;从经验对象所获得的任何观念或知识,总是以其特殊性的内容或内容的特殊性而丧失其解释的统一性;因此,应该而且必须存在一个高于物理事物并且规范物理事物的"理念世界"。这个作为共相的"理念世界"给予并且显现"物理世界"的意义,因而也构成对"物理世界"的统一性理解和解释。

2. *认识终极解释的存在论——对知识统一性的终极解释*

哲学家们对"世界本原"或"终极存在"的追寻和确认,不能把自己所承诺的"本原"或"本体"只作为一种抽象的观念,而必须对其进行逻辑论证,使之具体化,获得知识形态。本体观念的具体化和知识化就是对本体的解释,这种解释就是使各种各样的事物得到具有普遍意义的统一性的解释。

本体观念指向的是世界的终极存在,本体观念的展开和论证,具有对世界进行"终极解释"的意义。作为终极解释的本体论,它是以知识论的形态为中介而指向世界的终极存在,或者说,在其直接的理论形态上,不是表现为关于世界统一性的存在论,而是表现为关于知识统一性的认识论。亚里士多德认为哲学本体论所寻求的是关于"最高原因的基本原理"。这种"基本原理",可以使人类经验中的各种各样的事物得到统一性的解释,或者可以被解释为某种普遍本质的各种具体表现,从而达到思维把握和解释世界的全体自由性。黑格尔赞同亚里士多德所规定的寻求"最高原因的基本原理"的哲学目标,但他认为作为终极解释的统一性原理,只能是形成于对人类所创建的全部知识和整个人类认识史的"反思",而不是直接地形成于对各种各样经验对象的认识。在黑格尔看来,本体论所追求的"统一性原理"之所以具有对世界进行终极解释的意义,并不是因为它对世界作出最深层次的知识性解释,而是因为它能够把全部知识和整个认识史扬弃为思维把握存在的逻辑,即人类思想运动的逻辑。由于这个逻辑具有充实任何真理性内容的功能,因而是人类的全部知识得以生成和得以解释的统一性根据。

3. 终极价值的存在论——对存在意义的终极确认

本体论寻求作为世界统一性的终极存在和作为知识统一性的终极解释,并不是超然于人类历史活动之外的玄思和遐想,而是企图通过对终极存在的确认和对终极解释的占有,来奠定人类自身在世界中的安身立命之本,即人类自身存在的终极价值和意义。

寻求生命意义的根基,也就是寻求对人类具有普遍适用性或普遍约束性的终极价值。这种终极价值是衡度人类全部思想和行为的最高标准,而人类所追求的一切较小的目标都只是达到这种终极价值的途径或手段。本体论所寻求生命意义的根基,也就是寻求对人类具有普遍适用性或普遍约束性的终极价值,以确定的终极价值为评判依据。在西方,"自然是人的法则"、"人是万物的尺度"、"人的根本就是人本身",等等,这些表达特定时代精神的根本性的哲学命题,就是哲学本体论历史地提供给人类的安身立命之本。它们历史地构成人类用以判断、说明、评价和规范自己的全部思想和行为的根据、标准和尺度,即作为意义统一性的终极价值。在中国古代,"判天地之美,析万物之理"和"为天地立心,为生民立命"的传统哲学,它所表达的对终极存在、终极解释和终极价值的渴求与关怀,构成了中国古典式的、博大精深的本体论追求。正是在这种意义之上,对终极价值的关怀,构成本体论的最切近现实、贴近人心的终极关怀。

哲学对终极存在、终极解释和终极价值的寻求,它所关注的是把“真”、“善”、“美”作为主词而予以探寻和追究,这集中地体现了哲学本体论的真实意义:为人类的思想和行为提供判断、解释和评价真、善、美的“根据”、“标准”和“尺度”。哲学意义的“本体”是以寻求“终极存在”、“终极解释”和“终极价值”的方式,为人类的全部思想和行为追寻“根据”、“标准”和“尺度”。哲学本体论所具有的这种真实意义,使其在人类把握世界的各种方式中,在人类创建的全部知识体系中,以其所承诺的“本体”作为最高的或最终的根据、标准和尺度,批判地反思人类一切活动和全部知识的各种前提,为人类的存在和发展提供自己时代水平的安身立命之本。对此,陈炎先生也有同样的看法,他认为,建立本体论,无疑是哲学学问之首要而终极的任务,它的功能并不是要满足人对大千世界的求知欲望,而是为人的生命找到一种存在的价值和精神的家园,从而使因获得文明而付出异化代价的人在对“本体”的精神皈依中重新取得人与自然、人与社会的普遍联系,使有限的个体获得无限的意义。①

本体论的三重基本内涵,不仅揭示了一般本体论所蕴含着人类对高远境界的哲学追求,体现着人类对经验世界多样性的统一和一切本源的终极本质或本原的思考与探索,也明晰地昭示了刘纲纪实践本体论思想的深刻性和丰富性,说明了以“实践”为本体解释人类社会存在与发展的科学性,解释美得以产生的根源的正确性和以真、善、美为人的自由发展的最终价值实现的真理性。

第二节　马克思主义本体论与刘纲纪的实践本体论

彭富春先生在《刘纲纪与实践本体论的建构》中谈道,本体论的问题虽然在反对形而上学的呼声中遭到种种方式的拒绝,但在现代思想中仍然激起了人们强烈的兴趣。对于马克思主义本体论问题,他说:“问题只是在于,马克思主义哲学是否也有自己的本体论?人们对此一直持回避态度,将重心集中于认识论的研究上。刘纲纪认为这是一个错误,并指出,马克思主义哲学首先是本体论的问题,然后才是认识论问题,而且后者以前者为基础。没有本体论的哲学是无根的哲学。”②刘纲纪对马克思主义本体论有着与众不同的完整理解,他认为,其在

① 参见陈炎:《“实践美学”与“实践本体”》,《学术月刊》1997 年第 6 期。

② 彭富春:《刘纲纪与实践本体论的建构》,《华中师范大学学报》2000 年第 5 期。

不同范围和层次上可以分为物质本体论和实践本体论，就包含自然和社会在内的世界的本体是什么这一范围内，应当主张物质本体论，只涉及人类社会的范围内，则应当主张实践本体论。必须从自然物质本体论发展到实践本体论，实践本体论必须以物质本体论为前提，自然物质本体论必须发展到实践本体论，两者是统一的。

一、马克思主义本体论的诸种形态

国内目前关于马克思主义本体论的研究论著，以大部头的形式呈现的有两本：一本是龚榆的《本体论：在探索真理的道路上》，另一本是俞宣孟的《本体论研究》，但两者对本体论的理解却是截然相反的。俞先生认为，第一，从词源学角度考察，ontology 表明它是一门关于 being 的学问，而这个动名词是"是"的意思，being 分词表示就是"是"、"是的"，进一步名化就是"所是"、"是者"，因此，从确切的字面意来说，ontology 是一门关于一切"是"或"是者"的学问，即"是论"，所以它丝毫没有关于"本体"的学问的意思，"本体论"的译名与 ontology 是南辕北辙、驴头不对马嘴的翻译。而且，"存在论"的译名亦不妥当，它没有体现出来最高最普遍的范畴的品性。① 第二，本体论是建立在唯心主义基础上的思维和存在同一论，是一种用范畴作逻辑推理的形而上学，一种纯粹思辨的特殊的哲学形态。第三，马克思主义正是通过对本体论的批判才建立起来的，把本体论的名称加给马克思主义哲学是没有道理的。卢卡奇的社会存在本体论或物质本体论、实践本体论都是对马克思主义哲学的误解，是不能成立的，本体论与马克思主义哲学联系起来模糊了它与旧哲学的界限。② 龚榆先生则持相反立场，他的主要观点是：一是把 ontology 译为"存在论"和"是论"没有将这一词所包含的"第一哲学"或"基本的问题"之含义表达出来，最为妥帖的名字非"本体论"莫属。本体论概念相对于认识论是一个通常用法，从新中国成立前艾思奇的《大众哲学》(1936 年版)到 1981 年汪子嵩的《亚里士多德关于本体论的学说》等都使用这一概念，"本体论"不论在西方还是在国内哲学界都得到了承认。二是存在着唯物主义与唯心主义两种性质不同的本体论，马克思主义的辩证唯物主义世界观是当代本体论的代表，否定本体论意味着否定马克思主义哲学的基本立

① 参见俞宣孟：《本体论研究》，上海：上海人民出版社 1999 年版，第 17 页

② 参见俞宣孟：《本体论研究》，上海：上海人民出版社 1999 年版，第 175 页。

场和观点,意味着割断哲学与实践的联系。①

俞龚两家的观点代表了国内关于本体论的两种基本倾向。前者否认马克思主义哲学有本体论,后者承认马克思主义有它的本体论,但这个本体论是"世界观"。这就使得我们有必要对一个时期以来国内对马克思主义哲学的有关争论做一简要综述,以此作为研究刘纲纪实践本体论的前提条件。

从20世纪80年代以来,马克思主义哲学的本体论研究,一直是中国哲学界关于马克思主义哲学创新讨论的焦点性问题之一。此问题的讨论,首先源于对马克思主义哲学传统教科书体系的批判和反省。从"人道主义和异化问题"讨论到"主体性原则"的讨论,再到国内80年代中后期的"实践唯物主义"讨论,学术界在对马克思主义哲学研究进行整体反思的过程中形成了物质本体论和实践本体论的激烈论争。主要有两个问题:其一,马克思主义哲学到底有没有本体论?其二,如果有,马克思主义哲学是怎样的一种本体论?

对于第一个问题,有两种观点,大多数学者认为有,少数学者坚持没有,上述俞宣孟先生就是代表。但随着争论的深入,从本体论的角度重新探讨马克思哲学引起了越来越多的学者的重视。人们普遍地认为,马克思的历史唯物主义不是社会学理论,而是本体论:马克思在哲学领域里完成的划时代的革命不是单纯认识论意义上的革命,而首先是本体论意义上的革命。但问题是:马克思主义哲学有怎样的一种本体论?除了上述龚榆先生所持的辩证唯物主义世界观本体论外,尚有以下几种:一是物质本体论。认为现实世界是客观的物质世界,世界的真正统一性在于它的物质性,物质是世界的本原。在作为整体的世界中,实践不过是一个微不足道的组成部分,不可能成为本体。二是社会存在本体论。认为当代本体论的一般特征是从社会存在出发去解释存在和自然存在;马克思哲学实质上是社会存在本体论,确切地说,是社会生产关系本体论。三是生存论的本体论。此种观点主张把马克思哲学中具有本体论意蕴的理论基础称之为实践—生存论。四是实践本体论。就是刘纲纪明确提出和论证的以实践为人类社会本体的观点。

那么,刘纲纪的实践本体论是一种什么样的本体论,他是怎样论证他视之为唯一正确的马克思主义哲学的本体论呢?

二、刘纲纪的马克思主义实践本体论

刘纲纪在思考马克思主义实践本体论的时候,苏联的哲学家们的物质本体

① 参见龚榆:《本体论:在探索真理的道路上》,上海:上海三联书店2005年版。

论、李泽厚的"人类学本体论"以及世界观本体论等已经被人们讨论着,但实践本体论尚没有人明确提出并加以论证。因此,实践本体论是刘纲纪最先明确提出并给予严密论证的新观点、新看法。张玉能先生指出:"刘纲纪在哲学上首先明确提出马克思主义的'实践本体论',并以此作为美学的哲学基础。"①刘纲纪本人也在一篇访谈中说过:"我认为马克思主义哲学既批判继承了过去的唯物主义的自然物质本体论,以之为前提、基础,同时又从自然物质本体论进展到社会实践本体论,并使两者内在地、有机地统一起来,这就是马克思主义哲学在本体论上的划时代的贡献。这一基本观点虽然已包含在马克思的哲学中,但过去没有人如此明确地提出和论证过,也许可以算是一个新观点、新看法吧。"②刘纲纪的实践本体论的提出,在中国和日本学界产生了强烈的反响,并由此在中日两国哲学界引发了对唯物主义和本体论的热烈讨论。今天看来,刘纲纪的实践本体论无论是在对马克思原典的准确解读上,还是在对历史和现实的解释上都经受着了理论与实践的双重检验,证明它是对马克思主义哲学的本体论阐释中比较科学的结论,是对他所倡导的"回到马克思,发展马克思"的最好注脚,而以此为哲学基础对实践美学的科学阐释和建构具有深远影响。

何谓本体论?刘纲纪说:

> 一般而言,本体论是关于存在的理论,目的是探求什么是存在的最普遍、最高的本质。所谓最普遍、最高的本质也有种种不同的说法,但其中最基本的问题是:第一,存在的本原问题,即世界从何产生形成,或什么是初始的、本源性的东西;第二,相对无限众多的现象,什么是存在的最一般的根据、实质。③

那么本体与本原的关系是什么呢?刘纲纪指出:

> 马克思主义哲学是在世界的本原是什么的意义上来理解本体的。马克思主义哲学的本体论就是世界的"本原"论。在马克思主义哲学中,"本体"与"本原"两个词完全可以互换、通用。那成为世界的"本原"的东西,或用

① 张玉能:《新实践美学论》,北京:人民出版社 2007 年版,"导言"第 2 页。

② 聂运伟:《路漫漫其修远兮,吾将上下而求索——刘纲纪先生访谈录》,《文艺研究》2004 年第 6 期。

③ 刘纲纪:《传统文化、哲学与美学》,武汉:武汉大学出版社 2006 年版,第 93 页。

长期流行的说法来讲，那在世界的存在和发展中居于“第一性”地位的东西，就是马克思主义哲学所说的本体。①

马克思主义哲学究竟是否有本体论？刘纲纪明确地予以肯定。他从马克思、恩格斯的著作里找到了确凿的证据。在《1844年经济学哲学手稿》中，马克思曾两次使用了“本体论”这一术语，而且他反复论述了以物质生产劳动为基础的，自然向人的生成和自然的人化问题也正是一个极其深刻的本体论问题。此后，马克思再没有明确使用过“本体”这个词，但他多次讲到了在其哲学中有根本性意义的“存在”、“社会存在”的概念，而且“社会存在”还是马克思首创的，既然“存在”、“社会存在”是马克思哲学中的重要概念，那么马克思主义哲学就应当有关于存在的理论亦即本体论。在马克思后来的著作中，马克思一再指出和论证了物质生产实践是人类全部历史的基础，是决定人类历史发展的最后的终极原因，这实际上就是对实践所具有的本体论意义的深刻阐明，因为一切本体论所要寻找的，正是那决定世界存在和发展的终极的、最后的原因。

恩格斯在成为马克思主义者之后的著作里没有使用过“本体”这个词，但这并不能说明他否认本体论问题，相反，在他的著作里，马克思主义哲学本体论问题表现得更加明晰，在阐发对本体论的理解上，不仅与马克思的观点完全一致，而且还作出了重要的贡献。在《自然辩证法》中，恩格斯在论及亚里士多德所说的本体、本原时指出：“在这里早已完全是一种原始的、自发的唯物主义了，它在自己的萌芽时期就十分自然地把自然现象的无限多样的统一看做不言而喻的，并在某种具有固定形体的东西中，在某种特殊的东西中去寻找这个统一，比如泰勒斯就在水里去寻找。”②刘纲纪认为，这段话对理解马克思主义哲学的本体论十分重要。首先，恩格斯所引用的亚里士多德的话历来被看做西方传统哲学对于本体论问题的经典论述，他确定了本体论问题的基本含义，是西方关于本体论问题探讨的发端。其次，把上引恩格斯的话和他在其他地方所说的有关统一问题的话联系起来看，恩格斯对本体论问题所做的理解可归结为两个问题。一是世界的本原问题。谈到哲学的基本问题时，在《路德维希·费尔巴哈和德国古典哲学的终结》中，恩格斯明确地提出：“什么是本原的，是精神，还是自然界？——这个问题以尖锐的形式针对教会提了出来：世界是神创造的呢？还是

① 刘纲纪：《传统文化、哲学与美学》，武汉：武汉大学出版社2006年版，第186页。

② ［德］恩格斯：《自然辩证法》，北京：人民出版社1984年版，第35页。

从来就有的？哲学家们依照他们如何回答这个问题而分成了两大阵营。……凡是认为自然界是本原的，则属于唯物主义的各种学派。"①世界的本原问题，显然是本体论的根本问题，恩格斯把它称之为"全部哲学的最高问题"，这与亚里士多德把本体论称为"第一哲学"是类似的。另一个问题是世界的统一性问题。恩格斯对此的回答是："世界的真正的统一性是在于它的物质性。"②在《反杜林论》和《自然辩证法》中，恩格斯也反复强调了世界是物质的世界，物质是处于不断的运动之中的。因此，在恩格斯看来，亚里士多德所讲的世界（存在）的始终如一的本体正是物质。由此刘纲纪得出了如下结论：

> 马克思主义哲学所讲的世界的"本原"和世界的"统一性"问题，从西方传统哲学来看正是属于本体论的问题（这两个问题当然又是直接联系在一起的）。因此，说马克思主义哲学没有本体论，我认为是不正确的。马克思主义哲学没有否定、抛弃传统本体论问题，而是对它作了以物质的自然界为基础的实践唯物主义的解决。

刘纲纪紧接着指出，不能简单地把传统的本体论等同于马克思主义哲学的本体论。不能以传统哲学的本体论观念为标准来衡量马克思主义哲学的结果，它们之间有着重大的区别，这种区别不仅仅在于对本体论问题的唯物主义的解决，而且还表现在对传统本体论称之为"本体"的那个东西的理解上，这集中表现在以下两个方面。

第一，马克思主义的唯物主义认为，自然界是亘古以来就存在的，其在实践和空间上都是永恒无限的，其存在没有开端，不是有在自然界之前、之外、之上的另一个实体创造出来的，即使这种实体被看做是物质性的东西，这种假定也是不能成立的。马克思主义哲学用物质说明世界的本原和统一性，但这个物质不是脱离万物而存在并产生出万物的实体，它所说的物质是通过思维的抽象所得出的概念，指的是自然界的各种感性现实地存在着的事物。马克思主义哲学虽然认为物质是世界的本原和统一性所在，在这意义上它也就是世界的本体，但这个本体不是传统哲学所说的产生出自然界的"本体"，因为自然界本身就是物质的存在，而物质是不能创造和消灭的。说物质是世界的本原也就等于说自然界是

---

① 《马克思恩格斯选集》第4卷，北京：人民出版社1972年版，第220页。

② 《马克思恩格斯选集》第3卷，北京：人民出版社1972年版，第83页。

世界的本原，两者是一个意思。

第二，传统的本体论在很多情况下把本体理解为一种静止的、静态的存在物，而马克思主义哲学所理解的本体亦即马克思主义哲学所说的物质则永远处在运动之中，存在与运动不能分，运动是物质存在的方式。从本体是静态的观点去否认人类社会的实践活动不能成为本体的说法是不能成立的。

在这里，刘纲纪又着重分析了物质与自然之间的关系。他指出，长期以来存在一个很大的误解，就是脱离自然界去讲物质，把两者分离开来，似乎物质是与自然界不同的并产生了自然界的东西。实际上，按照马克思主义哲学的观点，物质是与自然界一刻也不能分离的，自然界就是物质的自然界，物质就存在于自然界的运动变化之中，离开了自然界就没有物质可言，至于人类社会生活现象，也是以自然界、自然物质为其前提和基础的，没有自然界即不会有人类社会，所以，马克思经常使用的“自然物质”这一术语。但“自然物质”这一术语绝不等同于列宁的“物质”概念，列宁把物质定义为意识所反映的“客观实在”是从认识论角度提出的概念，不能应用于本体论，因为“客观实在”是包含了自然界和社会存在两者在内的，如果应用与本体论，那么世界的本原就不是一个，而是两个，世界就统于二而不是统于一。而世界的本原正是自然界的物质，亦即马克思所说的“自然物质”。这样，相对于对自然界的无限多样的现象来说，对其本原和统一性问题的回答就非常明确了：

> 它们都是自然物质的产物和表现，它们的统一性就在于它们的物质性。在这意义上，自然物质及其运动就是自然界的本体，此外再无别的本体。①

这就是马克思主义哲学对自然本体的彻底唯物与科学的解决。

同传统本体论的区别和分析，这仅仅还是第一步。恩格斯的论述非常清楚地告诉人们，承认“自然界是本原的”，这是“唯物主义的各种学派”的共同点，而不是马克思的唯物论向自己提出的历史性问题，也不是马克思的唯物论对自己的历史性问题的理论回答。这就是说，如果我们承认马克思哲学不是旧唯物主义而是新唯物主义，那么我们就不能仅仅是在“世界何以可能”的问题域内去理解马克思哲学，而必须在马克思所提出的新的问题域去理解马克思哲学。在这个意义上，已经不能以“唯物主义的各种学派”所共同坚持的“物质本体论”来界

① 刘纲纪：《传统文化、哲学与美学》，武汉：武汉大学出版社2006年版，第180页。

说马克思的本体论。因为,“就包含自然和社会两者在内的世界而论,我们当然可以而且必须说自然物质的运动就是世界的本体,但由于人既属于自然又区别于自然,因此仅仅指出自然物质运动是世界的本体,还不能说明人的本体。”①

人类史与自然史是既有联系又有区别的,马克思、恩格斯多次讲到这种区别,指出人类史是人的有意识有目的的创造,而自然史则是无意识的。马克思主义哲学不是光讲自然的哲学,更是关于人类社会的哲学,它的三个特征或基本精神就是:一是彻底的自然主义;二是实践的唯物主义;三是人本主义,因之它可以称为以物质的自然界为基础的实践的人本主义。在本体论问题上,它也不可能撇开人类历史而只讲自然史,在其哲学中包含着对这一问题的具有重大意义的科学回答。

马克思主义哲学对传统本体论的革命性的变革在于它不仅是自然的本体论,而且还是关于人和人类社会的本体论。刘纲纪指出,从马克思主义的本体论来看,任务就是要把关于自然的本体论和关于人类社会的本体论同唯物主义的基础协调起来,从唯物主义的自然的本体论发展到人类社会的本体论,并科学地解决两者的联系与统一。在刘纲纪看来,同传统的本体论比较,马克思主义的本体论的一个巨大贡献正在于它不只唯物地解决了自然的本体问题,而且还同样唯物地解决了人类社会的本体问题,并科学地阐明了两者的联系与统一。而这个人类社会的本体就是人类的社会实践。

为了阐明这个观点,刘纲纪首先依据马克思主义哲学的有关论述,把世界划分为三个世界。他认为,和人的存在相联的世界包含三个世界:第一是在人类之前和之外存在的自然界;第二是在自然的基础上,人通过实践为自己创造出来的对象世界;第三是以上述两个世界为基础的以物态化的符号形式表现出来人的精神世界。② 第二个世界虽然也是物质世界,但却是人所生活的物质世界,是人的实践创造出来的对象世界,不是与人的生活实践无关的物质世界。这个世界在人的意识之外存在着,但它又是人自身的对象化、现实化、客观化,因而是主体与客体、物质与精神、思维与存在的统一,即人化的自然界。第三个世界是以上述两个世界为基础的以物态化的符号形式表现出来人的精神世界,也是人类的实践所创造出来的世界,它当然地包含在人类的社会生活中。由于世界可以划分成在人类之前即已存在的自然界和“人化的自然界”范围与层次,那么,在这

① 刘纲纪:《传统文化、哲学与美学》,武汉:武汉大学出版社 2006 年版,第 185 页。

② 参见刘纲纪:《传统文化、哲学与美学》,武汉:武汉大学出版社 2006 年版,第 101 页。

个范围与层次中进行不同本体的划分也就是可行和合理的，自然本体论相关于第一个世界，人的本体论是仅就后两个世界而言的。但这种划分不是互不相干的，而是有着内在的必然联系，这种联系在于，人和人类社会是自然界发展到一定阶段的必然产物，人本身也是自然界的一部分。人的本体论虽然与自然本体论区分，但这种区分是以自然为基础的。人的自然性的存在先于人的社会性的存在，这一事实成为人与自然统一的根基。即对人类社会本体的划分是在自然物质本体论的大的思想框架里进行的，实践本体一刻也不能脱离自然物质本体。

现在的问题是，什么意义上的实践是本体？或者说实践在什么意义上成为了本体？

什么意义上的实践是本体呢？刘纲纪说：

> 这里所说的实践，当然是马克思主义哲学所说的实践，不是其他任何哲学所说的实践。同时，它所指的，首先又是马克思主义哲学多次指出的、对人类社会的发展具有根本性决定意义的实践，即物质生产实践。①

这里，刘纲纪强调了两点：第一，实践是马克思主义哲学的实践，不是传统哲学上所说的实践，既不是古希腊罗马的那些哲学家们的实践，也不是康德的伦理道德实践或黑格尔的精神实践等其他学说的实践；同时，这个实践是刘纲纪自己对马克思主义哲学所理解的实践，即是他“整体实践观”中的实践，其不完全同于中国现当代一些思想家、美学家的实践。第二，由于实践是一个历史的开放性的范畴，随着人类社会生产力的不断发展，实践的形态由原始时期的单一向复杂的多样的形态发展，但无论实践的种类型态有多么繁复芜杂，人类的物质生产实践即劳动即使最初的、最基本的实践方式，更是最终的、具有决定其他一切形态的实践活动的实践方式，所以，无论是从人类社会发源的历史阶段（最初的实践方式），抑或是在人类存在与发展的终极意义上（最具决定性的最基本的实践形态）来看，物质生产实践都是居于第一性地位的始基与本原，亦即本体。人类生活的一切现象，不论属于观念领域或存在领域的东西，都只有追溯到人类物质生产的发展，才可能获得科学地解释，这就是胡塞尔的“本质还原”和“先验还原”所不能做到的马克思主义的“实践还原”，它才能真正彻底地说明一切意识现象和一切生活现象。

① 刘纲纪：《传统文化、哲学与美学》，武汉：武汉大学出版社2006年版，第186页。

上述对实践的界说,已经在一定程度上解释了“实践在什么意义上成为了本体”这一问题,但这还不够,刘纲纪对此进行更为深刻的具有说服力的阐释。刘纲纪从两个方面:一是自然和人类历史的关系;二是人的本体的本质规定两方面层层深入地论证了这一问题。

首先,他认为,人类历史和人的本体是包含在人类的物质生产之中的,因为在马克思那里,“整个所谓世界历史不外是人通过人的劳动而诞生的过程,是自然界对人来说的生成过程。”“历史本身是自然史及自然界生成为人这一过程的一个现实部分。”①这就是马克思对自然和人的历史的关系的看法,在这里,一方面是先于人存在的自然,另一方面是人类,而使自然界生成人,使人与自然达到统一的决定性的根本的东西,就是物质生产实践即劳动。人和人类的历史不能脱离自然而存在,但没有物质生产实践也不会有人和人类的历史的存在,以自然为基础的物质生产实践是人类历史的发源地。因此:

> 从本体论来看,人类历史的本原、始基就是以自然为基础的生产实践。在人类历史的范围内,马克思主义对“什么是本原”的回答是:不是精神(这是马克思主义区别于一切唯心主义的地方),也不仅仅是自然(这是马克思主义区别于费尔巴哈唯物主义的地方),而是以自然为基础的人类生产实践。由此可见,从人类历史的产生(“自然界生成为人”)和存在来看,马克思主义哲学所说的实践具有本体论的意义,而不只具有认识论的意义。②

由于“人是人的自然”,或“人化”的自然,所以,人的本体不只是自然,而是“人的自然”,对人的本体的认识就是要说明“人的自然”是如何形成和具有怎样的性质,物质生产实践是“自然界生成人”的基础和动力,因此“人的自然”即人的本体的性质只有在实践里找到说明,而这又恰恰证明物质生产实践的本原意义。这就是刘纲纪要论证的第二个方面的问题。对此,他指出,(1)物质生产实践即劳动是人从自然取得物质生活资料以满足生存需要的活动,同时又是人有意识、有目的改造自然的活动,因而是创造性地支配自然,从自然取得自由的活动。劳动的二重性的本质决定了人既是自然存在物,同时又是自由的自然存在物,自由是人的本体即“人的自然”的根本特性。但这自由的特性是由劳动的本

① 《马克思恩格斯全集》第42卷,北京:人民出版社1979年版,第131、128页。

② 刘纲纪:《传统文化、哲学与美学》,武汉:武汉大学出版社2006年版,第97页。

质所决定的,因而它是人类物质生产实践的产物。(2)改造自然的物质生产实践不是单个人的活动,而是结成一定社会关系的人的协同进行的活动。只有通过社会人才能改造自然,取得自由。社会是人同自然相统一的必经中介,使包括外部和人自身的自然成为"人的自然"的不可脱离的根基,所以社会性是人的本体的第二个本质特性,而这一特性决定于劳动,它也是物质生产实践的产物。基于此,刘纲纪说:"有物质生产实践所产生的人,既是自由的自然存在物,同时又是社会的存在物,两者不可分离。因此,自由和社会性是人的本体的两个内在地联系在一起的本质的规定性。同时,这种规定又不是同人的自然的规定性相脱离的,而是内在与自然的规定性,渗透在自然的规定性之中。"这就是人的本体的真义所在。这样,刘纲纪就完成了他对实践为什么能成为本体的论述,实践对于人类社会生活的本体论意义非常显豁地敞亮了。

但这样一来,在刘纲纪对马克思主义哲学的论述中就有了两个本体:自然本体和实践本体。两者之间是什么样的关系,这是否是一个新的"二元论"呢?实际上,对于这个问题的回答已经包含在以上两个问题的论述中了,因为,刘纲纪已经清楚地指明了实践的本体论意义是在"在人类历史的范围内"的。他反复申述:"我认为实践是本体,在范围上是就人类社会而言的。""我所理解的实践本体只确认'人化的自然界'或自然界的人化是人类实践的产物和结果,从而实践对'人化的自然界'具有本体论的地位。但反对将自然界与'人化的自然界'混为一谈。"①

在刘纲纪的三个世界那里,世界的物质运动有两大基本形态,一个是与人无关的自然界本身所发生的无意识、无目的的物质运动,另一个是由人的实践所引起的、受人的目的意识所支配的物质运动,这两种不同的运动形态的区别就是和人无关的自然的物质运动与人化的自然的物质运动的区别。前者的本体就是自然物质本身,后者的本体不仅仅是自然物质本身,而且是人类的实践。但由于人是人类实践的主体,没有人就没有人类的实践,而人又是自然界发展到一定阶段的产物,加之人类的实践处处必须以自然为前提和基础,因此实践本体论不能脱离自然本体论。所以,"自然物质本体论是实践本体论的前提,实践本体论是自然物质本体论的合乎历史和逻辑的发展。"②刘纲纪进一步阐明了两者之间的关系:

---

① 刘纲纪:《传统文化、哲学与美学》,武汉:武汉大学出版社2006年版,第186页。
② 刘纲纪:《传统文化、哲学与美学》,武汉:武汉大学出版社2006年版,第216页。

> 当问题涉及包含自然和社会在内的整个世界的本体时，本体只能是自然物质，而当问题只涉及与自然界有别的人类社会的本体时，本体则是以自然界为其前提、基础的人类实践。这也就是说，马克思主义的自然本体论历史地和逻辑地包含了马克思主义的实践本体论，但又不能代替它。这就是两者的正确关系。①

关于两个本体是否是二元对立的问题，在回答日本学者山口勇的时候，刘纲纪已经做了明确的解释。他认为，对于本体论问题是可以而且应当在不同范围和层次内加以解决的，物质本体论和实践本体论就是就不同范围和层次而言的包含自然和社会在内的世界的本体是什么这一范围内，应当主张物质本体论，只涉及人类社会的范围内，则应当主张实践本体论。他解释道：

> 我主张两个本体论既然是就不同范围、层次而言的，在每一层次范围内我又主张只有一个本体，而且我又论述了从物质本体论到实践本体论的内在必然性和两者的统一性，这显然不能说是二元论。只有我在同一范围、层次内主张有两个本体，和认为物质本体论与实践本体论是互不相关、截然对立的，这才能称之为二元论。②

刘纲纪强调，对马克思主义本体论的完整的理解，就必须从自然物质本体论发展到实践本体论，这同马克思讲的从自然史到人类史的发展是相一致的。实践本体论必须以物质本体论为前提，自然物质本体论必须发展到实践本体论，两者是统一的，因此不存在对立，当然也不是二元论。

刘纲纪实践本体论的提出具有多方面的重要意义，这主要表现在以下几个方面：第一，它打破了西方 19 世纪下半期以来所流行的各种神秘唯心的本体论，特别是 20 世纪 80 年代中国思想界产生较大影响的存在主义本体论，使本体论的研究沿着马克思主义哲学的正确方向行进。第二，它将科学的解决本体与现象、本体与主体的关系问题，消除两者之间所存在的神秘鸿沟，使这一由来已久的哲学问题在实践唯物主义基础上得到科学的解决。第三，它将丰富和加深对马克思主义唯物主义的理解，回答西方现代哲学对马克思主义唯物主义的曲解

① 刘纲纪：《传统文化、哲学与美学》，武汉：武汉大学出版社 2006 年版，第 193 页。
② 刘纲纪：《传统文化、哲学与美学》，武汉：武汉大学出版社 2006 年版，第 217 页。

与责难。

对于实践美学而言，它的意义也是深远的。这种意义不仅仅在于它从美学的角度为实践本体论所提供的支持，更在于美学学科和实践美学学派本身。因为它纠正了前期实践观美学一些含混甚至错误的理解，正本清源，突破了传统的认识论的樊篱，把美学建立在实践本体上，在实践本体论的思想指导下建构实践本体论美学思想，从而为马克思主义实践观美学开辟了一条科学地解释审美现象的康庄大道。所以，张玉能先生评价说：刘纲纪“纠正了本体论缺失，改正了李泽厚的‘人类学本体论’的模糊、歧义、偏颇，从而真正完成了中国当代美学由传统认识论向社会（人类）本体论美学的转型”。①

由于刘纲纪的实践本体论内在地包含着存在论、终极解释论和终极价值论三重基本内涵，因而，实践本体论美学就不是一种外在于感性个体的文化宿命论，而是与“此在”的“在世结构”密切相关的文化承继论和文化发展论。其新意在于：它既不是从经验现象出发用有限的现象来描述或囊括无限的本体，也不是从主观幻想出发，用超验的幻想来解释或界定存在的意义，它要真正抓住人与自然、人与社会之间的中介环节，从“实践”入手，用实践作为“知识统一性”的终极解释使世界重新统一起来。往前看，人与自然、人与社会本来是浑然一体的，是“实践”造成了主体与客体、个体与群体的真正分离；往后看，随着“实践”水平的不断提高，人与自然、人与社会的相互关系又会经过历史的否定阶段而重新趋于和谐和统一。而处于过去与未来之间的我们，也只有在具体的“实践”活动中才能够真正找到人与自然、人与社会的平衡关系，以实践审美价值论为人类的思想和行为提供判断、解释和评价真、善、美的根据与标准，为人类的存在和发展提供自己时代水平的安身立命之本，从而使有限的个体获得无限之意义。也正是在这一点上，陈炎先生说：“美学也只有达到‘实践本体’这一高度，才能够真正实现蔡元培所预期的以美育代宗教的社会功能，即通过瞬间的艺术体验和审美观照而打破感性与理性、创造与享受、历史与未来之间因异化劳动所导致的隔阂与障碍，在无须上帝的帮助下而恢复人与自然的亲合感和人与社会的凝聚力。”②所以，刘纲纪实践本体论的提出和实践本体论美学的建构，其意义远不止是这一理论见解的创造性和学理的正确性，更重要的是它对于社会人生所具有的精神陶铸与价值衡度等现实作用。

---

① 张玉能：《新实践美学的创新探索》，《重庆三峡学院学报》2007 年第 1 期。

② 陈炎：《“实践美学”与“实践本体”》，《学术月刊》1997 年第 6 期。

第三节　实践本体论美学思想建构的历史语境

刘纲纪在人类社会生活的范围内，把马克思主义理解为以自然物质为本原的实践本体论哲学，并依此建构了他的实践本体论美学思想，极大地发展完善了实践美学。而这一创造性理论的形成是有具体的历史语境的。是他在对马克思主义原典深刻领会的前提下，对国内外理论成果进行深入广泛的考察，特别是对西方马克思主义和国内实践论美学研究成果批判与吸收的基础上提出的独到见解。他一方面受到了西方马克思主义的影响，另一方面也与国内学者如朱光潜、李泽厚等人的思想发生碰撞，同时，接连不断的马克思主义哲学和美学的争鸣与讨论，也在客观上为他营造了浓厚的研究氛围。正是在深刻研究马克思主义原著和深入探索思考的基础上，在中外先哲时贤思想的影响和启迪下，刘纲纪才以思想者的勇气和智慧扬弃由来已久的认识论观点，提出了马克思主义实践本体论这一科学论断，进而建构了他的美学理论体系。

一、国际历史语境

刘纲纪在谈及他在20世纪80年代对马克思主义哲学和美学的思考时说："80年代后期，西方现代的思想流派大量流入中国，并受到了许多人的推崇。我觉得，这种势头发展下去，马克思主义在中国学术界的地位将大大地边缘化，甚至成为被攻击与否定的对象。因此，我深深感到必须依据马克思本人对他的哲学观点的论述来重新思考我们过去所讲的马克思主义哲学，彻底去除苏联哲学对它的种种简单化的、错误的解释，并赋予它以新的理论形态，和西方诸流派决一雌雄。"①就是在这样的历史语境中，刘纲纪进一步思考哲学和美学问题，依此建构着他的实践本体论美学体系。国际历史语境除了对西方其他哲学和美学思想的批判外，主要表现在对西方马克思主义的批判，而对"西马"的批判又主要集中在对葛兰西的实践一元论、南斯拉夫实践派、卢卡奇的社会存在本体论等本体论的考察和批判上。

1. 考察葛兰西的"实践哲学"

马克思主义哲学与近代传统的关系问题是规定马克思主义哲学性质的重要问题。19世纪后期的马克思主义理论家们大多认为马克思主义哲学是黑格尔

---

① 刘纲纪：《传统文化、哲学与美学》，武汉：武汉大学出版社2006年版，"新版序"第2页。

辩证法与费尔巴哈唯物主义学说的批判继承，强调马克思主义哲学与传统哲学的继承性和连续性，从而以近代哲学的研究方式来理解和说明马克思主义哲学以及美学思想，时至今日，一些诘难实践美学的人们仍坚持认为其属于古典美学范畴。实际上，早在列宁《论马克思恩格斯及马克思主义》那里就已经明确指出马克思的实践唯物主义是“现代唯物主义”①，而在20世纪初，葛兰西率先反对以传统哲学范式理解马克思主义哲学，精审地解读了马克思主义哲学的独创性意义，指出这种独创性超越了先前的哲学，“并首先在于它开辟了一条新路，从头到脚地更新了整个设想哲学的方式。”②把马克思主义哲学研究从近代哲学的规定中解放出来，在一个全新的基础上来理解马克思主义的实践精神。这种理论可能启发了刘纲纪先生的思想，“刘纲纪先生从现代哲学与传统哲学的联系的角度理解马克思主义哲学，认为马克思主义哲学属于现代哲学，但他并没有抛弃传统哲学中的本体论问题，而是对它做了以物质的自然为基础的实践唯物主义解决，建立起实践本体论。因此，马克思主义应有自己的本体论。”③

葛兰西的实践哲学中的一个重要内容就是“实践一元论”。什么是“一元论”？葛兰西说：“‘一元论’这一术语表达什么意义呢？当然不是唯物主义的，也不是唯心主义的，而是意味着在具体的历史行动中的对立面的同一性，即与某种组织起来的（历史化了的）‘物质’，与人所改变了的自然不可分割地联系在一起的具体意义上的人的活动（历史—精神）。这是行动（实践、发展）的哲学，但不是‘纯粹’行动的，而恰好相反是‘不纯粹’的、最世俗、最普通意义上的行动的哲学。”④葛兰西实践哲学的实践一元论实质，还表现在其论述内容上，也就是说表现在葛兰西沿着“实践哲学是绝对的历史主义”这条路线对于新世界观的阐述上，这种新世界观主要集中在对人同自然的关系的看法上面。首先是对于外部自然界的看法和态度。葛兰西把自然本身看成是一个历史范畴，把自然包摄在人类历史之下；其次是把客观事物溶解在人的实践中，因而反复强调要从同人的关系去认识物质和客观实在。徐崇温在《实践哲学》的“中文本序言”中写道：“在这种实践一元论中，外部自然界依存于人，依存于人的实践，是实践内部对立的同一性的一方。”⑤葛兰西高扬了人的实践，但却否认外部自然界独立与人

① [苏]列宁：《论马克思恩格斯及马克思主义》，北京：人民出版社1973年版，第5页。
② [意]葛兰西：《实践哲学》，徐崇温译，重庆：重庆出版社1990年版，第161页。
③ 何萍：《哲学本体重建与中国马克思主义的发展》，《江海学刊》1994年第4期。
④ [意]葛兰西：《实践哲学》，徐崇温译，重庆：重庆出版社1990年版，第84—85页。
⑤ [意]葛兰西：《实践哲学》，徐崇温译，重庆：重庆出版社1990年版，“中文本序言”第23页。

的实践之外，把自然史包摄在人类史之下，成了一种只讲实践而不讲唯物的唯心主义哲学。这种实践观当然是刘纲纪所不能同意的，对他的批判也自然是马克思主义唯物论者责无旁贷的义务，是刘纲纪建立实践本体论必须澄清和去除的一个在西方马克思主义研究中影响较大的理论错误。

2. 反思南斯拉夫“实践派”

对于南斯拉夫的“实践哲学”，刘纲纪指出：“我一向不同意把马克思主义哲学规定为‘实践哲学’。”[①]因为实践虽然在马克思主义哲学中具有根本性的重要地位，但马克思主义哲学所探讨的不仅仅只限于实践问题，它是以解决人的问题为根本目的的以自然界为基础的实践的人本主义哲学。在《马克思主义哲学的本体论》中，刘纲纪专辟一章来批判南斯拉夫实践派的观点，指出其否认物质生产决定人类历史发展的根本性错误，把它指认为“唯意志论”的哲学。

在当代南斯拉夫马克思主义哲学的发展过程中存在着两个基本的哲学派别：一个是“正统的”马克思主义派——本体论主义派，或称“辩证法派”；另一个是“创造性的”或“真正的”马克思主义派——人本主义人道主义派，或称“实践派”。实践派的主要代表人物有：加约·彼特洛维奇、米兰·坎格尔加、普勒德拉格·弗兰尼茨基、卢迪·苏贝克、瓦涅·苏特里奇、米哈伊洛·马尔科维奇等。南斯拉夫实践派是在批判“斯大林主义”的过程中，特别是在1956年之后，从南斯拉夫统一的哲学界中分化出来的。他们被称为“实践派”，他们的学说被称作“实践主义”或“实践哲学”的原因有二：一是在1964年，克罗地亚哲学会机关刊物《实践》（PRAXIS）杂志创刊，因此，人本主义人道主义派因《实践》杂志被命名为实践派；二是因为他们把实践当做马克思主义哲学的基本范畴，把批判现存的一切当做哲学的主要任务。《实践》杂志于1966年年末在由最初的七名哲学家组成的编辑部之外，成立了一个有40多人组成的规模庞大的编委会，除了南斯拉夫各地的哲学家外，还有来自12个国家的近30名著名哲学家，他们共同成为“实践派”的基本队伍。

大致来说，“实践派”的思想渊源可以追溯到20世纪20年代的卢卡奇、柯尔施和葛兰西等，而对整个“实践派”的基本社会政治观点产生巨大影响的则是法兰克福学派如马尔库塞、阿多诺、霍克海默、哈贝马斯等，“新马克思主义者”如布洛赫、卢卡奇、弗洛姆等人的理论也是其思想根源。因此，尽管这个派别内部的观点并不完全一致，但其基本观点是共同的，具体来说，主要有以下几点：

---

① 刘纲纪：《传统文化、哲学与美学》，武汉：武汉大学出版社2006年版，第217—218页。

(1)宣称其观点依据青年马克思的学说(主要是异化和人道主义),认为这才是真正的创造性的"人道主义的"马克思;(2)否认马克思发展中的统一性,把"青年"马克思和"成年"马克思对立起来,即把"人道主义的"马克思与辩证唯物主义的马克思对立起来;(3)反对辩证唯物主义,视之为斯大林主义对马克思主义所做的教条主义、官僚主义和国家主义的歪曲;(4)认为马克思主义只是一种方法论思想或理论框架;(5)把实践当做马克思主义哲学的基本范畴,把批判现存的一切当做哲学的主要任务,这种批判尤其要指向社会主义;抛弃科学社会主义学说,宣扬在资本主义和共产主义之间有"第三条道路"的观点。①

从他们的思想出发,"实践派"的"实践"有着特殊的含义,为了表现这种区别,他们受马克思在《关于费尔巴哈的提纲》中的写法启发,在《实践》杂志的封面上用的是该词的希腊文写法,即 praxis 而不是 practik。在发刊词"《实践》的宗旨何在?"中写道:"选择'实践'做这个杂志的名称,是因为马克思的核心概念'实践'(praxis)最充分地表达了上面所说的哲学概念,……我们与实用主义的实践概念及庸俗马克思主义的概念相去甚远。"②它的形式显得更革命,包含着比通常所说的实践更多的包罗万象的含义。尽管"实践派"对"实践"有多种解释,但却没有给它下过清晰明确的定义,然而,"总的来说,他们对'实践'的理解是同他们的人本主义哲学观点和他们把人看做是自由的、实践生物的观点分不开的"③。在这里,它是哲学的最基本范畴,马克思主义哲学的所有其他范畴、规律和原理都要从这里推演出来和得到解释,物质范畴当然也要包含进去,这样,物质与精神、唯物主义与唯心主义的对立被人为地取消了,"实践"走到了葛兰西的一元论上去了。因此,刘纲纪一针见血地指出:"由于脱离马克思主义自然本体论去讲实践,因此南斯拉夫实践派所谓的'实践'也就成了一种和自然界无关,甚至凌驾于自然界和决定自然界的东西。这样一种'实践'同马克思主义所讲的实践是不能相容的。"因而,"南斯拉夫实践派的缺陷在与它把它所说的'实践一元论'与'物质一元论'互不相容地对立起来,用前者去否定、取消后者,从而坠入了唯心主义。"联系到葛兰西等人的思想,刘纲纪总结说:"一般而论,用主观唯心主义的唯意志论来解释马克思主义哲学所讲的实践,这是西方马克思

① 参见贾泽林:《南斯拉夫当代哲学》,北京:中国社会科学出版社 1982 年版,第 80—81 页。

② 中国社会科学院哲学所编译:《南斯拉夫哲学论文集》,北京:三联书店 1979 年版,第 327 页。

③ 贾泽林:《南斯拉夫当代哲学》,北京:中国社会科学出版社 1982 年版,第 118 页。

主义的一个带普遍性的失误。"①

3. 批判卢卡奇的社会存在本体论

在构建自己的实践本体论的时候，刘纲纪一面批判葛兰西和南斯拉夫实践派的实践一元论，一面在他的《实践本体论》和《马克思哲学的本体论》等文章中，对海德格尔的基本本体论、雅斯贝尔斯的生存本体论、萨特现象学的本体论等本体论思想也进行了评析。他说："我主张'实践本体论'是为了从本体论的角度来说明马克思主义哲学的实质特征，去除前苏联哲学对马克思主义哲学的错误理解，并企图由此对海德格尔等人的本体论予以批判的考察，在现代哲学的背景下发挥马克思主义哲学本体论的深刻内容，以影响和推动现代哲学的发展，提高马克思主义哲学在现代哲学中地位。"②他首先充分肯定了存在主义本体的贡献："西方现代哲学以叔本华、尼采为发端，经生命哲学到存在主义，抛开了西方哲学中和认识论密切相关的本体论，而把人的本体问题提到了最高的位置。不论是海德格尔的基本本体论、雅斯贝尔斯的生存本体论、萨特现象学的本体论，其中心都是人的本体问题。就西方现代哲学的范围而论，突出地关注和研究人的问题，可以看做是存在主义的一个贡献。"③但他指出，这些本体论都存在着不少问题，而萨特声称用存在主义的人的本体论来补充马克思主义的所谓的"人学空场"更是毫无根据的，因为马克思主义哲学一产生就把人的存在问题提到了最高的位置，在现代哲学中占有重要地位的人的存在问题，马克思在19世纪40年代就已经提出，并指出了科学解决的途径。

对卢卡奇的批判实际上是对南斯拉夫实践派和葛兰西实践哲学的进一步清算，因为卢卡奇作为西方马克思主义的始作俑者，他在1923年出版的《历史和阶级意识》一书中所包含的观点，正是南斯拉夫实践派和葛兰西实践哲学的思想来源。在提出自己的实践本体论时，刘纲纪又特别对卢卡奇《社会存在的本体论》中的社会存在本体论进行了详细的分析和评论，明确地区分了它与实践本体论的质的不同。在刘纲纪看来，社会存在与人化自然一样都是实践活动的产物，实践才是本体，而社会存在不可能构成本体。对此，刘纲纪强调他的社会实践本体论不同于卢卡奇的社会存在本体论。

按照卢卡奇的观点，在社会存在中，实践尤其是作为"第一实践"的劳动，始

① 刘纲纪：《传统文化、哲学与美学》，武汉：武汉大学出版社2006年版，第193页。

② 刘纲纪：《传统文化、哲学与美学》，武汉：武汉大学出版社2006年版，第217页。

③ 刘纲纪：《传统文化、哲学与美学》，武汉：武汉大学出版社2006年版，第95页。

终占据着重要的地位,整个社会存在就其本体论特征而言,正是建立在人类实践的基础上,“正是马克思的劳动理论,即把劳动理解为有目的、创造性存在物的唯一的生存方式的理论,第一次奠定了社会存在的特性。”①正是在这个意义上,卢卡奇把社会存在本体论又称为“社会实践本体论”。卢卡奇又说:“劳动概念是我分析的关键”,“遵循马克思的思想,我把本体论设想为哲学本身,但是在历史基础之上的哲学……人类社会,它的本质就是人的有目的的行为,也就是劳动。”②卢卡奇进一步认为,“人的劳动总是目的论的——它定下目的,而这个目的是选择的结果,因此人的劳动表达人的自由。但是这种自由的存在,只表现在使服从物质世界因果规律的客观自然力量运转起来。”③这就是说,对象性的劳动包含着人的目的性,这是一种能动的、改造自然的活动,它在客观的因果链条中插入了人的目的这一环节,不仅使自然发生形式变化,而且还在自然物中实现人的目的,从而使自然不断地被“社会化”。对卢卡奇在晚期放弃了他早年的错误观点,转而承认自然本体论是社会存在本体论的前提并把劳动放在一个重要的位置上来看待的观点,刘纲纪认为这是一个很大的进步,但是,首先,卢卡奇在论述社会存在本体论时虽然十分重视劳动,但他始终没有认为劳动是人类社会的本体,之所以重视对劳动的分析,只是为了说明社会存在的特殊性即目的论设定是由何产生的,是为了说明无目的论设定的无机和有机的自然存在怎样成了以目的论设定为根本特征的社会存在,劳动还只是社会存在的基本内容。这是他仍然受到传统本体论的束缚,没有理解马克思“把感性理解为实践活动”这句话所包含的本体论意义,不是从本原的意义上来理解本体,而是认为本体必须是一种实体性的存在物,不能是实践的活动。其次,卢卡奇认为“目的论设定”是人类每一社会实践的本体论基础。这样,目的论设定不是实践的产物,反而成了社会实践的本体论基础,而是恰好相反,这是本末倒置的错误看法,因为虽然从表面看,人要进行实践,首先要有目的设定,但这个目的最终却只能由实践而来。所以“从人类劳动的发展来看,目的论设定或卢卡奇所说从“自在”到“自为”,只能是劳动本身的发展的结果。脱离了人与自然的物质变换和人类劳动的漫长的发展去讲目的论设定,赋予它以本体论的地位,这是不符合事实的、唯心的。”④

---

①　[匈]卢卡奇:《关于社会存在的本体论》,白锡堃等译,重庆:重庆出版社1993年版,第309页。

②　杜章智编:《卢卡奇自传》,北京:社会科学文献出版社1986年版,第294、203页。

③　杜章智编:《卢卡奇自传》,北京:社会科学文献出版社1986年版,第294页。

④　刘纲纪:《传统文化、哲学与美学》,武汉:武汉大学出版社2006年版,第223页。

也就是说，以目的论设定为自然本体论向社会本体论转变的中心环节，包含着唯心主义的错误。因为这种转变是通过由自然所产生的人类的物质生产实践来实现的，只有把物质生产实践看做是人类生活的本体，同时又把自然物质本体论看做是实践本体的前提，才是对马克思主义哲学本体论的正确理解。

正是在对上述西方马克思主义思想观点的批判中，刘纲纪才在宽阔的视域内，以宏大的理论气度和高屋建瓴的思想智慧，扎实稳健地提出他的实践本体论思想，从而使实践美学理论的建构得以在更加科学的基础上展开和实现。

二、国内历史语境

国内的历史语境可以分两个方面，一个是同国内有关学者的观点的启发和碰撞，另一个是国内理论研究氛围影响。前者主要是指与朱光潜、李泽厚等人的思想的相互启发与碰撞，后者具体包括20世纪50、60年代的美学争鸣，70年代末的真理的实践标准大讨论，50、60年代已经涉及但在80年代才展开的声势浩大的《巴黎手稿》讨论，以及80、90年代开展的"实践唯物主义"大讨论等。

在第一个方面，首先是与朱光潜、李泽厚观点的碰撞。在20世纪50、60年代的美学争论中，确立了以李泽厚为代表的实践美学派。李泽厚以综合超越的方式使美学的讨论进入到实践的层面，从自然的物质实践活动方面提出了"自然的人化"命题，侧重从实践的普遍性群体性方面提出了美的客观性与社会性，这在他的《美的客观性和社会性》、《关于当前美学问题的争论》以及1962年发表的《美学三题议》等文章中清楚地表达出来。与此同时，朱光潜在50年代末通过对考得威尔《论美》的翻译，通过对马克思《巴黎手稿》等著作的认真学习和思考，当然也通过大讨论中各种美学思想的碰撞，他逐渐转入并建立起自己的实践论美学观点，在他的《生产劳动与人对世界的艺术掌握——马克思主义美学的实践观点》中突出强调了实践作为人改造世界以实现自由的活动中的自觉意识，即人的主体性，指出客观世界和主观能动性在实践上的统一，而且马克思的这种实践观点，在一般哲学和美学上是完全一致的。对此，刘纲纪先生在他的《马克思主义与中国现代美学》中指出了朱光潜在同蔡仪的争论中不断发展其哲学和美学观点的事实："朱光潜在60年代以后多次强调指出马克思关于生产劳动、实践的观点，应当是马克思主义美学的基本出发点，是解决美的问题的关键所在。"对于朱光潜在80年代的《谈美书简》中提出马克思劳动观点对未来美学发展的重大意义和将要造成美学领域的彻底革命的预见，刘纲纪也给予了肯定，"我认为是解放后朱光潜美学思想的一个重大飞跃，是他多年钻研马克思思想的结晶。”①对于李泽厚，刘纲纪说：“李泽厚在这次大讨论中写下了一系列文章，主张美既有客观性，又有社会性，并比朱光潜稍早注意到用马克思主义的实践观点来研究美学，引起了各方面的主意，成为我国解放后成长起来的一位有重要成就的美学家”。并且认为李泽厚在60年代的《美学三题议》以及后来的《批判哲学的批判》等一系列文章“对马克思主义的实践观的美学作出了值得注意的、很有启发性的阐发”。② 在大讨论时期的众多人物中，刘纲纪把朱光潜、李泽厚、蔡仪作为三位较有代表性的人物来看待，对他们各自的思想观点也给予了客观中肯的评价，这种评价恰好说明了他们对刘纲纪思想的影响。李泽厚和后期朱光潜都在实践的层面上建构自己的实践论美学观点，指出了实践是美的历史根源和社会存在基础，这种以实践为解释美的逻辑前提建立起来的实践美学，尽管在理论体系中尚有诸多不周全的地方，但其引进实践概念来回答和阐释美的问题的理论创新意义，在中国美学的发展史上的功绩是昭著的。但应当指出，尽管如此，对实践的研讨基本上仍然是在认识论的范围内进行的，实践的本体论地位和作用还没有真正论及，而这只有在理论经历进一步的发展才可能达到，这一点后来在刘纲纪那里得到了实现。

宁梓先生在《国内实践唯物主义研究的前期线索与基本概况》中指出：“70年代末，首先由李泽厚、刘纲纪等人在美学研究中提出了实践的本体地位问题。”李泽厚的这一观点主要表现在他的《批判哲学的批判》一书中，李泽厚认为马克思主义哲学就是实践论，“人类的最终实在、本体、事实是人类物质生产的社会实践活动。”③马克思主义哲学是人类学本体论的实践哲学，在此基础上，他建构了他的工具——心理结构积淀论的美学观点。作为在北大读书时就已经认识的学长和老朋友，李泽厚的这一观点影响了刘纲纪的思想，以至于宁梓认为：“李泽厚的这一总体实践论的观点，在80年代中期的国内学界产生了很大影响，在美学界，刘纲纪等人直接据此提出了实践本体论。”④实际上，说刘纲纪直接据此提出是一种不确切的表达，因为刘纲纪是不同意李泽厚的马克思主义哲学是人类学本体论思想的，这在他们于20世纪60年代初一起参与编写《美学概论》时就表现出来了。刘纲纪回忆说，关于“美的问题”的编写，分为“审美对象”和“审美意识”两章，作为主编的王朝闻要求他对李泽厚写的“审美对象”的初稿

---

① 刘纲纪：《美学与哲学》，武汉：武汉大学出版社2006年版，第582页。

② 刘纲纪：《美学与哲学》，武汉：武汉大学出版社2006年版，第582—583页。

③ 李泽厚：《批判哲学的批判》（上），北京：人民出版社1979年版，第67页。

④ 宁梓：《国内实践唯物主义研究的前期线索与基本概况》，《理论探讨》1997年第5期。

进行修改,“我当时已基本上形成了从人类实践活动所具有的不同于动物活动的自由自觉的创造性这一根本特征出发来解释实践与美的关系,以及美的本质、美与真、善的联系与区别等问题,因此我就把我与李泽厚在《美学三题议》中发表的看法不同的观点放进去。……其中确实打上了我后来始终坚持的观点的烙印。”①在《传统文化、哲学与美学》2006 年版的“新版序”里,刘纲纪更加明白地指出:“我于 1988 年 1 月发表《实践本体论》一文,直接的动因是我难以同意李泽厚提出的‘人类学本体论’,这推动我去思考马克思主义哲学的本体论问题,提出了自己的观点。”②对李泽厚在后期渐渐滑入康德主义他也一直保留着个人的看法,这也正是他们由密切合作到分道而行的原因之一。刘纲纪明确地指出他的社会实践本体论是不同于人类学本体论的,因为人类学本体论也必须从物质生产实践来解释,孤立地谈论人类学可能会导致抽象空泛的理解,从而有堕入客观唯心论的危险,而且至少这种称谓是“含混不清”的。“就本体论而言,如果我们承认物质生产实践是人类存在的根基,是人类一切现象的本原,那么有关人类学的本体论就应当称之为实践本体论,而不必用‘人类学本体论’这个含混不清的词去称谓它。”③

但无论如何,李泽厚作为实践美学前期的代表人物,对刘纲纪的影响无疑是较大的,李泽厚和朱光潜的实践观点给他的思考探索的正确基点。正是因为刘纲纪实践本体论的提出是在对李泽厚思想批判的前提下进行的,因而有其独到的哲学思考和精辟的理论洞见,其独立的哲学和美学创新意义是十分明显的。这一点,我们还可以在他们对美的理解和对美学体系的不同建构上看出来。对李泽厚而言,“自然的人化”是美的根源所在,这是实践的进一步具体表达或落实,而对美的本质的直接表达则是在自然人化的过程中真与善,合目的性与合规律性交融一致后,自然的形式成为自由的形式才得以实现的,“就内容而言,美是现实以自由形式对实践的肯定,就形式而言,美是现实肯定实践的自由形式,所以美是自由的形式”。④ 这样,与刘纲纪的美学体系不同,李泽厚的美学体系可以描述为“实践—自然的人化——自由的形式—美”。而刘纲纪关于美的系统理论可表达为“实践—创造—自由—美”,由于艺术是美最集中、最典型的表

① 刘纲纪:《中国马克思主义美学的建设者与开拓者——王朝闻美学研究的当代意义》,《文艺研究》2005 年第 3 期。

② 刘纲纪:《传统文化、哲学与美学》,武汉:武汉大学出版社 2006 年版,“新版序”第 2 页。

③ 刘纲纪:《传统文化、哲学与美学》,武汉:武汉大学出版社 2006 年版,第 196—197 页。

④ 李泽厚:《美学三书》,合肥:安徽文艺出版社 1999 年版,第 482 页。

现形式,因此,他的美学理论体系可以概括为:实践—创造—自由—美—艺术,这样一个比较严整的实践本体论美学结构。在对实践的理解上,在实践与美的链接环节上,两人的理解有着很大的差异,而李泽厚的主体论实践美学(人类学本体论)的美学观更是刘纲纪不能同意的。他说:“我也不同意我的朋友李泽厚先生主张的‘主体性的实践哲学’或‘人类学本体论’,我提出‘实践本体论’主张,在相当程度上就是为了表明我在本体论问题上和在对马克思哲学的理解上与他不同的看法。李先生不同于南斯拉夫的‘实践派’,因为他多次强调物质生产的重要性,但他对实践的了解又存在着不少问题。”①

其次,蒋孔阳、孙伯鍨和高清海等人对实践的研究。作为实践美学代表人物之一,蒋孔阳先生的“实践—创造说”与刘纲纪的“实践自由说”是相得益彰的。从时间上讲,刘纲纪的“实践自由说”早于蒋孔阳的“实践—创造说”,“实践自由说”是在1962年被口头提出而在1980年形诸文字的。蒋孔阳在1957年以《简论美》一文第一次参加国内的美学讨论,开始了他在马克思主义美学上的积极探索,此后一个时期的美学文章结集为《美和美的创造》于1981年出版。在《美和美的创造》中蒋孔阳总结了自己多年来对美的本质问题的研究,综合吸收了朱光潜、李泽厚、蔡仪等各派的研究成果,系统地提出了关于美的本质的看法:“美是一种客观存在的社会现象,它是人类通过创造性的劳动实践,把具有真和善的品质的本质力量,在对象中实现出来,从而使对象成为一种能够引起爱慕和喜悦的感情的观赏形象。这一形象,就是美。”②与此前一样,蒋孔阳在20世纪80年代中期提出的“美在创造中”、“美是自由的形象”等观点都是沿着实践论的思路进行的,尽管他没有明确论及本体论问题,但他的四大美学命题(“美在创造中”、“人是世界的美”、“美是人的本质力量的对象化”、“美是自由的形象”)也都是立足于马克思“劳动(实践)创造了美”的基点上阐述的,因此实践在其理论体系里潜隐着本体论的意义,而他的几个美学命题与刘纲纪的“美是自由的感性显现”之间相互渗透、相互影响的关系是相当益彰的。

20世纪70年代后期,孙伯鍨先生在马克思哲学史的研究中,从发生学的角度说明了实践的关键性作用和基础性地位。在《探索者道路的探索》中,他指出,马克思哲学的出发点是现实的人和“人们的为一定历史发展所制约,同时又

① 刘纲纪:《传统文化、哲学与美学》,武汉:武汉大学出版社2006年版,第218页。

② 蒋孔阳:《美在创造中》,桂林:广西师范大学出版社1997年版,第13页。

制约着历史发展的实践活动”①，马克思、恩格斯并没有将实践本身作哲学本体逻辑的抽象理解，而在人类历史具体发展过程中寻找人类生存的真正客观基础即物质生产和再生产，从而使实践脱离了抽象而成为一种实体。孙伯鍨在一定的具体历史条件下的社会关系上使实践获得了本体的意味，但这并没有完全使刘纲纪感到满意，因为这还显得有些空泛，社会本体与自然本体尚无法可靠地统一起来。那么，使它们统一起来的东西是什么？马克思主义作为本体论的出发点是什么？刘纲纪找到了一个不可动摇的出发点，那就是感性的物质以及运动。在这里，刘纲纪毅然扬弃了列宁对物质的抽象规定，对物质概念进行缜密的考查和精细的区分，把物质分为自然界的物质，人类的物质生活和人类改造自然的物质活动，从而使物质获得具体性，敞开了走向人的感性实践活动的路径，在历史唯物论的主题中，使自然本体论与社会本体论在人实践活动中达到了统一。

高清海先生主编的《马克思主义哲学基础》上、下两册（北京：人民出版社1986—1987年版）是国内第一部试图超越传统教科书体系的尝试，其在国内哲学整体变革的进程中的独特理论地位，自然也引起了刘纲纪先生的关注。高清海从现代哲学反传统本体论的角度来重新解读马克思主义哲学，与刘纲纪先生一样肯定马克思主义哲学是现代哲学，是对传统本体论的否定，由此他主张以实践消解原哲学教科书中的本体论，在他的书中的第四篇第十章里论述实践的作用时，实践在马克思主义哲学本体论、历史观和认识中的整体性地位已经较为明确地被指认出来了。尽管刘纲纪先生是从传统哲学与现代哲学的联系的角度来建立自己的实践本体论，与高清海有着迥然相异的研究思路，但他们都是从现代哲学批判传统论的维度来重新考查实践概念，进而突破传统哲学的解释框架对实践范畴的认识论限定上有着相同之处，其在理论上潜隐者相互启发的可能性。

另外一些学者，如肖前、姚顺良、陆剑杰、白铮等，对待实践或肯定或质疑的思想观点在20世纪80—90年代的学术讨论中都产生了积极的作用，共同构成了百家争鸣的良好学术局面，或隐或显地影响了包括刘纲纪在内的这一时期的美学家们。

第二个方面，即国内学术争论氛围的影响。这包括20世纪50、60年代的美学争鸣，70年代末的真理的实践标准大讨论，80年代的《巴黎手稿》讨论，以及80、90年代开展的“实践唯物主义”大讨论。

如果要对刘纲纪实践美学思想的发展历史作一个简单划分的话，可以这样

① 孙伯鍨：《探索者道路的探索》，合肥：安徽人民出版社1985年版，第231页。

划分:20 世纪 50—70 年代酝酿形成期;80—90 年代批判建构期;90 年代至今深化发展期。我们可以看出,刘纲纪的实践美学观点的提出与理论体系的构建同这些时期的哲学和美学大讨论有着深刻的关联,它们作为一种学术研究大背景促使着他的美学观点的产生和发展。对于 50 年代后期开始的美学讨论,刘纲纪这样说:“我怀着极大的兴趣注视着这场讨论,但由于我当时被中国绘画理论和绘画史方面的研究课题吸引着了,更重要的是我当时在美的本质问题上始终没有找到一个可以自己说服自己,并自以为是合乎马克思主义的看法,所以在那场讨论中我只写了许多笔记,没有写过一篇文章。”①在真理的实践标准和《巴黎手稿》的讨论中,刘纲纪关于“美是人在改造世界的实践创造中所取得的自由的感性具体表现”的命题,在 1980 年的《关于马克思论美》一文里被明确提出来了,这里面,实践本体论已初露端倪。他回忆道:“1980 年我看到了《马克思究竟怎样论美》一文,感到这是一篇认真研究马克思美学的文章。但他的观点刚好同我多年思索所得的结果相反,……于是促使我写了一篇《关于马克思论美》的文章。”②这一时期,对《1844 年经济学哲学手稿》的讨论进一步加深,1982 年,哈尔滨、天津先后召开了两次全国性的讨论会,全国各种报刊刊出了上百篇有关学术论稿。1985 年前后,这一讨论告一段落,其间,刘纲纪出版和发表了几部著作和多篇文章,“更为系统、详细地论述了我对美与艺术的本质等一系列根本性问题的看法。我的看法得到了不少研究者的肯定评价,在从 70 年代末开始的对马克思《1844 年经济学哲学手稿》的讨论中,也许可以算是一种产生了较大影响的看法。”③这种看法即是他的实践本体论观点,他正是在大讨论中,逐步完善着自己的观点,建构着以实践为本体的哲学美学体系。

“实践唯物主义”大讨论使这种争鸣与探讨进一步加深。这其中包括 1988 年 1 月在南开大学召开的“哲学体系改革讨论会”,1990 年 10 月在南京召开的“实践唯物主义讨论会”,1995 年 10 月在南京大学召开的“马克思主义实践论与中国特色社会主义的哲学基础”学术讨论会等。与此同时,自 1989 年以后,国内报刊如《哲学研究》、《哲学动态》、《光明日报》、《人文杂志》、《江海学刊》等纷纷开辟“实践唯物主义”讨论专栏,实践唯物主义成为这一时期中国马克思主义哲学研究的热点。据宁梓先生的统计,1988 年到 1995 年,全国各类报刊共发表有

① 刘纲纪:《美学与哲学》,武汉:武汉大学出版社 2006 年版,“旧序”第 2—3 页。
② 刘纲纪:《美学与哲学》,武汉:武汉大学出版社 2006 年版,“旧序”第 3—4 页。
③ 刘纲纪:《传统文化、哲学与美学》,武汉:武汉大学出版社 2006 年版,第 609 页。

关实践唯物主义的论文300多篇,学术专著和教材十多部。这些论文和著作从不同角度,不同层面阐发了实践唯物主义,为国内探讨马克思主义实践哲学营造了浓烈的学术氛围。尽管由于工作繁忙等多方面原因,有些重要的学术会议刘纲纪没有参加,但他始终关注着国内马克思主义实践哲学和美学的研究动态,注视着每一部(篇)具有新意的著作和论文。

正是在对国内外理论成果深入广泛的考察中,在百家争鸣的纷纭中,刘纲纪潜心研究,静心考辨,穿越笼罩在马克思主义思想研究上的重重雾障,在马克思主义哲学和美学的海洋里,找寻着通向真理的航道。在这期间,他发表了多篇(部)论著逐步阐述自己的思想观点,建构自己的理论体系。在20世纪80年代出版的《艺术哲学》、《哲学与美学》、《美学对话》、《中国美学史》等著作中,他的理论观点臻于成熟。他用实践创造的自由学说来解释美学的根本问题,极大地影响着当时的哲学与美学讨论,而此时,他所使用的正是他的实践本体论的思想原则和方法,"集中论述了我的美学观点的《艺术哲学》一书,实际是我后来明确提出的'实践本体论'在美学上的表达。"①至于他系统地将他的思想清晰完整地表达出来,则是在1988年《武汉大学学报》上发表的《实践本体论》以及随后围绕"实践本体论"进一步阐述和论证的一系列文章里,如1989年的《实践本体与人的主体》、《对马克思主义哲学中唯物主义问题的重新考察》,1991年发表的《马克思主义哲学的本体论》,1995年的《传统文化、哲学与美学》等,特别是1996年应日本《唯物论研究季刊》之约而写的《批评与答复——再谈我对马克思主义哲学的理解》一文,刘纲纪集中回答了近年来人们对实践本体论的质疑和诘难,更加详细地阐释了自己的观点,在坚持实践本体的总体思想的基础上,重新强调申明了一些重要概念,同时也对"实践"这一核心范畴进行了比此前更加严谨的界说。这些文章在1997年结集在《传统文化、哲学与美学》中出版,这些系统表达其实践本体论美学的思想,正是他多年来对马克思主义哲学与美学积极探索的必然结果,是在特定的历史语境中对实践美学的合理建构和完善。

① 刘纲纪:《传统文化、哲学与美学》,武汉:武汉大学出版社2006年版,第241页。

第三章　实践本体论美学的总体特征与理论内核

刘纲纪美学理论总体上有两点重要特征，其一，理论形态是马克思主义实践观的哲学美学；其二，理论体系结构是动态开放的三维结构：其理论轴心是实践本体论的形上观照，其理论实践是多学科具体知识的形下实证，而其理论旨归则明显地体现着入世态度与经世情结，具有强烈的时代性与现实感。而就其实践本体论这一形而上的理论维度来看，它的结构主要由如下三点构成：第一，哲学基础——整体实践观。在刘纲纪看来，马克思所讲的实践就是人类在社会生活一切领域中使人的感性的本质得以生成和实现的活动，其中具有决定意义的和最根本的活动是人类为了满足物质生活需要而进行的物质生产活动。我们把刘纲纪以劳动为基础的人类整体的实践活动称为"整体实践观"，其在根本上不同于李泽厚的"工具本体论"，也不同于蒋孔阳的"生活实践观"。第二，理论核心——创造自由论。刘纲纪将美学意义上的自由的特征归结为三点：一是超功利性；二是合规律性与合目的性的统一；三是个人与社会的统一性。从而提出了与其他人的看法迥然有别的"自由论"，成为他美学思想的核心范畴。第三，艺术本质观——审美反映论。艺术哲学的第一个问题是艺术的本质问题。刘纲纪将这个问题提升到哲学层面而且放大到整个美学史的范围里做了详尽系统的研究。他认为反映是一个广泛的概念，就反映作为艺术哲学的概念来说也应该宽泛和辩证地去理解，感觉、思维、情感、意志、理想、信念等都可以被纳入反映的范围之中，反映本身也是一种创造性的活动。

第一节　实践本体论美学的总体特征

刘纲纪美学思想的总体特征有两点：其理论形态是马克思主义实践观的哲学美学，其理论体系结构是动态开放的三维结构。而这个三维结构的理论轴心是实践本体论的形上观照，其理论实践是多学科具体知识的形下实证，而其理论旨归则是其具有强烈的时代性与现实感的入世态度和经世情结。

一、实践本体论美学的理论形态

刘纲纪美学的总体特征,首先表现在它的理论形态是与科学实证美学相对应的哲学美学。一般而论,人们将美学分为哲学美学、心理学美学和社会学美学等。前者的理论形态是“自上而下”的哲学美学,后两者是“自下而上”的美学,即实证美学。哲学美学是关于美学基本问题的哲学思考,它将美学的基本问题置于哲学的基本问题之中,心理学美学是从心理学的角度研究审美现象,而社会学美学则是分析审美现象的社会学意义。

哲学美学,泛指从哲学上或以哲学的方法研究美学问题的美学理论或作为哲学体系组成部分之一的美学理论。从西方美学史上看,美学作为一门学科是在哲学内部产生和发展起来的,美学问题一直受到哲学家们的关注,最重要的一些美学理论大多也是由哲学家提出来的,哲学美学是西方美学的主干。在美学成为一门独立的学科之前,历史上许多哲学家,如赫拉克利特、德谟克利特、毕达哥拉斯、苏格拉底、柏拉图、亚里士多德、圣·奥古斯丁、圣·托马斯、笛卡尔、培根、洛克、狄德罗、斯宾诺莎、莱布尼兹、沃尔夫,等,都从哲学角度探讨过美是什么,美何以给人美感,美是否能被人认识,以及真、善、美的关系如何等这类最一般的美学问题。18 世纪中叶,鲍姆嘉通正式宣告美学成为一门独立的学科,也把美学看做哲学的一个分支,此后的康德、谢林、黑格尔等都把美学作为自己哲学体系不可或缺的一个部分。现代的哲学家克罗齐、杜威、胡塞尔、海德格尔等也都是以某种哲学的方法研究美学问题的。这些哲学家们的美学理论,都可以称做哲学美学。

“哲学美学”一词出现较晚,它是一个现代学术界关于美学理论形态的约定俗成的概念。19 世纪下半叶,自然科学和社会科学的进步,造成了美学研究方法的扩展和革新。实验心理学家费希纳把美学研究的方法区分为“自上而下”和“自下而上”两种,前者是哲学的研究方法,后者是经验的研究方法,在他倡导“自下而上”的经验的研究方法影响下,各种心理学的、生物学的、考古学的、社会学的、民族学的、历史学的、文学的、艺术的研究方法开始运用于美学,出现了各种形态的美学理论。“哲学美学”就是在这种情势下,作为与各种从经验的研究方法出发的美学理论相区别的概念而逐渐形成的。按照流行的看法,哲学美学采用的是抽象思辨的哲学方法或形而上学的方法,它只研究美学中与哲学基础关系最密切的具有一般意义的问题,如美的本质、艺术的本质、美感的本质、真善美的关系等。现代各种经验主义的美学流派对“哲学美学”一般都持否定态度，但事实上，采用哲学方法研究美学并不一定陷入抽象的哲学思辨，因哲学的流派不同，哲学的方法也并不相同，唯心主义的、形而上学的方法可能导致抽象思辨，唯物主义的、辩证的方法则未必导致抽象思辨。历史上如康德、黑格尔美学那样抽象的思辨的体系也往往包含着丰富的合理的现实生活的内容。同时，任何完整的美学体系都离不开一定的哲学作为基础，都必须回答美的本质等最一般的问题，回避这些问题并不等于在事实上取消了这些问题的存在，因此，否定美学作为哲学科学的性质，否定哲学的研究方法是没有充分根据的。从美学在现当代发展的实际状况说，经验主义的美学尽管宣称他们已在“美在不可言说之列”（维特根斯坦语）中走出哲学美学研究的“误区”，以膨胀的心情和话语将拯救美学于窘境和危机之中，但终于没有能实现其美妙设想，形成排除哲学美学而一统天下的大好局面。马克思主义美学也是马克思主义哲学的重要组成部分，其哲学基础是实践的唯物主义。它既要研究美的本质、艺术的本质等最一般的哲学美学问题，也要研究经验的、实用的美学问题，并把二者有机地结合起来。它从不拒绝采用各种非哲学的科学方法，但这些方法的运用应当置于马克思主义哲学世界观和方法论的指导之下，亦即刘纲纪所讲的“从美的哲学分析到心理学和社会学的分析”。

简言之，哲学美学主要是对人类审美现象作观念、思辨考察的美学。它研究审美活动不从具体的审美现象入手，而是从某一观念开始。这一观念可以是神、理念、和谐、自由、实践、典型等，从这一美的核心范畴出发，将其落实到人类审美活动的各个基本环节，从而建构起来一个具有内在逻辑性的理论体系。刘纲纪的实践本体论美学是以“实践本体”为哲学基石和逻辑起点建构起来的揭示审美活动本质和本源、人类审美现象的规律与特征的哲学美学。他十分重视哲学对于美学研究的重要性，认为在近一个时期以来，尽管“人们对美学关注的焦点已发生重大变化，不再是美学的哲学基础和美的本质这一类相当抽象的问题。但这一类问题的解决，对解决现实生活中关于美与艺术的各种具体的问题，在现在和今后都仍然有重要意义。因为要分析和澄清在解决各种具体问题时所发生的种种争论，找到解决之道，最后还得回到对这一类相当抽象的问题的思考上来。”①

其次，刘纲纪的美学是马克思主义实践论的美学。对此，学界早已成为共

① 刘纲纪：《美学与哲学》，武汉：武汉大学出版社2006年版，“新版序”第18页。

识。刘纲纪自己也说："如果要说我属于某一派的话，我自以为属于马克思主义的实践观点派，或实践的唯物主义派。"在哲学和美学探讨上，刘纲纪始终坚守在马克思主义实践论的旗帜之下，"从哲学路线上看，美学研究的道路只有三条：马克思主义的实践的唯物主义、唯心主义和机械的形而上学的唯物主义，……在这个意义上可以说'条条大路通罗马'，但就根本的哲学道路来说，我认为只能由上面所说的三条。而且就最后能否取得真正科学的结果来说，我认为只有马克思主义的道路才能'通罗马'。"①他还说："不论世界上的美学思想如何多元，即使有成千上万的'元'，我认为最正确、最合理的仍然是马克思主义美学这一元。"②而之所以坚信马克思主义美学，是因为它是建立在科学的理论基础——人类的社会实践活动这一本体上的。在回答陈炎的访谈时刘纲纪曾经说："如果说，我在三十年来还算是取得了一点小小的成就，那么毫不夸张地讲，主要是我在马克思主义的学习和掌握上下了一番工夫。""我写的每一本书、每一篇文章，都离不开马克思主义的指导，离开了马克思主义的哲学基础，我在大量的错综复杂的感性材料面前，就会感到束手无策，就没有办法将它提升到一定的哲学高度加以认识。"③因而他的全部思想都是建立在马克思主义实践论之上，完全属于马克思主义实践论的美学的。但就马克思主义实践论美学派别内部而言，刘纲纪又不同于其他实践论美学家，他所倡扬的是"实践本体论"，他的美学就是"实践本体论美学"，"在马克思主义哲学的本质问题上，我是主张实践本体论的，更准确地说，应称为社会实践本体论。"④这个实践本体论有着三重基本哲学内涵，与之对应着对美在这三个方面的理论阐释。

二、实践本体论美学的体系结构

刘纲纪美学的体系结构是一个动态开放的三维结构：其理论轴心是实践本体论的形上观照，其理论实践是多学科具体知识的形下实证，其理论旨归则明显地体现着入世态度与经世情结，具有强烈的时代性与现实感。

首先，实践本体论的形上观照体现在刘纲纪美学的整个体系之中，构成了他全部美学理论和美学史的轴心。刘纲纪曾说："30 多年来，我始终坚持这篇文章

① 刘纲纪：《美学与哲学》，武汉：武汉大学出版社 2006 年版，"旧序"第 4 页。

② 刘纲纪：《中国书画、美术与美学》，武汉：武汉大学出版社 2006 年版，第 859 页。

③ 陈炎：《马克思主义与现代美学的研究——访刘纲纪教授》，《文史哲》1987 年第 4 期。

④ 聂运伟：《路漫漫其修远兮，吾将上下而求索——刘纲纪先生访谈录》，《文艺研究》2004 年第 6 期。

提出的基本观点（马克思主义的实践本体论观点——引者注），或者可以说是‘吾道一以贯之’。”①实践本体论美学思想，首先是它的最根本的哲学基础和逻辑出发点——实践。实践是人类社会生成和存在的本体，这是包括美和艺术在内的人类一切社会生活的基始、本原，离开了以物质生产劳动为基础的社会实践去谈论美的本质和根源，就不是马克思主义以实践为本体的美学。美的起源来自人类的实践，而美的本质也就是人在实践活动中所表现出来的创造性自由在其实践对象上的感性表现，美是人的自由的感性显现，美感就是人把自己所创造的生活以及他所生活的周围世界当做其作品观赏，从中看到了他创造的智慧才能和力量的种种表现，见到了人的自由获得了实现而引起的精神愉悦。因而，“自由”就是实践本体论美学的理论核心，“自由”成为他实践本体论美学思想的核心范畴；建立在实践与自由的基础上的审美反映论，是实践本体论美学思想的艺术本质观，一切有关艺术的问题只有在审美反映论的观照下才可能找到科学的答案。简言之，刘纲纪的实践观美学是以实践本体论为哲学基础，以创造自由论为理论核心，以审美反映论为艺术本质，三位一体，环环相扣。刘纲纪的所有理论建构都是在这一基本思想的指导下展开的，它构成了实践本体论美学思想体系中形上的一维。

其次，刘纲纪的理论实践是多学科具体知识的形下实证。他说：“我认为对美进行哲学分析是很重要的，但要从哲学的分析走向心理学、社会学的分析。这样才能使哲学分析不致老停留在抽象的层面上，使美学成为一门将哲学的分析与实证的研究结合起来的科学。”②在谈及建设新世纪的马克思主义美学体系时，刘纲纪强调指出，必须具体历史地、科学实证地展开对马克思主义美学各个重大问题的研究，将深刻的哲学分析与细致的实证研究结合起来，紧密联系人类历史和艺术的发展具体实证的探讨，作出有充分说服力的、系统深入的分析论证。“没有这种研究，就永远只能停留在抽象的一般原则上，也无法真正指出与这个原则相反的各种看法的错误究竟何在，同时也无法将这个原则实际应用于对各种复杂的艺术现象的解释。今天，不对马克思主义美学的各个重大问题展开具体实证的研究，马克思主义美学就无从得到发展。”③这种在理论上的重视，具体地落实在刘纲纪对美学和艺术问题的具体研究中，主要表现为他对中国美

---

① 刘纲纪：《美学与哲学》，武汉：武汉大学出版社 2006 年版，“新版序”第 12 页。

② 刘纲纪：《美学与哲学》，武汉：武汉大学出版社 2006 年版，“新版序”第 14 页。

③ 刘纲纪：《美学与哲学》，武汉：武汉大学出版社 2006 年版，第 431 页。

学史和西方美学史的研究、对《周易》的解读、对书法和画论等中国传统艺术的阐发上。

刘纲纪作为一个美学家，对于人类的审美活动先有了一种宏观独到的理论自觉，故而在治史时，他总能居高临下，举重若轻地将属于基本美学理论的观念转化为指导美学史研究的史识，使抽象的理论观念转化为具体生动的美学现实。他的实践本体论美学从来没有满足于观念的逻辑的理论形态，它要进一步发展为对于美和人类艺术的历史的动态的考察，在逻辑性之外获得史的厚重感，在史的具体感性材料中彰显理论观念的真理性。实践本体论美学理论从《中国美学史》和《现代西方美学》的东西美学两翼获得了史的支撑，实现了论与史的有机结合并使之相得益彰。对于中国古典美学的系统研究，刘纲纪的《中国美学史》是开山之作，从前三卷来看，在"四论"（文论、画论、书论、乐论）之中，他旁征博引，以大量的事实材料和缜密的考据辨析来印证他的实践本体论美学思想，使这一思想获得充分的史的支撑。他把中国古代美学划分为六大思潮：儒家美学、道家美学、楚骚美学、玄学美学、佛学美学（主要为华严宗与禅宗，特别是后者）、明中叶后已具有近代人文主义气息的自然人性论美学，并对每一思潮的基本特征做了阐明，指出它们既各不相同，又相互影响、相互渗透，由此形成中国古代美学多样的变化与发展，这对分析把握中国美学的整体发展具有重要意义。《〈周易〉美学》一书，他详细地分析了《周易》一书所蕴含的重要的美学思想，包括卦象的构成在美学上的意义。但从大的方面看，主要有两点重大创见，一是指出中国美学是一种以天地阴阳变化为本的生命美学，二是指出中国美学对艺术创造与现实的看法不是古希腊的'摹仿说'或西方现代的'表现说'，而是主体与客体'交感说'。"在马克思主义实践美学的理论框架里探讨中国古代美学的发生与发展，又历史地寻求中华美学的特质。

书法艺术论和绘画艺术论是刘纲纪艺术美理论在部门艺术研究中的具体实践。他认为书画是对现实的审美反映，是效于自然、心物交感的产物。对绘画和绘画理论的研究，刘纲纪主要是从艺术社会学的角度展开的。他对比了中国进入奴隶社会后不同于古希腊奴隶社会的原因，指出中国古代社会氏族血缘关系的特征，是一种以血缘关系为基础的上下尊卑的伦理道德关系，而这种关系又在各个朝代由于生产力发展状况的不同而有不同的表现形态，依此来考察论证不同时期的绘画特点，针对同一时期的不同画家，知人论世，以意逆志，把他们放在广阔的社会历史背景上具体考察，从而得出令人信服的结论。在论述书法艺术时，他汲取了西方现代合理的经验主义的实证美学思想，主要运用了西方现代心理学研究的崭新成果,通过心理学分析的方法,对书法创作和欣赏理论进行了科学的论述,总结出书法的生命形式和情感意味等特征,继承传统美学思想感性体悟的"交感说",提出了书法艺术的"比象说",论证了书法的用笔美、结构美和意境美。这既表现了刘纲纪对书画艺术的独特感受和深刻理解,也充分表明了刘纲纪向科学实证美学尝试性发展的学术意图,构成了刘纲纪实践本体论美学思想的第二维度。

刘纲纪美学思想的第三个维度是它的理论旨归。它明显地体现出刘纲纪作为一个坚定的马克思主义者改造现实的入世态度与经世情结。

刘纲纪的美学研究,从思维范式和话语方式、从话题范围和话题形式来看,带有很强的理论色彩和很浓的哲学气息,但是,刘纲纪绝不是书斋中的美学家和讲堂上的理论家,他对人生和现实的强烈关注,对审美价值在社会中的每一个个体身上的实现,对中国社会与文化的现实走向的强烈关注,都使得他的美学研究有着切实的现实针对性。客观地讲,人类的现实生活是一个整体,严格的边界界定只是一种相对意义上的学术行为,在现实生活中,人们的审美活动又是与其他活动互相融合的,没有人会按照学问家开出的定义小心翼翼地进行审美,也没有人能在实际中和理论上把纯粹的审美与功利价值截然分开。薛富兴先生在评价李泽厚时曾说过一段颇为形象的话:"每一位有事业心的哲学美学家均不满足于作纯粹的审美研究,都要探头探脑地超越审美的边界,为人类审美活动争得更大的地盘,更崇高的文化地位。"①刘纲纪自然也不例外,而且表现得更为强烈些。他的实践本体论美学所包含的三重内涵,特别是价值论内涵,实际上正是一种马克思主义的人本主义理论,一种重铸现代人的精神品格,建构社会主义新文化的终极关怀理论。这些主要表现在他对于美学的社会功用和中国社会与文化的现实走向的殷切关怀上。

刘纲纪认为理想的美学应该是:(1)它是以马克思主义的实践观为指导的;(2)它是为人生、为人民群众的;(3)它是批判地吸取改造了西方19世纪以来现当代美学的研究成果,回答和解决了它提出的种种问题的;(4)它是继承了中国当代美学的优秀传统,具有中国民族特色的;(5)它是以社会主义、共产主义的实现为根本目的的。② 在思考今后如何研究和发展中国美学时,他又指出了四

---

① 薛富兴:《分化与突围》,北京:首都师范大学出版社2006年版,第263页。

② 参见聂运伟:《路漫漫其修远兮,吾将上下而求索——刘纲纪先生访谈录》,《文艺研究》2004年第6期。

点看法:一是坚持以马克思主义为指导;二是为人民服务、为社会主义服务;三是在对美的本质等进行哲学探讨的同时,大力研究美感问题、审美理想、审美趣味、审美标准等问题,着力提高人民的审美能力,树立正确的审美观,对各门艺术中的美学问题和表现在艺术创作与欣赏中的当代美学思潮的研究亦需加强,以发展社会主义文艺,提高受众的批评与欣赏水平;四是在发展深入的科学研究的基础上,努力搞好美学的普及工作,把科学性与趣味性统一起来,培养人民高尚健康、革命向上的审美趣味和审美理想,以抵制一切低级趣味的东西。① 即使在论及关于当代中国赏石文化的发展问题上,刘纲纪所讲的四条中的第一条强调的也是"坚持先进文化的方向"。认为赏石文化应当努力体现民族的科学的大众的社会主义文化的发展方向,把奇石的收藏与欣赏活动同建设先进的社会主义文化密切结合起来,以丰富群众的文化生活,美化人民的生活环境,陶冶培养人们的高尚情操。② 不止奇石文化,在刘纲纪所论述的书法、绘画等其他艺术中,他的理论旨归最终都是指向为社会、为人民的,他的这一思想是对毛泽东以人民大众为本位的马克思主义实践观美学思想的继承和发展。

在《马克思主义美学在当代的发展问题》中,刘纲纪再一次申明了 21 世纪中国的马克思主义美学应当具有的品质,这可以看做是他对前述几个观点的总结:第一,坚持社会主义理想。作为坚定的马克思主义美学家,坚持社会主义的理想是刘纲纪美学研究的灵魂。"马克思主义美学的产生是与马克思主义的社会主义理想的提出分不开的。没有马克思主义的社会主义理论,就不会有马克思主义的美学。"③这是马克思主义美学的一个重要特征,马克思《1844 年经济学哲学手稿》中的美学问题,既是对资本主义下人的异化的批判,同时也是对科学社会主义、共产主义所做的美学论证,没有了马克思关于社会主义、共产主义的理论,马克思主义的美学的存在是不能设想的。中国特色的社会主义的发展从根本上规定了中国当代马克思主义美学发展的历程和方向,社会主义文化建设是我们研究美学的中心话题,这是一个直接的现实的问题,只有这样才能开辟出一条崭新的美学道路,而这条道路的开辟和这个领域的建设是以社会主义、共产主义的实现为根本目的的。

第二,肯定和揭示世界和人的存在的意义和价值,以对人的社会性的深刻揭

① 参见刘纲纪:《美学与哲学》,武汉:武汉大学出版社 2006 年版,第 575 页。
② 参见刘纲纪:《中国书画、美术与美学》,武汉:武汉大学出版社 2006 年版,第 729 页。
③ 刘纲纪:《美学与哲学》,武汉:武汉大学出版社 2006 年版,第 432 页。

示去对抗人的异化,建立新时代的理想主义与英雄主义。现代主义作品对人的异化现象的深刻反映以及后现代主义作品对世界与人的存在的无意义、无价值的宣告,绝非意味着人类历史的末日已经到来,而仅仅意味着资本主义已陷入深刻的精神危机之中,这种现象是资本主义在精神文化上解体而不可避免的一个历史过程,作为这个过程最终结果的东西,将是在社会主义的理想下改造世界,重建世界和人的存在的意义与价值。在刘纲纪看来,马克思主义美学在文艺上应当立足于社会主义,充分肯定和历史地揭示世界和人的存在的意义与价值,深刻揭示人的相互依存的社会性以对抗人的孤立化、异化,建立新时代的理想主义与英雄主义以对抗极端个人主义、虚无主义、悲观主义。因为,在以经济建设为中心,探索与实现社会主义、共产主义的今天,迅速发展的高科技革命引起的人民生活的巨大变化,这是由历史本身所展现出来的一场真正的"宏伟叙事",是利奥塔等后现代主义者们所无法消解的新时代的理想主义与英雄主义。

第三,促进大众文艺的健康发展,并推动它们与处于较高层次的文艺的接近与融合。刘纲纪认为,全面否定大众文艺存在的合理性与价值,把文艺向群众所需要的娱乐靠拢看做是文艺的毁灭,这是不合实际的偏激之论。文艺与大众所需要的娱乐关系是否定不了的,问题是我们应当怎样去引导这种需要的发展,为它提供怎样的作品。他分析了两种大众文艺:一种是西方马克思主义美学所研究的资本主义下为商品生产所支配的、粗俗化、完全商品化、追求低级的感官享乐的大众文艺;另一种是毛泽东所讲的为革命的、社会主义意义上的大众文艺,这是在马克思主义、社会主义思想指导下的大众文艺。这两种大众文艺代表了当代大众文艺发展的不同方向、道路,后者将随着社会主义的发展而日益显示其优越性,最后成为大众文艺发展的普遍必然的历史趋势。①

第四,充分重视与研究现当代物质生产、科学技术对审美与艺术活动的重要影响。科学技术越是发展和广泛直接地渗入到人们日常生活的各个方面,物质生产对人们的审美与艺术活动的影响也将越来越广泛、密切。科学哲学和人文哲学已出现了互相接近、融合的趋势。这也必将影响到美学、艺术的发展。有关审美和艺术的种种问题将不断与自然科学相联系而得到实证的考察和研究。哲学的考察和思辨不会被取消,但它将同自然科学的实证的研究紧密地结合起来。现代科学技术的发展已把人与自然的统一推进到了一个前所未见的新阶段,因此它也将把审美艺术的发展推进到一个新阶段。

---

① 参见刘纲纪:《美学与哲学》,武汉:武汉大学出版社 2006 年版,第 457 页。

刘纲纪的这些论述，具体而深刻地体现了他的实践本体论美学不仅要“解释世界”，更要立足现实去“改造世界”，从而构成了他理论体系中指向现实世界、关注社会人生的人文关怀的另一维度。

三、实践批判的存在论：实践本体论美学在新时期的演进

由于刘纲纪的理论体系是一个开放的动态结构，他的哲学美学思想经历了一个逐渐丰富、自我超越、自我提升的发展过程。刘纲纪实践美学思想的发展历程，可以划分为：20 世纪 50—70 年代酝酿形成期；80—90 年代批判建构期；90 年代至今深化发展期。80 年代以来，包括西方马克思主义在内的西方各种思潮涌入国门，中国马克思主义美学在经历前所未有的洗礼后，实践论美学家们也在更为广阔的理论背景下重新审视业已取得的成就，以更新锐的视角和更深刻的思想拓殖实践美学，刘纲纪的贡献尤为突出，他首先在不同的层次和范围里区分了不同本体，提出了实践本体论，进而又把实践本体论推向实践批判的存在论，这一发展理路，切实地体现了实践本体论美学在新时期的演进。

在与西方马克思主义美学的比较和对话中，刘纲纪将他主张的实践本体论美学重新命名为“实践批判的存在论美学”：“对于马克思主义美学，过去、现在以至将来都会存在各种不同的理解。从哲学上看，我认为马克思主义美学可以称为实践批判的存在论美学。”①他同时指出：“我所说的‘实践批判的存在论美学’中的‘存在论’一词相当于我过去所说的‘实践本体论’中的‘本体论’一词。”②为什么要这样称谓呢？他解释说，之所以使用“存在论”而不再使用“本体论”一词，一是为了避免“本体论”一词引起的神秘感觉和无谓的争论；二是为了更清楚地将“存在”限定在以物质的自然界为前提，作为自然界一部分的人的社会的存在（不是卢卡奇的“社会存在”）；三是为了更明确地把审美与艺术和人的存在问题联系起来。这三点解释以及刘纲纪对于“实践”和“批判”的新的理解都充分说明，他的实践本体论美学思想在新时期立足社会现实、融会西方理论上所呈现出的演进趋势。

刘纲纪对“实践批判的存在论美学”的命名有一个注释，他说：“这和我过去所主张的实践本体论在根本上是一致的，但又有些不同。”③有哪些不同呢？他

① 刘纲纪：《美学与哲学》，武汉：武汉大学出版社 2006 年版，第 472 页。

② 刘纲纪：《美学与哲学》，武汉：武汉大学出版社 2006 年版，第 473 页。

③ 刘纲纪：《美学与哲学》，武汉：武汉大学出版社 2006 年版，第 472 页注释。

并没有加以明确界说，他只是在比较宏观的意义上，论述了马克思主义实践论美学所发生的一些引人注意的变化和实践本体论美学在今后的努力方向，这些论述可以帮助我们厘清其美学思想所呈现出来的新质。

刘纲纪认为，在当代，马克思主义实践论美学在基本理论上发生了以下新的变化：其一，由于随着科学技术的发展，物质生产本身越来越带有和审美相关的文化性质，经济和文化的关系越来越密切，物质的消费也越来越成为文化的消费，因此，不能仅仅把物质生产看做是审美和艺术产生的物质基础，还必须把物质生产同文化联系起来研究，探讨和马克思主义经济学相关的各种美学问题。其二，在现代的条件下，审美活动已与人类生活没有止境的实践创造合为一体，美和审美的形式已转变为个体和人类从实现人的自由的实践创造中所获得的一种崇高感（成就感、尊严感、自由感）和幸福感，不再是超离或超越这种实践创造的一个自在自足的天地，因此，关于美和美的本质的探讨必须结合人类生活实践创造，并且必须关注它与社会政治伦理的联系。其三，现当代艺术已成为艺术家对生活的实践创造的感受与体验的表现，而且它的形式也是由这种表现的需要来决定的，艺术与非艺术的界限看起来似乎已消失了，在这种条件下必须看到对艺术作为一种反映，艺术与非艺术的界限应该有一个新的解释。其四，美学不应再是一门孤立自在的科学，而是与物质生产的工艺学（高科技的应用）、政治经济学、文化研究（与政治、意识形态密切相关）紧密结合在一起的科学，它的主题不应再是脱离人类生活的实践创造去对美、审美、艺术做纯粹抽象的形而上学的思考，而是对其与人类生活的实践创造、社会的人的本质的自由全面发展的关系作出丰富、具体而有成效的实证科学的考察。“这种考察将会分化为对各种具体问题的专题研究，而作为所有这些研究的哲学基础的东西，按我的理解，就是马克思主义的实践批判的存在论。”①

综合以上观点，并结合刘纲纪的有关论述，我们认为，刘纲纪所说的“有些不同”也就是“实践批判的存在论美学”所具有的显在特征，亦即显现在实践本体论思想上的那些“新质”的东西。它可概括为主要两点：一是“批判”——通过批判更进一步地干预现实，服务社会；二是“存在”——通过强调存在更进一步地重视个体，关注人生。这正是刘纲纪在新时期坚持马克思主义实践观点，张扬“回到马克思，发展马克思”，批判地融合西方美学，特别是西马哲学美学思想，面向时代，指向现实，突出对个体的生存状况的审美关怀所做的新的理论探索。

---

① 刘纲纪：《美学与哲学》，武汉：武汉大学出版社 2006 年版，第 475 页。

第一，关于“批判”。实践批判的存在论的“批判”，我们认为有两个层面：第一层面是科学的批判精神；第二层面是建设马克思主义实践观美学和社会主义新文化。在谈到马克思主义美学在当代的发展时，刘纲纪认为要首先发扬马克思主义的批判精神，批判指的是“马克思主义本身固有的科学的批判精神”①。对于实践本体论美学，要在深入理解马克思主义的基础上，直面西方现代的各种思想，对它们作出实事求是的、科学的、全面的批判考察，使马克思主义美学积极参与到当代世界思想发展的潮流之中。在考察中对西方现代思想作出细致的有深度的解剖，既指出其根本性的谬误所在，又要善于“在批判旧世界中发现新世界”②，吸收改造其合理的因素来丰富发展马克思主义美学，而不能故步自封、无所事事，更不能迷失方向从而丧失自我。“如果我们对西方现代的各种思想，从过去简单否定的态度，转而采取屈从的态度，或盲目崇敬它，……那就谈不上坚持发展马克思主义。”③刘纲纪赋予实践本体论美学以“批判”的理论品格，是基于对包括西方马克思主义在内的现代西方各种哲学和美学思潮的深切关注，用积极的态度和批判的精神来剖析、透视它们的实质，立足建设中国特色社会主义这一伟大实践，在批判的考察中发展自身。因而，这种批判性的理论品格，同时也就是开放性、包容性的理论品格。

关于第二个层面。在阐释“实践批判的存在论”时，刘纲纪指出，他的“实践批判”取自马克思的《关于费尔巴哈的提纲》，他对实践的最基本活动——物质生产活动进一步进行了阐释。认为物质生产活动不仅指产品的生产，同时还指和产品的生产相关的分工、科学技术的发展与应用及产品的交换、分配和消费等，是马克思在其经济学中所讲的物质生产过程诸方面的总和。此前的一些文章中，刘纲纪已经多次强调实践与主体之间的关系，申明实践不能脱离人本主义，否则实践就成了外在于人的神圣的东西，而人的地位和价值就有被取消的危险。“批判”是指从上述意义的实践出发对现实社会的批判，不仅是理论的批判，也是马克思《黑格尔法哲学批判导言》中所讲的“武器的批判”，即对现实社会进行实际的、革命的改造。他说：“只讲实践而不讲与实践直接相连的批判，不能清楚地表达马克思主义哲学不只是‘解释世界’，而且还要能动地‘改变世界’，以及唯物辩证法在本质上是批判的和革命的这一根本特征。”④实际上，这

① 刘纲纪：《美学与哲学》，武汉：武汉大学出版社 2006 年版，第 399 页。

② 《马克思恩格斯全集》第 1 卷，北京：人民出版社 1956 年版，第 416 页。

③ 刘纲纪：《美学与哲学》，武汉：武汉大学出版社 2006 年版，第 400 页。

④ 刘纲纪：《美学与哲学》，武汉：武汉大学出版社 2006 年版，第 473 页。

就突出了"革命"与"建设"的一面。美学如何以其革命的性质来改变世界、建设社会呢？刘纲纪首先区分了"社会革命"和"政治革命"（阶级斗争），他从恩格斯《英国状况（十八世纪）》一文中得出对"社会革命"的理解，认为它指的就是在社会生活的广大领域中发生的一切革命性的变革。从中国的情况来看，改革开放以后，中国革命就真正充分地转变为一场前所未有的、极其广泛复杂的社会革命，这场革命就是以经济为中心的建设，革命与建设是统一的关系，没有革命的建设是不可能真正实现的，没有建设的革命只能是空谈。美学作为人文学科，它的主要建设任务就是服务于社会主义经济建设的文化建设，因为，社会主义文化建设是我们研究美学的中心话题，"这个中心话题，我认为就是马克思主义美学与建设中国特色社会主义文化的关系。"这是一个直接的现实的问题，"从中国当代社会主义文化的建设出发来研究美学问题，完全能够开辟出一条与西方马克思主义美学不同的新道路。"①可以见出，刘纲纪突出地强调了批判中革命与建设的一面，阐明了批判与建设之间的内在关系，即是以建设为鹄的的批判或以批判为前提的建设，而他要批判和建设的是包括美学和艺术在内的文化，即文化批判和文化建设。在刘纲纪的"批判"的两层含义中，第一层面即科学的批判精神，是第二层面即建设马克思主义实践观美学和社会主义新文化的前提，而后者是前者的最终目的，这充分体现了实践本体论美学进一步强化理论自身干预现实、服务社会的思想倾向。

第二，关于实践批判的存在论的"存在"。刘纲纪说，使用"存在"一词"是为了说明马克思所说的'存在'是以物质的自然界为前提，作为自然界一部分的人的'社会存在'"。② 在对马克思主义的重新考察中，刘纲纪摒弃了斯大林的"正统"马克思主义对中国现当代哲学和美学由来已久的错误影响，雄辩地指出马克思主义的三个特征或基本精神就是：人本主义；实践的唯物主义；彻底的自然主义。因之它可以称为以物质的自然界为基础的实践的人本主义。③ 而马克思主义哲学和美学所关注的首要的、中心的问题是人的问题，"寻找人的全面自由发展的现实道路，贯穿在马克思从早期到后期的全部思想之中"④。从而拨开了长期笼罩在马克思主义哲学上的"物本主义"迷雾，恢复了马克思主义重视个体感性的人的自由发展的人本主义的真实面貌。

---

① 刘纲纪：《美学与哲学》，武汉：武汉大学出版社 2006 年版，第 471 页。

② 刘纲纪：《美学与哲学》，武汉：武汉大学出版社 2006 年版，第 473 页。

③ 参见刘纲纪：《传统文化、哲学与美学》，武汉：武汉大学出版社 2006 年版，第 151、170 页。

④ 刘纲纪：《传统文化、哲学与美学》，武汉：武汉大学出版社 2006 年版，第 165 页。

从社会的存在到人的存在，标志着刘纲纪在新的历史时期更加注重个体的生存状态。个体存在的一次性、偶然性等问题不断在他这一时期的文章里被论及，个体与社会、人与自然的和谐统一问题更受他的关注，他也同时更明确地把审美与艺术和人的存在问题联系起来，指出了美和审美的形式已转变为个体和人类从实现人的自由的实践创造中所获得的一种崇高感（成就感、尊严感、自由感）和幸福感，不再是超离或超越这种实践创造的一个自在自足的天地，因此，关于美和美的本质的探讨必须结合人类生活实践创造，并且必须关注它与社会政治伦理的联系。他对成就感、尊严感、自由感和幸福感的强调，实际上就是对个体的人的生存感受的强调。从“自由”到“自由感”，再从“自由感”到“幸福感”，把“自由感”与“幸福感”密切地结合起来，表现的是对现实中人的主体精神的肯定，表明传统意义上的审美已日益与世俗的人的日常生活结合起来，审美感受与对生活的幸福感受不再是陌然不能相通的东西了。邓晓芒先生对哲学上的自由曾做过三种含义的划分：认识的自由、意志的自由和自由感。他认为自由感即是自由，是个人的情感得到对象的充分肯定而扩展为全社会的情感，这是马克思从共产主义理论中逻辑地引申出来的对自由的现象学定义。从人的主体精神来看，“自由感作为人类一切活动的最终目的，本身倒是一切人是自由和实践自由的前提，认识和实践自由则是为了获得人的自由感的手段。”①因为对人来说，没有自由感，任何自由终归是不现实的和异化了的，在人的精神现象上，自由感是自由对人的最直接、最具完整意义的呈现。这也许正是对刘纲纪在他后期这种思想演进中强调自由感的原因的最好解释。刘纲纪用“存在论”取代“本体论”，以此作为对“本体论”一词的神秘感的“去魅”，这本身就暗示着他的实践本体论美学进一步走下“传统意义上的那种给人以凝神静观的感性愉快的美”，走向“和社会的个体的生活的实践创造直接相连”②的日常生活。

所有这一切，都表明刘纲纪的实践本体论美学在一定程度上逸出了学术范围，在更深层次和更广领域关涉现实社会、关怀人的终极价值的理论指向，表明了实践美学的建设人类美好未来的学术品格，表明了作为马克思主义者的刘纲纪入世济世的儒家情怀。从实践本体论美学到实践批判的存在论美学的演进，在一定意义上可以说是对马克思主义的特征或基本精神的重新思考，是对马克

① 邓晓芒、易中天：《黄与蓝的交响——中西美学比较论》，北京：人民文学出版社 1999 年版，第 476 页。

② 刘纲纪：《美学与哲学》，武汉：武汉大学出版社 2006 年版，第 474 页。

思哲学中的“实践”、“批判”、“存在”等重要范畴中所包含的重要思想的进一步申发与整合，是刘纲纪对其理论体系中最后一个维度——关注现实的理论旨归的进一步强化。

在李泽厚那里，前期实践美学存在着重视物质性，忽视主观性，重视社会性，忽视个体性的缺陷，为了弥补这一不足，李泽厚在工具本体之外又提出了情感—心理本体。为揭示人类文明之源，他强调使用和制造工具的物质生产实践的重要作用，为发展人的内在主体性，他又张扬康德哲学，强调人类文化心理结构的当代文化意义。但当他从理性、群体走向感性、人的内在主体的时候，他也就走进了由两个本体所造成的相互牵制、不能兼顾的矛盾之中，在用康德思想改造和拓展马克思主义理论新境界的宏大构想时，心理本体论却成为马克思主义理论的异己性因素，这样，他走出了马克思。也许，李泽厚作为美学家的美学学科意识并未自觉，“人类学本体论”思想家的身份大于或高于美学家的身份，他的人类学美学已不仅仅是美学，而是担负着在新时代建设人类新感性、开出内圣之路的教育学，他所期许的情感—心理本体是人类心灵的乌托邦，其后期理论是一种新的终极关怀理论。

在趋向一种终极关怀的理论旨归上，刘纲纪的实践本体论一开始就具有这种学术品格，向实践批判的存在论美学的演进中，这一品格逐渐加强了，这既是时代使然，也是刘纲纪作为一个马克思主义者的责任感、使命感使然，更是实践本体论理论的内在逻辑发展的必然。面向时代、面向现实，建设社会、淑和人生，这既是他的老朋友李泽厚的意愿，也是刘纲纪本人的志向。尽管他不像李泽厚那样以康德哲学去改造马克思主义，而是坚定地守卫在马克思那里，以马克思主义去改造康德、黑格尔，以“回到马克思”，对马克思原典的重新考察去“发展马克思”，赋予马克思以新的理论形态，使马克思主义在当代的思想潮流中显现其伟大的生命力和现实意义，但他关注现实、关怀生存的理论指向是与李泽厚相同的。在理论基础、理论框架和逻辑发展上，他的实践本体这一思想一以贯之，而不是像李泽厚那样纳两个难以兼容的本体于一个体系之中，造成体系内部的紧张关系从而不得周全。

但我们并不是说，刘纲纪实践本体论的转进在各个方面都获得了预期的理论效果，因为理论自身的运动发展是要通过理论内部的自我否定来实现的，而这种否定，就会使原有的观点遭受可能有的撞击，原来的体系就可能需要重新调整。毫无疑问，实践批判的存在论美学的提出，表明刘纲纪在治学上是严谨的，是善于吸纳其他有价值的学术成果和勇于自我否定的。但这同时也是一次理论探险,因为它对于刘纲纪自己原有的美学思想是一种严峻的挑战,转进前后的理论尚有不少未洽之处需要疏浚。对形而上学的思考的弱化和对具体的实证研究以及干预现实两维的过多强调,使得原有体系有失衡之虞,而哲学美学的学科定位也可能会在一定程度上遭受质疑。也许阎国忠先生的这些话是值得注意的:"如果承认物质生产越来越具有和审美相关的文化性质,美学必须研究与马克思主义经济学相关的审美问题,那么把美学限定在艺术范围之内,与艺术哲学等同起来还是可能的吗?如果承认美与审美不是超离或超越生活实践的自在自足的天地,而与社会政治伦理结合在一起,那么认为美超越真、善,处在自由的最高的位置上,还能够成立吗?……如果美学放弃了对美、审美、艺术的抽象的形而上学的思考,而沦为一种具体的实证性质的科学,那么所谓关于人的本质、审美的解放、必然王国向自由王国的飞跃的讨论,不都可以置之九霄云外了吗?"①无论这些问题的提出是否具有完全的针对性,都是值得我们进一步思考和研究的。

第二节　实践本体论美学的理论结构

刘纲纪美学的理论结构主要由三点构成:一是哲学基础——整体实践观。它在根本上不同于李泽厚的"工具本体论",也不同于蒋孔阳的"生活实践观"。二是理论核心——创造自由论。刘纲纪美学意义上的自由的特征有三点,即物质超越性、合规律与合目的的统一性、个人与社会的高度统一性,他由此提出了与别人的看法迥然有别的"自由论",成为其美学思想的核心范畴。三是艺术本质观——审美反映论。艺术哲学的第一个问题是艺术的本质问题,刘纲纪将这个问题提升到哲学层面做了详尽系统的研究,认为反映是一个广泛的概念,反映本身也是一种创造性的活动,艺术是对生活的审美反映。对反映的论述将在第五章里展开,本节不做详述。

一、哲学基础——整体实践观

在刘纲纪看来,马克思所讲的实践就是人类在社会生活一切领域中使人的感性的本质得以生成和实现的活动,也就是人的本质的自我实现、自我创造的活动。其中具有决定意义的和最根本的活动是人类为了满足物质生活需要而进行的物质生产活动。他认为实践有广义与狭义之分,他既不同意李泽厚的狭隘的

① 阎国忠:《实践美学的经典文本——刘纲纪的美学思想》,《文艺研究》2005 年第 11 期。

“工具本体论”，也不同意把生活中的一切诸如“吃布丁”、“吃梨子”等无创造性的感性活动也纳入实践的涵盖之中。因此，我们把刘纲纪以劳动为基础的人类整体的实践活动称为“整体实践观”，其主要特质是创造性。它在根本上不同于李泽厚的“工具本体论”，也不同于蒋孔阳的“生活实践观”。

1.“实践”的历史考察

中国古代朴素唯物主义的知行观，是中国古代唯物主义实践观历史发展的第一个理论形态。在中国哲学史上，“实践”一词首见于宋代吴泳的《鹤林集·上邹都大夫书》中“实践真知，见于有政”句。但包含有实践内容的知行观早在《古文尚书·说命》里就有了“非知之艰，行之维艰”的命题记载。不管《说命》是否如清代学者考察所认定的那样属于伪作，但在春秋时期一些思想家和政治家那里朴素的知行说确乎已经产生。① 这种知行说是用知行统一，即认识世界和改造世界的统一，来解决当时社会矛盾的理论反映。这一观点在中国的历史发展中源远流长，影响了中国整个古代社会实践理论的发展。主要的如王充的“实验”概念，朱熹的“知先行后”、“行重知轻”论，王阳明的“知行合一”论，王夫之的“行先知后”、“行可兼知”、“知行相资以为用”，等等。

在西方哲学史上，关于实践的问题也是哲学家们所一直关注的问题。特别是在德国古典哲学中，实践问题更成为一个突出的哲学问题，并成为马克思主义哲学实践观点的理论来源之一。在古希腊罗马哲学中，亚里士多德对实践观作出了突出贡献，明确提出了这一概念，但从亚里士多德以降到康德等哲学家那里，他们所讲的实践，大抵都是一种道德上的实践活动。康德把纯粹理性分为“理论理性”和“实践理性”两个方面，前者解决自然的必然性问题，后者解决人的自由问题。然而，康德是在道德范围内理解实践的，他所说的实践其实是一种道德活动，是理性为自己立法、建立道德原则，并以此为“命令”的纯粹意志的活动。因此，康德所说的实践还不是一个认识论意义上的范畴，实践仅仅被看做道德实践的意识活动。费希特的实践是从“自我回归到自我”的运动。他的“自我”，不过是形而上学地改造了的、脱离自然的精神。他所说的能动作用、行动，始终是自我意识范围内抽象的意识活动，而不是真正现实的东西。谢林的贡献在于他把实践的范畴和历史哲学联系起来，强调实践活动的创造性，通过实践，解决理想与现实的矛盾，在他那里，实践就是把理想变为现实的途径。谢林的实践观点比康德的实践观点前进了一步，但他的实践观是建立在客观唯心主义思

① 参见方克立：《中国哲学史上的知行观》，北京：人民出版社1982年版。

想上的,理想的最后实现只有求助于上帝。

黑格尔在客观唯心主义基础上批判地继承和发展了康德、费希特、谢林的思想,对实践问题做了深刻的论述。黑格尔认为:实践是善的目的的实现,善是一种冲动,是一种意志的努力。明确地在认识论意义把实践看做是主观意识性的目的和现实的统一,现实就是实现了的目的性主体意识。同时,黑格尔还将实践同认识过程结合起来,把实践看做是认识过程的一个环节,是通向真理的环节。黑格尔的实践思想,对我们理解实践的一般规定、一般特点以及实践和认识的关系都提出了一些有益的看法。但是,黑格尔的实践,只是他的绝对精神逻辑发展中的一个环节,实践的本质是观念的或理念的有意志的活动,同样不是现实的、感性的活动本身。费尔巴哈是从唯物主义立场上去阐释实践的本质的,但是,他对实践本质的理解是一种直观唯物主义者,仅仅从生物学意义上去理解实践,因而他的实践不是革命的、批判的实践活动。

马克思主义哲学以前的哲学家从不同的方面对实践的本质和内容做了不同程度的分析和揭示,为马克思主义的实践观提供了合理的思想素材。虽然马克思主义经典作家没有留下现成的实践定义,但却留下了关于实践概念的基本观点,为我们规定科学的实践概念提供了理论依据。

马克思在批判旧唯物主义时指出:"从前的一切唯物主义——包括费尔巴哈的唯物主义——的主要缺点是:对对象、现实、感性,只是从客体的或者直观的形式去理解,而不是把它们当做人的感性活动,当做实践去理解,不是从主体方面去理解。结果竟是这样,和唯物主义相反,唯心主义却发展了能动的方面,但只是抽象地发展了,因为唯心主义当然是不知道现实的、感性的活动本身的。"① 因此,在马克思看来,实践是同"主观方面"和"感性活动"相联系的。实践虽然是一种看得见摸得着的客观的感性活动,但却是包含着主观方面的主体意识活动在内的感性活动,有着主观方面的内在规定。在《资本论》中,马克思在谈到劳动这种实践活动时说,劳动过程的简单要素是:"有目的的活动或劳动本身,劳动对象和劳动资料",并说:"劳动过程结束时得到的结果,在这个过程开始时就已经在劳动者的表象中存在着,即已经观念地存在着。""生产的活动是由它的目的、操作方式、对象、手段和结果决定的。"②所谓实践活动,也就是作为实践主体的人将自己的意图、目的等主体意识因素借助物质手段外化或对象化的感

① 《马克思恩格斯选集》第1卷,北京:人民出版社1995年版,第58页。

② [德]马克思:《资本论》第1卷,北京:人民出版社1975年版,第202、55页。

性活动。在《1844 年经济学哲学手稿》中，马克思说："通过实践创造对象世界，即改造无机界，证明了人是有意识的类存在物。""正是在改造对象世界中，人才真正地证明自己是类存在物。""理论的对立本身的解决，只有通过实践方式，只有借助于人的实践的力量，才是可能的。"①这样，马克思把劳动实践的观点，把意识外化的观点建立在唯物主义的基础之上，科学地阐明了实践的本质。

2. 刘纲纪的"整体实践观"

实践美学在 20 世纪 50、60 年代初步确立之时，是以李泽厚先生的"实践工具论"为标志的。而他把实践的阐释狭隘地理解在物质生产上，封闭了实践指向其他人类文化活动的道路，切断了美与审美丰富多样的可能性，只能解释美产生的根源，不能很好地解释美的本质问题，这也是实践美学的反对者们历来加以责难攻讦的原因所在。后期的实践美学家们清楚地看到了这一理论病疴，不约而同地把拓展实践内涵作为深化和完善实践美学的理论前提。对狭义实践观的超越，最先应是朱光潜先生。早在 20 世纪 60 年代，朱光潜就提出了"艺术生产论"，这是在当时针对李泽厚狭义实践观的批评而进一步发展实践关系的新的学术思路，这是在人类精神现象学的领域中对实践观的运用与发展，以此来彰显了人类艺术审美活动的实践性特征，打通了物质生产与精神（艺术）生产两界。

20 世纪 80 年代以后，在对朱光潜艺术生产论的超越与发展上，蒋孔阳先生立足于人类当下广泛的现实生活来研究人类的审美现象，提出了创造论美学，其中实践的内涵被进一步扩展，形成了他的"生活实践观"。他认为，实践并不仅指实实在在的活动，还包括艺术家的创作等精神生产。"从社会生活实践的观点来探求美，我们可以看出来，它（美）是在人类自己的物质与精神劳动的过程中，逐渐地形成和发展起来的。""劳动所创造的，不仅是物质的产品，而且也是劳动者的思想和感情、聪明和智慧等这样一些人的本质力量的实现。"②朱立元先生对实践概念的开拓，是对蒋孔阳思想的发展，在《实践范畴再解读》中，他在批判了包括李泽厚在内的片面化简单化的理论倾向后，把实践理解为"统一的实践概念"，认为"马克思的实践概念包含非常广泛的内涵，也包含非常多样的表现形态。它虽然以物质生产劳动为核心和基础上，但不单指物质生产劳动，也指变革社会的政治道德制度的革命实践，还指感性个体的生存活动即广义的作

① 《马克思恩格斯全集》第 42 卷，北京：人民出版社 1979 年版，第 96、97、127 页。

② 蒋孔阳：《美在创造中》，桂林：广西师范大学出版社 1997 年版，第 15 页。

到实践"①。稍后,在另一篇文章中,朱立元对实践的界说就更加明确了,除了最基础的物质生产活动外,"还包括人的各种其他的生活活动,既包括道德活动、政治活动、经济活动等,也包括人的审美活动和艺术活动。"②形成了他的"广义实践观",并在这一哲学基础上提出的"审美活动是人的基本存在方式和基本人生实践"和"审美是一种高级人生境界",由此构成了他的实践存在论美学,成为实践美学发展的另一重要理论成果。

刘纪纲与蒋孔阳几乎是在同一时期走出李泽厚狭义工具论阴影的。但他的实践本体论中的实践观点,却与蒋孔阳的"生活实践观"有较大不同。刘纲纪对实践的理解主要基于马克思的《1844 年经济学哲学手稿》和《关于费尔巴哈的提纲》中有关重要论述作出的,特别是《关于费尔巴哈的提纲》中"从前的一切唯物主义——包括费尔巴哈的唯物主义——的主要缺点是:对事物、现实、感性,只是从客体的或者直观的形式去理解,而不是把它们当做人的感性活动,当做实践去理解,不是从主观方面去理解"这一论断。刘纲纪说:"我所主张的实践本体论不是别的,就是对马克思所说的'把感性理解为实践活动'这一极其重要的思想的一种理解和阐发。"③他认为,感性一词,在费尔巴哈哲学里的含义就等于真实的、实在的、现实的、物质的、客观的,而且,马克思的这一思想早在《1844 年经济学哲学手稿》中已经形成并得到了深刻的论证,只是到了写作《关于费尔巴哈的提纲》的时候,马克思才把他在《1844 年经济学哲学手稿》中所提出和阐明的思想,概括为"把感性理解为实践活动"这样一句话,并明确地与费尔巴哈的哲学区分开来。在《艺术哲学》中,刘纲纪着重论述了实践的概念是马克思从物质生产劳动出发而提出的,以及人类社会实践是感性物质的活动,是改造世界的一种能动的物质力量,人类实践的发展是无限的,人类的实践是一种有意识、有目的的实际改造客观世界的活动,是一种创造性的活动等马克思主义的一系列重要论断。然后,他作出结论说:"'实践'这个概念,把它理解为人类改造世界的感性现实活动,首先是改造自然的感性现实的活动,即物质生产劳动。"④

实际上,在刘纲纪的著作中,当谈及实践的时候,他常常以"实践(首先是物质生产劳动)"、"实践(首先是物质生产实践)"、"实践(首先是生产实践)"、

① 朱立元、刘泽民:《实践范畴再解读》,《人文杂志》2005 年第 5 期。

② 朱立元:《简论实践存在论美学》,《人文杂志》2006 年第 3 期。

③ 刘纲纪:《传统文化、美学与哲学》,武汉:武汉大学出版社 2006 年版,第 210 页。

④ 刘纲纪:《艺术哲学》,武汉:武汉大学出版社 2006 年版,第 127 页。

“实践(首先是劳动)”等方式表述,他以“物质生产实践(劳动)”来表达实践中最为基本的形式,“物质生产实践”只是与“劳动”等同的一个概念,是实践中的最基本也是最根本的一种形式。这一点,在他的文章里很容易找得到。这些都清晰地表明,刘纲纪的“实践”是不同于李泽厚仅从《1844年经济学哲学手稿》出发,只把实践概念狭隘地囿限在制造和使用工具的“工具论”实践观,他超越了李泽厚的工具本体论,把实践理解为人的感性现实的本质得以实现的活动,从而拓宽了实践的含义,不仅使实践具有揭示美的根源的意义,而且赋予了实践应有的揭示美本质的阐释能力。

在谈到人的实践活动的对象时,刘纲纪很多地方使用了“整个”一词。在谈到与自然的关系时他说:“从哲学上说,所谓人与自然的关系,绝不是仅仅指人和个别自然物发生的关系,而是指人同整个自然界的关系。”[①]在谈到劳动时他说:“美在根本上是由劳动创造出来的,使人的自由在人的劳动及人类整个生活的实践创造过程和结果上的感性表现,或者说是基于劳动、实践的人的自然的对象化、感性的现实化。”[②]他又说:“从劳动推而广之,人类的整个生活都是人类的自由创造所产生的作品,作为这样的作品去加以观照,它就是审美与意识的对象,所以,我把美定义为人在改造世界、创造生活的实践中取得的自由的感性表现。”[③]除此之外,在刘纲纪的其他论述中也是沿着这一思想的,虽然没有如此明确的表述,但其精神实质是这样的。刘纲纪把实践规定在整个人类生活的意义上,他的“人类的整个生活”指的是人类改造自然的物质生产领域和改造社会生活的整个领域。这就是我们把刘纲纪的实践观界定为“整体实践观”的根本原因之所在。

薛富兴先生在对比了李泽厚对实践概念的界定后曾说,刘纲纪“将人类整个的社会生活理解为实践,这样,就使实践有了最广泛的解释能力”。[④]这个看法是基本准确的。但问题是:刘纲纪实践观的“整体”是什么样意义上的整体?它有哪些基本特征?

应当说,刘纲纪的实践概念在坚守“实践——首先是物质生产实践”这一观点的前提下,其含义是有所变化的,因为它是张玉能先生所指认的“作为历史展

① 刘纲纪:《美学与哲学》,武汉:武汉大学出版社2006年版,第85页。

② 刘纲纪:《传统文化、美学与哲学》,武汉:武汉大学出版社2006年版,第608页。

③ 刘纲纪:《传统文化、美学与哲学》,武汉:武汉大学出版社2006年版,第240页。

④ 薛富兴:《分化与突围》,北京:首都师范大学出版社2006年版,第267页。

开的动态形式的实践”。[①] 但这个变化不是阎国忠所认为的从小到大的扩展，恰恰相反，是从大到小的收束。在1984年的《从劳动到美》中谈及实践时，刘纲纪使用了“全部”这个词：人类的劳动以及建立在劳动之上的人类全部生活，如果不是由于劳动既是满足人的物质生活需要的活动，又是创造性的自由的活动，就不会有我们称之为“美”的东西。[②] 在1986年出版的《艺术哲学》中，他对实践的理解依然受到毛泽东《实践论》的影响，把“变主观为客观”的思想引入到他的理解中去，以至于他把“到黄山去的想法、愿望，和到达并游览了黄山，从而使自己的这一愿望获得实现”也作为使人自身对象化的实践。[③] 到了1988年，在他自己倡导的“回到马克思，发展马克思”的思想指导下，认真研究和厘清了真正的马克思和苏联模式的马克思，对恩格斯、列宁、斯大林、毛泽东等人的思想进行了严谨的区别和分析，他对实践的理解就有了新的改变。在《实践本体论》、《实践本体与人的主体性》、《对马克思主义哲学中唯物主义问题的重新考察》、《赋予马克思主义以新的理论形态》等一系列的文章里已经清楚地表现出来，在《批评与答复——再谈我对马克思主义哲学的理解》里他明确表示：

> 在过去的马克思主义哲学中，“实践”一词的含义被了解得十分广泛，不仅指物质生产，也指阶级斗争、科学实验，甚至指人们日常生活中的各种活动(如吃梨子、打乒乓球等)。毛泽东曾把实践定义为“变主观的东西为客观的东西”或“主观见之于客观”的活动，这是对人类实践活动的特征的一个深刻说明，但这样一来，实践的含义就包罗了人类的一切活动，而失去了它在马克思哲学中应有的规定性。……过去的苏联哲学和毛泽东的哲学都是从认识论的角度来了解实践的，而认识又被看作是仅仅由认识的对象即列宁所说的“客观实在”决定的，而不是在根本上由物质生产实践决定的，因此实践就被了解为和人类的认识相关的一切实际活动，比如恩格斯所说的吃布丁，毛泽东所说的吃梨子。

在这里，刘纲纪明确地表达了他对实践概念的新的理解，把“实践活动”与“实际活动”作出了区分。在与笔者的几次谈话中他也都强调反对把实践过于

---

① 张玉能：《马克思美学研究的新成果——简论刘纲纪实践观美学思想》，《文艺研究》1987年第5期。

② 参见刘纲纪：《美学与哲学》，武汉：武汉大学出版社2006年版，第107页。

③ 参见刘纲纪：《艺术哲学》，武汉：武汉大学出版社2006年版，第130页。

泛化，认为不能漫无边际地应用和理解这一概念，这会导致对马克思所讲的实践的简单化、庸俗化的理解，引起概念上的混乱和错误，不能正确认识其在马克思主义哲学上的深刻含义，那将是对马克思主义原意的违背。

由此可见，刘纲纪的实践观，即我们所界定的"整体实践观"从一开始就超越了李泽厚工具本体论的实践观，但同时，我们又绝不能把刘纲纪的实践观看做同蒋孔阳一样的实践观。因此，我们不同意一些学者把蒋刘二先生的实践观认作相同的"生活实践观"①，也不同意把刘纲纪的实践观等同于朱立元的"广义的人生实践观"。可以这样说，刘纲纪的实践观点是介于李泽厚和蒋孔阳、朱立元之间的，它比李泽厚的广泛丰富，又比蒋孔阳全部生活内容的观点收束窄狭，我们把它称为"整体实践观"。这个"整体"的实践，是指在整个自然界和人类社会领域中的具有创造性的实践活动，它不等于所有生活实际活动，更不等同于人类一切活动，当然也有别于蒋孔阳和朱立元二位先生的"全体"和"全部"的生活内容和广大的人生实践。与"生活实践观"和"广义的人生实践观"相比较，第一，它不是人类全部的"主观见之于客观"的感性活动；第二，它是具有创造性的活动；第三，它的最重要、最基本的形式是物质生产劳动。

对于第二点，我们有必要加以论述。在刘纲纪看来，"马克思所讲的实践，就是人类在社会生活一切领域中使人的感性的本质得以生成和实现的活动，也就是人的本质的自我实现、自我创造的活动。"②实践之所以是美的本体，之所以能产生美，关键在于实践活动本质上是一种创造性的、自由的活动。只有通过对实践的这种创造性的、自由的本质的揭示，才可能说明实践何以是产生美的根源、本体。他认为，人类的实践活动由于是一种有意识、有目的的实际改造客观世界的活动，因而也就是一种创造性的活动，不同于动物无意识的、本能的适应周围环境的活动，"人类生活的创造不论是在改造自然的物质生产领域，还是改造社会的其他领域，都是通过实践活动不断使人的目的获得实现的过程。"③创造的本质一方面是掌握客观事物的规律并使之与人的目的的实现相统一，因此创造不是违背客观规律的任意的活动，它在本质上是对客观规律的掌握运用。另一方面，创造也是人的认识和实践的能动性的高度表现，是人的本质力量的展现与发挥。这两方面是不可分割地统一在一起的。④ 此外，他也高度强调了创

① 参见薛富兴：《分化与突围》，北京：首都师范大学出版社2006年版，第267页。

② 刘纲纪：《美学与哲学》，武汉：武汉大学出版社2006年版，第472页。

③ 刘纲纪：《艺术哲学》，武汉：武汉大学出版社2006年版，第317页。

④ 参见刘纲纪：《艺术哲学》，武汉：武汉大学出版社2006年版，第132页。

造的不可重复性与个人独特性。要言之，创造是实践的创造，实践是创造性的活动，美的本质问题的秘密就包含在实践活动的创造性本质之中。

把刘纲纪的实践观界定为“整体实践观”，一些学者与我们有共同的看法。黎山峣先生在对刘纲纪美学思想评述时认为：“如果说劳动是美的起源，以劳动为基础的人类整体的实践活动则是美的本体。”劳动和实践的关系上，既要看到劳动这一物质生产实践是人类一切实践活动的基础，同时又要看到人类的实践活动具有远比劳动更加广阔的外延，因此，刘纲纪“将以劳动为基础的人类整体的实践活动作为美的本体，是合乎实际的”。[①] 只是黎先生没有像我们这样如此明确地提出和清晰地界定。

为了更清楚地理解刘纲纪的“整体实践观”，我们还有必要分析一下刘纲纪的“劳动”与“实践”的关系问题。因为在阅读刘纲纪的著作时往往会发现，在探讨美的根源和阐释美的本质的时候，他经常没有直接用“实践”这个词，而是用“劳动”或“物质生产实践”等来表达，这是不是与他的“整体实践观”不相一致呢？在刘纲纪那里，“劳动”与“实践”究竟是一个什么样的关系呢？

像所有不赞成工具本体论实践观的马克思主义哲学美学家们一样，刘纲纪的“劳动”也是具有多样性的实践的形式之一，但他更强调其重要性。在实践的所有形式中，“物质生产是最基本，也是最重要的形式。”[②]“实践，首先是物质生产实践即劳动在马克思的整个哲学思想中具有最重要的、根本性的意义，……劳动是马克思主义哲学的真正诞生地和秘密。”[③]作为实践的形式之一的劳动在刘纲纪那里获得了高度的重视，但刘纲纪并没有因此就把劳动当做创造美的唯一来源，如果这样的话他也就不是“整体实践观”，而同李泽厚走到一起去了。他说：“美作为实践的产物当然不能只限于生产劳动这一种实践，但由于生产劳动实践是最终决定其他一切实践的东西，因而从最终的意义上说，劳动正是美的最后的根源。”[④]除劳动之外的很多实践形式同样可以产生美，但为什么在考察美的本质时不从其他实践形式入手呢？这是因为，在劳动和实践的关系上，既要看到人类的实践活动具有远比劳动广阔的外延，同时又要看到劳动这一物质生产实践作为人类全部生活的始基作用，在人类实践领域日益扩大和深化的今天，美与劳动的联系早已不是直线式的单一的因果关系了，“为了更具体地认识美的

---

① 黎山峣：《实践—自由—审美：刘纲纪美学思想述评》，《江汉论坛》1989 年第 3 期。

② 刘纲纪：《美学与哲学》，武汉：武汉大学出版社 2006 年版，第 153 页。

③ 刘纲纪：《美学与哲学》，武汉：武汉大学出版社 2006 年版，第 152 页。

④ 刘纲纪：《美学与哲学》，武汉：武汉大学出版社 2006 年版，第 58 页。

本质，我们需要考察美与物质生产劳动的关系。因为物质生产劳动是人类最基本的实践活动，美与人类实践的关系在在物质生产劳动中表现得最为清楚。"①这也是进行现象学本质还原时必须还原到的历史阶段，而且，"劳动是人类最基本的实践活动，是决定一切实践活动的东西，在这一意义上，整个世界的美，归根到底是劳动所创造的。"②

可见，刘纲纪对物质生产的强调在于：其一，它是实践的最原始形态，也是最基本的形式；其二，它具有决定其他一切实践形式的终极意义。这并不与他的"整体实践观"相矛盾。

3. 对实践概念的再拓进

实践概念的内涵必然是历史性的，随着人们的生存状态和社会环境等外部条件的变化而发生变化。在这个复杂而多元化的现代社会中，不但具有生产的实践，还有政治的、社会的和意识形态的实践。实践由生产的和知识的层面走向生存的层面，走向生存中的具体言说和对话。实践不但是人类的活动，也是人类对自身活动的反思。更进一步而言，实践就是人如何更好地生存的问题，就是人如何同一个外在世界和睦相处的问题，实践成为一个基础性的本体概念。它不断深化人类对自身的反思，它的发展史实际就是人类自我反思的历史。另外，在现代视域下，实践概念同其他概念，诸如现代性、合理性、生活世界等相关联。只有在同这些概念的互相的，它是不断变化发展着的。在我们看来，对实践基本形式的考察是以解决主体与客体的矛盾为中心展开的，在此基础上结合人类实践的发展，实践的基本形式似乎应当包括物质生产实践、人自身的生产实践、精神实践、生活实践、交往实践、知识实践、虚拟实践，等等。

近一个时期以来，不少学人在刘纲纪、蒋孔阳等美学家的理论基础上，不断对实践概念进行新的解读，尝试着新的开拓，在第二代实践美学家中除朱立元先生外，张玉能先生也做了开拓性的创新。他认为，实践在类型上可以分为物质生产、精神生产和话语实践三种。在实践的整体之中，这三者是内在统一的，组成一个以物质生产为核心、以话语实践为中介，精神生产为显象的交叉作用的立体网络系统。

从发展程度的角度来考察，实践可分为获取性实践、创造性实践和自由（创造）性实践三类。与前面的表现形式的共时性上的划分不同，这是对实践在历

① 刘纲纪：《美学与哲学》，武汉：武汉大学出版社 2006 年版，第 330 页。

② 刘纲纪：《美学与哲学》，武汉：武汉大学出版社 2006 年版，第 34 页。

时性上所做的动态考察。所谓获取性实践是指早期人类的一种实践活动，以狩猎和采集为主要手段，与灵长类动物所共有的、难以显现人的本质的活动方式；创造性实践是一种制造出自然界原本没有的事物的实践活动，在人类进化史上最早的表现是石器的制造，这是人猿揖别后进入器质文化的开始；自由性实践指人类运用一切物种的尺度来进行的超越了人的实用的、认知的、伦理的、巫术宗教的功利目的，为某个社会群体所认同的社会实践。正是在这种实践过程中，人与自然的双向对象化——自然的人化和人的自然化才开始，具体体现为美和美感的审美关系才得以生成。

再进一步，张玉能详细分析了实践的内在的结构，在其深层的结构中敞显实践的多层累性与开放性，指认了这些层次与美的固有关联。他把实践分为三个层面——物质交换层、意识作用层和价值评估层。在这由三个层面所构成的系统中又有各自的子系统。物质层决定了美的外观形象性，意识作用层决定了美的情感，价值评估层决定了美的自由显现性。① 可图示如下：

<table>
<tr><td rowspan="3">实践</td><td rowspan="2">外在形态</td><td>表现形式</td><td colspan="2">物质生产　精神生产　话语实践</td></tr>
<tr><td>发展形态</td><td colspan="2">获取性实践　创造性实践　自由性实践</td></tr>
<tr><td>内部结构</td><td>物质交换层
[工具操作系统、社会关系系统、语言符号系统]</td><td>意识作用层
[需要冲动系统、目的建构系统、情感中介系统]</td><td>价值评估层
[合规律评估系统、合目的的评估系统、合规律性与合目的性相统一的评估系统]</td></tr>
</table>

一些赞同实践美学的中青年美学研究者也纷纷作出了独到的见解，为发展实践美学贡献着自己的学智。他们从批判李泽厚单一内容的实践观出发，认为将社会实践等同于物质生产时间只能说明原始社会的实践活动，是一种古老的实践观，现代实践观应当是对现代实践活动的哲学概括，是一个开放体系和流动过程。薛富兴先生认为实践的逻辑内涵当指人类所有的文化活动；②陶伯华先生从人与物的关系和人与人的关系出发，分为生产实践和交往实践两种基本的实践活动类型。这两者交叉互动，形成了物质生产和精神生产、物质交往与精神交往，他把实践内涵划分为认识论层面、价值论层面和本体论层面，它们分别与

① 参见张玉能：《新实践美学论》，北京：人民出版社 2007 年版。

② 参见薛富兴：《分化与突围》，北京：首都师范大学出版社 2006 年版，第 243 页。

真、善、美相对应。[①] 徐碧辉先生以实践特性为根据，把实践界定为人或人类与对象世界之间进行的一种物质的或精神的交流活动，三分实践为：基础（物质）实践、交往实践和精神实践。[②] 季水河先生则提出了与朱立元先生类似的全部社会活动实践观，认为实践是人类能动地协调自然和社会关系的全部活动，它应包括生产劳动、科学技术、文学艺术等一切物质与精神方面的活动。[③] 在他们这里，实践在逻辑上包容了从物质生活到精神生活的最一般性范畴，实践美学正显示着极为广阔的学术前景。

二、理论核心——创造自由论

刘纲纪依据马克思主义的有关论述，精审地区分了一般哲学意义上的自由与美学意义上的自由，他将美学意义上的自由的特征归结为三点：一是超功利性；二是合规律性与合目的性的统一；三是个人与社会的统一性。对美和美感的分析与认识，对艺术的本质特征的理解，都必须从自由的这三个特征出发，才可能得出合乎马克思主义实践美学思想的正确答案，一切关于美的问题就可能得到合理的解决。刘纲纪的这一与他人迥然有别的“创造自由论”，同他的“整体实践观”一样，是他实践论美学思想的核心范畴。

1. 自由的概念历程

自由是人类永恒的主题，历史上每一种真正的哲学几乎都涉及自由问题的探讨。而各种自由学说的根本分歧无不可归结于对自由含义的理解的差异上。孟德斯鸠在《论法的精神》中说过：“没有一个词比自由有更多的含义，并在人们意识中留下更过不同的印象了。”[④]翻开人类思想史，几乎每个思想家都颂扬自由，但究竟何谓自由，却是众说纷纭。据阿克顿统计，其定义竟有200余种之多：“自由是个具有两百种定义的概念。”[⑤]各种自由理论之争，说到底都可以归结为自由的概念之争。因此，艾伦·瑞安写道：“在那些力图劝使我们采用他们所喜欢的对自由本质的理解的人们之间，发生的却是一场无休止的概念之战。”[⑥]在

---

① 参见陶伯华：《美学前沿》，北京：中国人民大学出版社2003年版，第148—151页。

② 参见徐碧辉：《实践中的美学》，北京：学苑出版社2005年版，第199页。

③ 参见季水河：《阅读与阐释》，北京：中国社会科学出版社2004年版，第63页。

④ ［法］孟德斯鸠：《论法的精神》（上），张雁深译，北京：商务印书馆1961年版，第153页。

⑤ ［英］阿克顿：《自由与权力》，北京：商务印书馆2001年版，第14页。

⑥ ［美］戴维·米勒：《布莱维尔政治学百科全书》，北京：中国政法大学出版社1992年版，第271页。

马克思主义产生之前,人类对自由学说和自由思想的探求,经历了一个漫长的历史过程,那些丰富多彩的思想构成了自由学说史的一个个环节。

古希腊罗马时期的哲学家们对自由从不同方面作出了探讨,包含了自由理论发展的各种萌芽。尽管他们对自由的探讨都没有形成一个系统的理论体系,只是在论述其他哲学问题时附带涉及人的自由问题。赫拉克里特认为,人的自由应当服从那决定一切的命运的力量。世界的变化有一个不可抗拒的必然性或"逻各斯"(规律),不论人们是否理解它,它都是支配一切的主宰,人们只能认识它、遵从它。赫拉克里特自觉到了与自由相关的一些思想,肯定了人可以认识"逻各斯"(规律)并按照它行事。柏拉图着重把苏格拉底已经意识到的主观的思想自由原则进一步理论化,他把自由寄托在对感性欲求等具体实在的东西的摆脱和对普遍的抽象观念的沉思上。伊壁鸠鲁反对脱离现实的人的纯粹精神的自由,把自由理解为世俗的幸福,主张人应当自由地寻找和享受人生的快乐。从哲学上正式探讨自由问题是从中世纪的教父哲学开始的。教父哲学和后来的经院哲学对什么是自由和怎样获得自由进行了烦琐的论证,他们得出的结论是"上帝的意志是绝对自由",人只有信仰上帝,才能进入天国,才能获得自由。但这种宗教自由观于极端的唯心主义形式下,却一定程度上揭示了自由表现在主体行动中的两个重要特征:自由就是行动能够出于自我意愿,就是行动能够证实行动出发点的目的。斯宾诺莎针对宗教自由观否定外在必然性的观点,认为世界上一切事物都处在必然性之中,否定具有意志自由的人格上帝的存在,上帝仅仅是有着必然性的自然界的别名。他以此为出发点来研究人的自由,他认为,尽管人作为自然的一部分受自然界的因果关系制约,并不比一块石头更自由,但只要通过心灵理解必然,控制情感就可以达到自由,他提出了"自由就是对必然的认识"的重要命题,把必然与自由联系起来,极大地影响了后人。但他把人的自由理解为仅仅是对必然的认识,从而使人处于安天乐命的宿命论之中。

在康德的哲学体系中,自由无疑处于一个核心的位置。自由在于人内在地自我决定和自觉自愿的行动,不受外力强制与束缚,因此自由超越因果关系和决定论。而自然领域受因果关系的制约没有自由,只有在道德领域,人作为道德主体,按照自己为自己确立的道德律令,按照"应当"去行动,才是真正的自由。康德对自由概念做了先验的自由、实践的自由和自由感三个层次的分殊。将自由归之于实践理性领域。在以二律背反为基本要旨的批判哲学的指导下,康德对自由的讨论紧紧围绕着矛盾展开。在自然与自由之间,康德选择了自由,突出了理性的重要作用;在自由与秩序之间,康德提升了自由,张扬了人权的基础性地位。解决自由与必然之间的关系是康德自由观得以形成的基础,通过道德的规定性,康德为自由找到了依据。这样,康德就能够将自由从必然性的事实领域中解放出来,在价值领域中强调人的主观能动性,从而显露了自由的重要价值。然而,康德亦不否认必然性在自由的规定性中所起的作用。他指出:"自由必须不被认为无定律,自由不过是不服从自然的定律罢了,自由的原因必须遵照不变的定律发生作用。"①康德从自由与必然的二元对立来探讨自由的含义,这深刻地影响到了后来的黑格尔以及马克思等人对自由的认识路径。

黑格尔对康德哲学的批判最根本的一点,就在于取消了自在之物和现象的区分。在黑格尔这里,随着自在之物和现象的区分的取消,康德的三种自由即可能的自由(先验的自由)、必然的自由(实践的自由)和现实的自由(自由感和自由权)便融为一体,经过了历史主义的根本改造,成为了同一个自由概念本身发展的各个不同阶段;并且这三个阶段不但体现了自由概念本身的逻辑层次,而且展示为人类自由精神发展的历史过程。黑格尔不满意康德把人的自由停留在"应当"阶段,认为就观念的自我决定而言,自由是观念在现实中的自我实现,强调必须把目的包括在自由之内,这样自由就具有了自愿的特征;就观念能够实现自身而言,绝对理念就是概念和客观性的统一,思维与客观世界具有内在的统一性,自由能意识到扬弃自身片面性和对象片面性,从而实现自身目的的活动,因此具有自觉的特征,自由是自愿与自觉的统一。费尔巴哈从唯物主义的立场上论述了自由是可能性向现实性的必然转变,他对自由包含着内在矛盾因素的统一的理解,建立在现实人的现实活动的基础之上,使自由这一范畴的辩证法内容在唯物主义基础上深化了一步。

马克思批判地继承了哲学史上对自由的各种合理观点,把对自由的理解建立在实践基础之上,从而翻开了自由观崭新的一页。他对"自由"的理解主要见于《1844年经济学哲学手稿》、《资本论》,以及《经济学手稿》等论著,其与"自由"范畴相关的概念主要有:"自由时间"、"自由的劳动"、"自由与必然",等等。

马克思认为,自由绝不等于轻松自在,因此"自由的劳动"绝不是说劳动仅仅是一种娱乐和消遣,真正的自由劳动,例如作曲,同时也是非常严肃、极其紧张的事情。这里自由意味着对规律的把握和运用,即对外在目的的超越。劳动过程中对障碍的克服本身就是自由的实现,因此劳动者对劳动的要求其实体现着他在精神领域内对自由的追求。马克思说:"诚然,劳动尺度本身在这里是由外

① [德]康德:《实践理性批判》,韩水法译,北京:商务印书馆1999年版,第132页。

面提供的,是由必须达到的目的和为达到这个目的而必须由劳动来克服的那些障碍所提供的。但是克服这种障碍本身,就是自由的实现,而且进一步说,外在目的失掉了单纯外在必然性的外观,被看做是个人自我提出的目的,因而被看做自我实现,主体的物化,也就是实在的自由,而这种自由见之于活动恰恰就是劳动,这些也是亚当·斯密料想不到的。"①恩格斯在《反杜林论》中则进一步提出,不仅在劳动实践中,而且在人类认识世界的实践活动中,都体现着精神领域里的一定的自由。恩格斯说:"自由不在于幻想中摆脱自然规律而独立,而在于认识这些规律,从而能够有计划地使自然规律为一定的目的服务……因此,自由是在于根据对自然界的必然性的认识来支配我们自己和外部自然界,因此它必然是历史发展的产物。"②

在《1844 年经济学哲学手稿》中,马克思更明确地把自由理解为对自然规律的超越和主动性的获得。他说:"动物只是在直接的肉体需要的支配下进行生产,而人甚至不受肉体需要的支配也进行生产,并且只有不受这种需要的支配时才进行真正的生产;动物只生产自身,而人再生产整个自然界;动物的产品直接同它的肉体相联系,而人则自由地对待自己的产品。"③因为人类对待世界可以如此自由和主动,所以人类可以按照"美的规律"建造自己的产品。

马克思和恩格斯在《共产党宣言》中也谈到了自由:"代替那存在着阶级和阶级对立的资产阶级旧社会的,将是这样一个联合体,在那里,每个人的自由发展是一切人的自由发展的条件。"④马克思在这里提出,在实现了人类的完全的政治自由之后,人类的自由实践达到了社会性与个体性的完全统一。他所描述的共产主义的图景是人类最理想的生存环境,到那时将建立一种类似于审美关系的社会关系,人们的自由行为本身也将成为一种美的行为,生活中将处处是美。此外,马克思还多次提到资产阶级的自由竞争是资本的自由,而不是工人的自由,奴隶主的自由恰恰是奴隶的不自由。这实际上提出了自由的相对性与阶级性问题。

马克思还认为,不管生产力如何发达,物质生产劳动的领域归根到底仍然属于必然王国,人类也不可能穷尽必然王国的所有奥秘,真正的自由王国只存在于必然王国的彼岸。但马克思并不否认在物质生产领域内也存在自由。马克思

---

① 《马克思恩格斯全集》第 46 卷下,北京:人民出版社 1979 年版,第 112 页。

② 《马克思恩格斯选集》第 3 卷,北京:人民出版社 1995 年版,第 455 页。

③ 《马克思恩格斯全集》第 42 卷,北京:人民出版社 1979 年版,第 97 页。

④ 《马克思恩格斯选集》第 1 卷,北京:人民出版社 1995 年版,第 294 页。

说:"自由王国只是在由必需和外在目的规定要的劳动终止的地方才开始;因而按照事物的本性来说,它存在于真正物质生产的彼岸。……自然必然性的王国会随着人的发展而扩大……但不管怎样,这个领域始终是一个必然王国。在这个必然王国的彼岸,作为目的本身的人类能力的发展,真正的自由王国,就开始了。但是,这个自由王国只有建立在必然王国的基础上,才能繁荣起来。"①马克思这里明确把自由分为"必然王国领域内的自由"和"真正的自由王国"。把"必然王国"明确地称为"自然必然性的王国",因此必然王国应当是指自然世界、物质世界。而在必然王国彼岸的"真正的自由王国"应当存在于人的精神领域,指的是人的精神自由,而且是指超越外在目的、以人的自身发展为目的的高层次的精神自由。毛泽东对此曾做过进一步的阐明:"必然王国之变为自由王国时必须经过认识与改造两个过程的。……'自由是必然的认识'——这是旧哲学的命题,'自由是必然的认识和世界的改造'——这是马克思主义的命题。"②所有这些,都为刘纲纪对美的自由的理解与阐释提供了科学的理论基础。

2. 刘纲纪的"自由"内涵

美与自由,自由与美,总是密不可分地联系在一起的。"撇开自由或把自由边缘化而去探讨美的问题,不论你把审美心理剖析得如何细致,把审美对象描绘得如何惟妙惟肖,把心理体系搭建得如何严密,都不过是无聊的语言游戏。"③有所建树的美学家们都一直把两者放在一起去论说他们对美的体会和理解,以期彰明人类审美活动的广泛深刻的人文价值。当代中国美学也基本上都把美和人的自由联系在一起讨论,李泽厚、高尔泰、蒋孔阳、周来祥等人,无不以自由论美的本质。实际上,"自由"对于20世纪80年代的中国美学界,不是任何一个人独特个性化的学术追求,而是那个时代的一种集体无意识,我们既可以把它理解为德国古典哲学在中国美学上的烙痕,也可以理解为开放之初解放思想、舒展人性的启蒙精神。离开"自由"范畴,无论李泽厚、蒋孔阳、周来祥等人,还是刘纲纪的实践本体论美学,都将无以建树,以至于有学者认为"实践美学又可以视为自由美学"。④ 在对美本质的解说上,李泽厚说"美是自由的形式",高尔泰说"美是自由的象征",蒋孔阳说"美是自由的形象",周来祥的"美是和谐"也可以表达为"美是和谐的自由"或"美是和谐自由",自由都是他们美学思想的核心

① 《马克思恩格斯全集》第25卷,北京:人民出版社1974年版,第926—927页。

② 《自由是必然的认识和世界的改造》,《人民日报》1983年12月25日。

③ 俞吾金:《实践诠释学》,昆明:云南人民出版社2001年版,第382页。

④ 薛富兴:《分化与突围》,北京:首都师范大学出版社2006年版,200页。

范畴。

实践美学之实践,是审美活动的基础与根源,但审美活动毕竟不是实践活动,由实践过渡到审美还需要中介环节。阎国忠曾说过:"李泽厚、朱光潜、蒋孔阳之间的分歧,他们各自的成果与局限,都是在处理这个中介环节中体现出来。"①实际上,不仅仅是什么中介问题,更重要的是对相同的中介怎么理解与阐释的问题。

李泽厚说:"如果说,现实对实践的肯定是美的内容,那么,自由的形式便是美的形式。就内容言,美是现实以自由形式对实践的肯定;就形式言,美是现实肯定实践的自由形式。"②"从主体性实践哲学看,自由是由于对必然的支配,使人具有普遍形式的力量。因此,主体面对任何个别对象便是自由的。这里所谓形式,首先是种主动造形的力量。其次才是表现在对象外观上的形式规律或性能。所以,所谓'自由的形式',也首先指的是掌握或符合客观规律的物质现实性的活动过程和活动力量。美作为自由的形式,首先是指这种合目的性(善)与合规律性(真)相统一的实践活动和实践过程。它首先是能实现目的的客观物质性的现实活动,然后是这种现实的成果、产品或痕迹。"③显然,李泽厚的自由指的是掌握或符合客观规律的活动过程和活动力量。

学术界多把高尔泰先生的美学称之为"自由美学"。他说:"美的形式是自由的信息,是自由的符号,或者符号信号的符号信号,即所谓象征。……美是自由的象征,所以一切对于自由的描述,或者定义,都一概同样适用于美。"④他对美的论证似乎是这样一个三段论的逻辑:大前提:人的本质是自由;小前提:美是人的本质的对象化;结论:美是自由的象征。可见,自由据于非常重要的核心地位,但他的自由是什么呢?高尔泰依据斯宾诺莎以来的传统哲学观念,将自由界定为"认识和把握了的必然性,他首先是一种认识、一种意向、一种包含着目的、意识、趋向在内的主体心理状况……其次是一种手段"⑤。显然,这一意义上的自由本身仍属于认识论范围,不具有形而上的性质。在形而上的意义上,自由是人的本质,是生命的本体,亦即马克思所讲的把人与动物区分开来的"自由自觉的活动"的类的本质。如果这样来理解自由,那么审美活动作为"自由的象征",

① 阎国忠等:《美学建构中的尝试与问题》,合肥:安徽教育出版社2001年版,第209页。

② 李泽厚:《美学旧作集》,天津社会科学院出版社2002年版,第98页。

③ 李泽厚:《美学三书·美学四讲》,合肥:安徽文艺出版社1999年版,第482页。

④ 高尔泰:《论美》,甘肃人民出版社1985年版,第35页。

⑤ 高尔泰:《美是自由的象征》,北京:人民文学出版社1986年版,第44页。

便是人的自由本性的敞显或实现，而不仅仅是对外在必然性的认识与把握。当然，高尔泰在对自由的讨论中也有形而上的层面，但他没有把这个意义上的自由与认识论上的自由加以区分。对于高尔泰的观点，李泽厚分析道："自由如果只是象征、愿望、空想，老实说，那是锁闭在个体心意内部的可怜的自由，虚幻的主观的'自由'。……所以，自由（人的本质）与自由的形式（美的本质）并不是天赐的，也不是主观愿望、意志所能给予的，它是人类和个体通过长期实践所自己建立起来的。"①由于高尔泰没有意识到自由的无目的而合目的的形上意义的一面，即超越认识、意向和现实的心理状况的一面，因此他的美学还没有涉及康德的审美理念、黑格尔的最高旨趣和马斯洛的终极关怀，仅仅成了有限心灵的自我表白，距真正的审美自由尚有不小的差距。

蒋孔阳认为，美都是通过形象体现出来的，但形象却不一定都美，什么样的形象是美的呢？美的形象是自由的形象。蒋孔阳说："美的形象，应当都是自由的形象。它除了能够给我们带来愉快感、满足感和和谐感之外，还应当能够给我们带来自由感。比较起来，自由感是审美的最高境界，因此，美都应当是自由的形象。"②在蒋孔阳看来，美和自由具有同等的意义，自由就是美的最高理想。总体上，自由是一个外延很广的概念，既可以是政治上的独立，也可以是公民独立身份的获得，也可以是对于物质束缚的解脱，又可以是对于客观必然的认识，还可以是个体内在精神上的自由，从蒋孔阳的论述看，这几个方面的含义都有，但蒋孔阳对于"自由"的理解，主要在两个层面上体现出来：一是在最基础的层面上，从人与自然的关系中把握自由，自由就是合目的性与合规律性的统一；二是自由更是人在精神上的自由。蒋孔阳认为，自由是合规律性与合目的性的统一，还只是外在的自由，真正的内在的自由还体现在主体的精神自由，这也就是审美的自由。蒋孔阳从康德那里得到启发，把对自由的理解转向精神的层面，认为仅仅有外在的自由还是不够的，还要有内心的和人格的自由。正因为如此，朱立元说："关于'自由'，蒋先生的理解也远远超越了认识论的视野，即不把自由仅看成对客观世界必然性的认识；而是从人的实践活动角度，把自由看做人力图不断从自己处处受到的多方面的（心生理上、物质上到社会的道德、法律、政治、经济等等关系上）限制和束缚中解放出来的愿望、目标与理想。"③

---

① 李泽厚：《李泽厚哲学美学文集》，长沙：湖南人民出版社1985年版，第464—465页。

② 《蒋孔阳全集》第3卷，合肥：安徽教育出版社1999年版，第205页。

③ 复旦大学文艺学美学研究中心编：《美学与艺术评论》第六集，上海：复旦大学出版社2002年版，第79页。

把周来祥的美学称做"和谐说"是一种非常简略的称谓,它应当表达为"美是和谐的自由"或"美是和谐自由"。他认为,美的和谐自由的本质源于人的和谐自由的本质,而人的自由的本质,又源于社会实践的普遍的自由自觉的本质,"我认为美是和谐,使人和自然、主体和客体、感性和理性、实践活动的合目的性和客观世界的规律性的和谐统一。美是和谐的自由。"①"人的劳动实践,人的本质力量对象化,是美产生的根源和一般的本质,和谐自由则是美的根本特征。美的特征也是美的本质的表现,和谐是人与自然、主体与客体、合目的性与合规律性的统一,这和谐的统一也就是自由。"②周来祥总是喜欢把和谐同自由并提,是因为光和谐不足以表达他对美的理解,他用自由,用真与善、自由与必然来界定美、审美、和谐的独特内涵,在他那里,"和谐就是自由,自由就是审美。在这个意义上,似又将和谐美学称之为自由美学。"③可见,自由就是和谐,就是人与自然、主体与客体、合目的性与合规律性的统一。但这种说法未免有点空泛,而且,随着"和谐美学"进入自觉追求逻辑与历史相统一的时期,亦即"从抽象上升到具体"的自我深化时期,周来祥的古代、现代、近代的美的历史形态都作为和谐之美的历史变相,其"和谐"的内涵进一步扩大为欲意谋求精神现象界重新统一的范畴时,自由也就失去了审美的专属区域,变得更难以确认了。

毫无疑问,"自由"在刘纲纪的实践本体论美学思想中占有极其重要的地位,与"实践"一样,自由是建构了他与众不同的独特美学体系两大基石之一。"分析美的本质实际上也就是分析那从人类生活的实践创造而来的人的自由的本质及其具体的表现。在这里,对人的自由的本质及其表现的具体历史的分析,是解决问题的核心所在。确定了我们在这里所说的自由是什么,同时也就确定了美是什么。"④正是对自由的独特的理解与分析,刘纲纪才形成了与当代其他美学家卓然有异的美的本质说。那么,在他看来,自由是什么呢?

刘纲纪从马克思主义哲学关于自由的基本规定,即"自由是人对客观世界必然性的认识和实际支配"作为理解自由的根本指导思想出发来深入分析自由的本质的。刘纲纪在阐释"自由"这个核心范畴时,突出地做了几件工作:一是从对劳动的分析中把握劳动的自由的本质,分析了自由作为从实践到美的中介的历史过程;二是从对美的分析中把握自由的本质;三是区别了一般自由与审美

---

① 周来祥:《美学问题论稿》,西安:陕西人民出版社 1984 年版,第 30 页。
② 周来祥:《美学问题论稿》,西安:陕西人民出版社 1984 年版,第 83 页。
③ 薛富兴:《分化与突围》,北京:首都师范大学出版社 2006 年版,278 页。
④ 刘纲纪:《艺术哲学》,武汉:武汉大学出版社 2006 年版,第 318 页。

自由，顺理成章地从美学意义上界定了“自由”的含义。

实践的创造性与自由是内在地联系在一起的。刘纲纪说：“自由是创造的产物，创造则是自由的表现。”①实践创造与自由密不可分的联系，在人类的物质生产劳动中表现得最为清楚，所以他从马克思的有关论述中引出劳动的自由本质。马克思说：“诚然，劳动尺度本身在这里是由外面提供的，是由必须达到的目的和为达到这个目的而必须由劳动来克服的那些障碍所提供的。但是克服这种障碍本身，就是自由的实现，而且进一步说，外在目的失掉了单纯外在必然性的外观，被看做个人自己自我提出的目的，因而被看做自我实现，主体的物化，也就是实在的自由，——而这种自由见之于活动恰恰就是劳动。”②刘纲纪从这里引出了对劳动自由本质的两个方面的分析：第一，劳动作为对那些妨碍人的目的达到的东西的克服，本身就是自由的实现，第二，人在劳动中所要达到的目的有两种情况，一种是迫于单纯的生存需要，带有外在的强制性。另一种则不仅仅是迫于生存需要，它同时还是劳动者自身提出的目的，劳动者对这个目的的实现本身就有兴趣。换言之，这时候劳动不再是单纯谋生的手段，而成为劳动者全面发展他的智慧和才能，创造他的生活的手段。这时，人的个性才能的自由发展本身成了劳动的目的，劳动不是由外在目的、外在必然性所决定，而是由内在目的、内在必然性所决定的；不是为他的，而是自为的。因此，它所表现出来的自由，比那种单纯为了生存需要而克服外部障碍所取得的自由更进了一步，在更深刻的意义上表现了人的劳动的自由的本质。“由于劳动是人的自由的活动，同时劳动又是人与动物的本质区别所在，由此必然得出结论：自由是人的本质。”③如何理解人的自由呢？刘纲纪认为，第一，自由是对必然的认识和支配，不能脱离客观必然性去讲人的自由；第二，人的自由是以物质生产劳动为基础的，是人类劳动本身所具有的特性，因此是随着物质生产劳动和与之相联的人的社会关系（首先是生产关系）的发展而发展的。正是在这两个根本的前提下，马克思才确认自由是人的本质，把自由完全放在物质现实的基础上。

由于“分析美的本质实际上也就是分析那从人类生活的实践创造而来的人的自由的本质及其具体的表现”，所以，对美的本质的分析也就是考察自由的本质。由于劳动是人的自由的活动，实践的创造性与自由是内在地联系在一起的，

① 刘纲纪：《艺术哲学》，武汉：武汉大学出版社2006年版，第137页。

② 《马克思恩格斯全集》第46卷下，北京：人民出版社1980年版，第112页。

③ 刘纲纪：《艺术哲学》，武汉：武汉大学出版社2006年版，第141页。

自由是人的本质。因而,自由一方面是人的创造性活动所取得的成果,另一方面也是实践活动作为创造性活动的本质规定。也正因此,在实践活动的创造性中人才能获得一种"自由的愉快",而这种"自由的愉快"也正是美感的实质。所以,美就是这种自由的感性具体的表现。刘纲纪说:"劳动,作为具体劳动(经济学意义上的),创造出一个产品的使用价值;作为抽象劳动(同样是经济学意义上的),创造出一个产品的交换价值;作为人类支配自然的创造性的自由的活动,创造出一个产品的审美价值。我认为这正是马克思所说的'劳动创造了美'的真实含义。"①这不仅揭示了劳动与人类生活各种价值的内在必然联系,而且抓着了"劳动创造了美,指的是人改造自然的创造性的自由的活动"这一关键,同时也蕴含了人类的自由扩展(对直接功利需要的超越)及劳动产品成为美的对象的历史转变过程。对此,刘纲纪进行了三点概括说明:总括我们对美的本质的所有分析,包括这样三个方面。第一,基于人类物质生产实践所具有的创造性,分析了实践中如何产生出美,指出了美属于自由王国领域,它是以实践为基础,超越了生存需要满足的,人的个性才能的自由发展的感性表现。第二,从实践的社会性出发,分析了美的本质同个人与社会的联系。第三,从实践的合规律性与合目的性出发分析了美的本质同合规律性与合目的性的关系。而这其中,超出生存满足范围,和人的个性才能的自由发展相联是对美的本质的两个关键性的规定。接着,刘纲纪还进一步分析了人的个性才能的自由发展的表现:第一,表现在人改变自然事物或社会事物的创造的智慧、才能和力量中。第二,表现在个人与他人的社会关系中。第三,表现在人赖以生存的周围自然界中。这里同样是运用了历史和逻辑相统一的和从抽象到具体的科学研究方法,这些文字都已经包含了刘纲纪对自由概念的明确规定。

刘纲纪指出,从马克思主义的观点来看,自由是人对客观必然性的认识和实际支配,这是人类全部哲学史上对自由的唯一正确的理解,也是马克思主义关于自由问题上与一切唯心主义和机械唯物主义的根本区别所在。马克思主义哲学对自由的基本看法,是解决以自由为其本质特征的美的问题的根本指导思想,但仅仅停留在这个一般性的看法上还是运远不够的,必须在美学意义上予以明确界定。在《美——从必然到自由的飞跃》中,刘纲纪第一次明确界定了美学意义上的自由的三个基本特征。

第一,美学意义上的自由已经超越了物质生活需要满足的范围。哲学意义

---

① 刘纲纪:《美学与哲学》,武汉:武汉大学出版社2006年版,第34页。

上的自由包括人类生活的一切领域,美学上所说的自由是以人类物质生活的满足为基础,但又已经超越了物质生活的满足的领域,而且,即使是在满足人的物质生活需要范围内的美的事物的美也并不是仅仅来自需要的满足,而是来自这满足需要的事物的取得显示了人改造世界支配客观必然性的智慧和才能。

第二,美学意义上的自由是对客观必然性的一种创造性的掌握和支配。仅仅遵循和符合必然性并不产生美,只有既符合客观必然性又不受客观必然性所束缚的创造性的活动才能产生美,而且这种创造性与不同的个性相联系,是个体所特有的独创性的表现。

第三,美学意义上的自由是个人与社会高度统一的实现。由于人只能生活在一定的社会关系中,因此人的自由的实现同人的相互依存的社会性不能分离,美产生于个人与社会达到统一的地方。

刘纲纪进一步申明,在这三者之中,对必然的认知和支配是基础,但如果个人与社会的矛盾得不到解决,那么人对必然的认知和支配常常并不能给大多数人带来自由,美的超功利性也很难实现。所以:

> 真正说来,最为重要的是个人与社会的统一问题,但这个统一的实现又是为生产力的发展所决定的,而必须以对客观必然性的认知和支配为条件。另外,我们在认识这三重意义的自由时,处处要看到它又一个根本特征,那就属必须感性具体地落实到个体的身上,同个体的个性不能分离。只有这样的一种自由,才是审美意义上的自由。①

这样看来,刘纲纪对美学意义上的自由含义就有了历史动态的和逻辑静态的、高度抽象的和社会具体的相统一的明确理解,自由这个概念在概括美的本质过程中就显示了它的巨大生命力——普适性、历史感、逻辑性、具体性。

为了更清楚地阐明它对美学意义上的自由的界说,刘纲纪进一步区分了美学意义上的自由与一般自由。他说:“自由作为一个哲学范畴来看,不应当同一般所说的政治自由、贸易自由、恋爱自由等完全混为一谈。因为这一类的自由只是说人们在一定条件下又作出自由选择的权利,并不意味着这种自由就必定是人对客观必然性的认识和实际的支配。”②美学意义上的自由与政治上、伦理道

① 刘纲纪:《美学与哲学》,武汉:武汉大学出版社2006年版,第236页。

② 刘纲纪:《美学与哲学》,武汉:武汉大学出版社2006年版,第76页。

德上所讲的自由主要有两点区别:首先,在这种自由里,人感到社会的伦理道德、政治法律等要求是同他作为感性存在的个性、欲望、需要、理想等是完全一致的,他的自由的实现,只有在这些要求的实现中才能得到充分完满的肯定。也就是说,美学意义上的自由,是一种从人的个性、欲望、需要、理想等的实现中直接感受到的自由,不同于仅仅在理智上认识到的抽象的自由。其次,由于个体与社会达到了上述的高度统一,因此个体与他人就达到了协调和统一,这种自由就是超越任何一己功利需要的、可与人共享的自由。由于审美中的自由是在精神层次上实现的,是通过对现存的作为真善统一体的美的再发现、再感受而达到的,所以客体对象本身已是人的自由创造物,而不是有待认识和改造的外在于人的异己物,而审美主体也能够摆脱狭隘的功利目的,故主体与客体能真正达到最完美的统一。通过审美方式实现的自由最切近自由的原生意义,是最纯粹、最高形式的自由。

对自由作出科学的界说并不意味着理解之旅的结束,在刘纲纪看来,审美的自由不仅有上述三种意义的规定性,而且还有感性具体显现的形式。当人对客观必然规律掌握和运用并显现为创造性活动时,自由也就成为了美。审美的形式作为自由的形式具有下列特征:(1)人的自由的实现不能违背客观规律,因此美的形式是一种合规律的形式,具有合规律性。(2)人的自由的实现在于掌握利用客观规律,因此美的形式不仅具有合规律性,而且具有合目的性,并且是这两者的统一。(3)美学意义上的自由是人对客观规律的一种创造性的掌握和运用,因此美的形式的合规律性和合目的性的统一是无限变化多样的统一。(4)美的形式是人的自由的感性表现,因此它体现了人的情感、愿望和理想。于是美的形式是一种有情的形式。自由的这种形式,实际上就是自由在不同对象上的物化。它表现为这样几种不同形态:第一形态,在人的劳动和劳动产品上的物化,它包括一切和人类物质生活需要的满足相联系的美。在这种形态之后又产生了另一形态的物化——艺术;第二形态,在人的社会关系中的物化,它包含一切超出物质生活需要满足的社会生活中的美;第三种形态:以上述两种形态为基础,由此产生出来的自由在不是作为劳动对象而是作为观赏对象的整个自然界中的物化,它包含一切所谓的"自然美"。

刘纲纪对自由的区分和理解,不是一蹴而就的,是他长期以来对马克思主义哲学的深刻领悟和总结,他的美学意义上的自由是对哲学意义上的自由的进一步申论,其形成都有一个较长的历史过程,是刘纲纪几十年来深思熟虑的结果。早在 1962 年刘纲纪就提出了"自由"这一概念,即使后来离开学术岗位下放劳动时，他也依然在思考着这个问题。他回忆说：

> 一九六二年，我参加了王朝闻同志主编的《美学概论》的编写工作，在一次讨论美的本质问题如何写的会上，我贸然地提出了美是以实践为基础的人的自由的表现。这实在是已隐藏在我心中多年的一个基本想法。记得当时洪毅然先生说，这说法太空泛。其他同志不置可否，接着就扯到别的方面去了。……“文化大革命”中，当我在襄阳放鸭子的时候，一面让鸭子在小河里觅食，一面就对着田野默想马克思、黑格尔、美和自由的关系，等等。①

审美意义上的自由的三大特征的思想较早在他的《美学对话》(1983 年版)中表现出来，以后，他在写毕于1984 年7 月的《艺术哲学》里又对关于自由的含义进行了进一步的阐发，但真正第一次明确提出，则在这一年冬天所写的《美——从必然到自由的飞跃》中了。对自由所做的论述，不少实践论美学家都不同程度地存在大而言之、概而言之的问题，也许在很多人看来，这是一个不言自明的概念。刘纲纪在中国当代马克思主义美学家里第一个如此明晰地加以厘定，较完整地表诠了马克思的自由范畴在审美意义上的内涵，从而使对美的本质的解释变得更合理了，对美的现象的理解一下子显豁了，这正是刘纲纪这一理论贡献的突出之处。

3. 自由之再思考

对自由的界说，一般认为有两种，其一，自由是法律范围内按自己的意志活动的权利，此即所谓政治学意义上的自由。其二，自由是对必然的认识和对世界的改造，此即所谓哲学意义上的自由。这两种界说都具有较大的真理性，并得到了广泛的认同，但是这两者的分立本身就表明了它们都不是自由概念最高层次的界定，它们虽然从不同的角度深刻地揭示了自由的内涵，但它们都是不全面的，不能涵盖自由的所有形式。在邓晓芒和易中天两位先生看来，哲学上的自由实际上包含三种含义：认识的自由、意志的自由和自由感。认识的自由基于自由是对必然的认识，这是马克思、恩格斯在斯宾诺莎和黑格尔理论的基础上对自由的辩证定义；意志的自由，即自由是对主、客世界的改造，这是马克思主义实践论对自由的本体论的定义；自由感，即自由是个人的情感得到对象的充分肯定而扩

① 刘纲纪：《美学与哲学》，武汉：武汉大学出版社2006 年版，“旧序”第3 页。

展为全社会的情感，这是马克思从共产主义理论中逻辑地引申出来的对自由的现象学定义。在这三种对自由的定义中认识的自由似乎是意志自由的前提，意志的自由又似乎是自由感的前提，因为没有对必然的认识就没有对主客观世界进行改造，个人的情感也就无法与自然和社会相容，人也就得不到自由感。但从人的主体精神来看，"自由感作为人类一切活动的最终目的，本身倒是一切人是自由和实践自由的前提，认识和实践自由则是为了获得人的自由感的手段。"①因为对人来说，没有自由感，任何自由终归是不现实的和异化了的，在人的精神现象上，自由感是自由对人的最直接、最具完整意义的呈现。

在张玉能先生看来，在美学上，按照实践唯物主义即马克思主义的观点，自由的含义大致可以归纳为四个方面：在哲学上，自由指人们认识了客观规律并用来改造客观世界；在道德上，自由指个人认识社会关系的客观规律并根据相应认识抉择行为方向和路线的主观能力；在政治上，自由指社会关系中受到保障或得到认可的按照自己的意志进行活动的权利。他进一步指出，上述四点，第一，规定美的本质的"自由"应指合规律性和合目的性的统一。第二，规定美的本质的"自由"应指以感性形象显示出来的自由。第三，规定美的本质的"自由"应指超越或扬弃了直接的物质功利目的的自由。第四，规定美的本质的"自由"应指个体与社会的统一。② 这些论述，与邓晓芒和易中天等人的观点一起，都可以视为对刘纲纪自由观的进一步正确阐发。

不仅如此，如果从一般哲学的意义上看，自由所对应的不仅是必然范畴，还应该有限制这一范畴。人的本性之一就是追求自由，也就是追求不受限制或无限，人的这种本性取决于人具有理性，具有对限制进行否定的能力。正是这一本性决定了人需求的无限，这是人类社会生产力无止境向前发展的动因。

自由是对必然的认识，而在某种意义上看，对必然的认识只是实现自由的手段，因此，不应当把自由—必然作为唯一相互对应的范畴。与自由相对的必然的含义是指人受它物决定，所以，自由与必然的关系，就是人自己与他物的关系，或者是自在与自为、自发与自觉、认识与认识对象也就是能动与被动的关系。这在强调人的主观能动性上具有重要的理论意义，但这样的规定，对于历史中人所追求自由的本性来说，对人于美的无限追求的理想来说，存在着一定的局限性。与

① 邓晓芒、易中天：《黄与蓝的交响——中西美学比较论》，北京：人民文学出版社1999年版，第476页。

② 参见张玉能：《美学坚持实践观点，发展中国美学》，《社会科学战线》1994年第4期。

必然相对的自由,是通过对它物(自然)的认识并加以改造,使之变成为人的东西;而与限制相对的自由,是指不仅把它物变成为人的东西,或人自己的东西,而且还要把已经变为自己的东西进行再否定。因为,按照思辨辩证逻辑自身相异律,具体的自由本身就是不自由或限制,是自由与限制的统一,人所追求的具体自由总是有限制的,他的本性使他在这一自由获得之后还要进行否定,突破原有的限制,从而使自由不断有较低级的自由向较高级的自由迈进。从与必然相对的自由来说,人类社会是由不自由向自由发展,并通过发展而达到自由;而从与限制相对应的自由来说,人类社会是由低级的自由向高级的自由发展,并通过发展向绝对自由逼近。

从这个意义上来理解自由,或许可以使内含于马克思主义自由观之中隐而未显的另一维度彰示出来,对于我们全面领会马克思主义美学意义上的自由观点,进而更科学合理地阐释美与自由的关系以及美的木质可能会有所裨益。

第四章 实践本体论视界里的美与美感

一般而论，当追问美学是一门什么样的学科，主要研究哪些问题的时候，我们总会以王朝闻的《美学概论》、李泽厚的《美学四讲》等标准型的美学原理著作为圭臬，这些著作在很大程度上影响和规范了以后的诸多美学原理著作，它们的概念范畴、体系结构代表了中国美学原理著作的基本面貌。据张法、王旭晓主编的《美学原理》对127册标准型著作的统计分析，这些著作中讲述最多的内容依次为：美、美感、艺术、美学学科、美育五部分。① 由于美育是原理的运用而不是原理的一部分，“美学学科”是整体介绍性部分，不是原理构成，其他著作如叶朗先生的《现代美学体系》中的八大块更难于从原理角度统一起来，因此可以看出，被共同讲述的主要是三大块的内容：美、美感和艺术。这是建立在西方古典—苏联式思维模式基础上的哲学范式，由于它们是由以马克思主义实践观美学原理指导下的《美学概论》和《美学四讲》为范本的，所以，可以说这种现象的存在是在实践美学的影响下形成的。实践美学是在德国古典美学的主客二分思维和苏联理论模式影响下，以马克思主义的唯物实践论和中国传统的综合性思维方式指导下形成的理论形态，在三大块理论范式里，既相对独立，又紧密联系，把复杂的互渗互织的三大内容逻辑地连贯统合起来，成为中国美学原理论述的主流形式，而对美的本质和美感的言说自然也是刘纲纪实践本体论美学视界中的最主要部分。

应当说，在美学原理三大内容论述的结构体系上，刘纲纪的美学视野还未摆脱王朝闻的影响，是在西方古典美学思维模式的规范之中进行的，但对这三大板块的具体阐发和论证，则是在其实践本体论思想的指导之下，批判吸收和综合运用康德、黑格尔等人的美学观点，别开生面地走出了与李泽厚等迥然不同的另一条理路，也正是因此，后实践美学才一直批评他“不符合实践美学主要代表人物

---

① 参见张法、王旭晓主编：《美学原理》，北京：中国人民大学出版社2005年版，第24页。

（指李泽厚——引者注）的观点”①。

第一节　论美：美是自由的感性显现

美的本质，就是决定社会、自然、艺术中的各种表面看起来完全不同的东西能够被称为美的最后原因或根据。就中国20世纪80年代至2002年所出版的127册标准型美学原理著作中，在“美的本质”问题上，美学体系中表现出了大约五种言说方式，或谈美的本质、审美对象的本质、审美活动的本质、审美的本质，或根本不谈本质问题。这里边，有114册谈到了美的本质，占总量的90%。② 而这些著作中，对美的本质的理解尽管大多数是以马克思主义美学为其思想基础，但由于对马克思主义哲学和美学的见解都不尽相同，因此，他们的解说也各有所异，呈现出较为繁杂的理论景观。刘纲纪的美的本质论，是建立在实践本体论的基础之上的，在本源与本质、本质与现象之中进行了深刻的分析，从而理出了一条通向美的本质的理论之路。他首先重新解读了马克思“劳动创造了美”这一经典命题，对它进行了现象学的还原，使这一命题具体化、明晰化，然后以“自由”为核心，作为从实践到美之间的中介环节，把美界定为人在改造世界的实践创造中所取得的自由的感性具体的表现，依据实践的两种阶段把美分为纯粹美和非纯粹意义上的美两种表现形式，把美的构成分解为人的自由和具体感性形式两部分，指出和论证了美的客观性、主客观统一性和美的二重性；在美与真、善的关系上，提出了美是达到了自由境界的真与善的统一；在美的形态上，他把美分为现实美和艺术美两大类型；在美的范畴中，他把美分为优美、崇高、悲剧和喜剧等。这样，他对美的本质进行了系统深刻、科学合理的阐明，作出了与李泽厚的“美是自由的形式”、蒋孔阳的“美是自由的形象”、高尔泰的“美是自由的象征”、周来祥的“美是和谐”等判然有别的崭新界说，丰富和发展了马克思主义实践观美学思想，从而与他对美感的阐释一起，构成了他美学思想中最重要的核心部分。

一、美的根源论——劳动的现象学还原和美的发生学阐释

对于美的本质问题，刘纲纪向来是高度注重的，他说：“美的本质问题的解

① 杨春时：《审美的超实践性与超理性——与刘纲纪先生商榷》，《学海》2001年第2期。

② 参见张法、王旭晓主编：《美学原理》，北京：中国人民大学出版社2005年版，第24页。

决,是解决美学中其他一系列问题的前提和基础。我们对美学中一系列问题的认识的深度,最终都取决于我们对于美的本质问题认识的深度。”“要建立一种有严密系统的美学,恐怕也不能不深入地研究美的本质问题,……没有一种符合于马克思列宁主义的关于美的本质的理论,也就没有整个的马克思列宁主义美学的体系。”①那么,如何解决美的本质问题呢?刘纲纪坚定地指出:“要认清美的本质,就必须研究劳动的本质。”②在刘纲纪看来,劳动是马克思主义哲学的真正诞生地和秘密所在,因为马克思主义哲学是一个在劳动发展中找到了理解全部社会史的锁匙的新派别,这是一个符合马克思主义发展史和历史唯物主义基本原理的结论。尽管“劳动”概念并非马克思的独创,但马克思从自己的研究中得出结论:决定人类历史存在和发展不是唯心主义者所说的精神、理性、绝对理念等,而是以物质生产劳动为基础的实践活动,这是马克思主义的唯物主义哲学所特有的崭新内容,使其成为以实践为体系特质的“实践的唯物主义”(马克思语),因而,马克思主义哲学体系就是以物质的自然界为基础的,以实践为根本特征的人本主义。③ 实践是人类存在的物质基础,从而也是一切精神、观念产生的物质基础,正是在人类的实践活动上,人与自然才统一起来,实践的重大作用在于只有通过它才会有人类历史的产生、存在和发展,所以,实践是人类生活的本体,对人类生活的一切现象的发生发展,最后都可以归结和还原为实践,从实践中得到说明,“可以毫不夸大地说,人类生活的一切秘密最终包含在人类实践的发展之中。”④马克思主义既然是实践的哲学,以此为指导的美学也必然是实践观点的美学,实践观点是马克思主义美学的根本观点,是其不可动摇的理论前提,因而,对美的发生学的分析就必然要归之于对劳动的分析。道理是如此简单:既然人类生活都是由人类的实践所决定,那么,只对于人才有的“因人而彰”的美整个也是实践的产物,而劳动作为最终决定人类实践其他形态的最早最基本的形态,隐藏着美因实践而诞生的全部秘密。因此,正如认识货币的形态要追溯到简单价值形态才能揭开它的秘密一样,一切美的形态也必须追溯到劳动,才能最终得到科学的实证的解释。

马克思多次指出,劳动既是满足人自身生存需要的活动,同时又是与动物不同的有意识有目的改造自然的创造性活动,因而是一种能从自然中获取自由的

---

① 刘纲纪:《美学与哲学》,武汉:武汉大学出版社 2006 年版,第 14—15 页。
② 刘纲纪:《美学与哲学》,武汉:武汉大学出版社 2006 年版,第 3 页。
③ 参见刘纲纪:《传统文化、哲学与美学》,武汉:武汉大学出版社 2006 年版,第 151 页。
④ 刘纲纪:《传统文化、哲学与美学》,武汉:武汉大学出版社 2006 年版,第 144 页。

活动,自由自觉的活动是人的本质属性。由于人的劳动既是物质生活需要的活动,又是一种创造性的物质活动,因此,人类通过劳动,一方面获得了某种物质生活需要的满足;另一方面又由于从自然中获得自由需要人必须发挥自己创造的智慧、特长和力量去克服种种困难,当他见到他达到了自己目的的同时又获得了一种与物质需要满足所带来的生理愉快不同的精神愉快,它就是人类最初的美感,“而那被人类在他的语言中称之为‘美’的东西,最初指的就是既很好地满足于他的物质需要,同时又引起他的精神愉快的东西,也就是以感性物质的形态体现了他征服自然的创造的智慧、才能和力量的那些劳动的过程和结果”①。换句话说,也就是通过人类实践创造所取得的,感性具体地表现着人的自由的各种对象,这就是马克思所说的“劳动创造了美”这一命题的含义。但这样说来,仍然比较空泛,因为马克思这一命题,是在考察了人类从古代到 19 世纪中叶全部发展历史所得出的抽象结论,是从具体到抽象的研究过程的结果,而要真正科学地用来阐述审美现象,就必经过从抽象到具体的研究过程使它成为一个具体的概念。刘纲纪认为,必须对它进行一种现象学的还原,才可能使劳动这一美的起源对美的本质的规定作出具体明晰的阐明。

如何进行还原呢?刘纲纪主要在如下三个方面进行了合乎历史和逻辑的推断和分析论证。

首先,他还原了人类劳动的发展怎样使人开始意识到使他从满足生存需要的劳动和产品上所表现出来的自由(也就是意识到美),所大致经历的历史阶段。

刘纲纪认为,这可能经历了原始自然崇拜阶段、巫术阶段和神话阶段。在自然崇拜中,人类还感受不到他在自然面前的自由,因而感受不到美,但自然崇拜使人意识到人与自然之间的巨大对抗,为他最后考虑消除这种对抗提供了原始的动力,同时,这种自然崇拜还开始使人与自然发生了精神与情感上的联系,这对后来人类审美意识的发生发展有着不可忽视的影响。巫术阶段人已经开始摆脱了对自然的单纯崇拜,表现了人类试图以迷信、魔力去征服自然的强烈愿望,因而萌发了取得自由的意识,已经包含了审美的因素,成为美与艺术从劳动中产生出来的一个重要的中间环节。神话阶段则已脱去了巫术用狂想魔法战胜自然的特征,而是以想象去同化和征服自然,明显地表现人对自身在自然面前的自由的肯定与赞颂,是人类第一次用审美的态度去看待他的生活世界的表现。这大

① 刘纲纪:《美学与哲学》,武汉:武汉大学出版社 2006 年版,第 106 页。

约是研究人类社会初期审美意识的萌发生长必须加以实证考察分析的三阶段，简而言之，扬弃了自然崇拜的是巫术，扬弃了巫术的是神话，扬弃了神话的是艺术，而在这扬弃过程中，决定于人通过劳动在多大程度上从自然取得了自由，劳动始终是最后的动力、基础和源泉。

其次，刘纲纪还原了人类随着劳动的发展，人对其劳动和劳动产品如何从需要观点转向审美观点的条件及过程。

在这一点上，刘纲纪是赞成普列汉诺夫"实用先于审美，实用价值先于审美价值"的观点的，但普列汉诺夫由于未能意识到劳动的自由本质，因此他始终不能说明实用价值如何能转变为审美价值，卢卡奇虽对此做了一些说明，但他由于受黑格尔主义的感染，因而他的论述又是晦涩不清的。刘纲纪超越一般直观形式的理解，真正回复到马克思主义的本来意义，认为人类并非一开始就能从其劳动和劳动产品上看到人的自由的表现，看到美，相反，开始他仅仅是从需要的实用的观点来看待他的劳动以及产品，完全没有把它视为美的对象。人类从需要的观点转到用审美的观点去看待他的劳动及其产品，至少需要两个条件，一是生产力的发展，人所创造的产品有了维持生存之外的剩余，必要劳动时间之外有了可以用于其他活动的自由时间。这时，即使是在需要的满足上，人也有了在好坏不同的产品中选择的余地，这种从需要的观点出发对产品的好坏评价，包含了美与不美的评价，因为在人类社会之初，能最好地满足需要的产品，往往也就是最能体现人的创造才能的产品，在这种情况下，对需要的满足来说，最好的东西同时也就是最美的东西，好与美是混而为一的，对好的东西的赞美，也就是对美的东西即体现人的智慧、才能的东西的赞美。由此更进一步，随着人类征服自然能力的提高和剩余产品及自由时间的不断增多，人类最后就把从需要的观点去看待产品，和从人的创造智慧才能的观点去看待产品区分开来，这样就是把好与美区分开来了，他不仅要求产品有实用的价值，而且要尽可能考究一些，能给人以精神的愉快，这种对需要观点的超越，也就是对满足需要的使用价值的超越而达到对审美价值的关注。二是人类对自然规律和人类对支配自然的能力的认识的提高。随着人类生产力的发展而提高了对自然规律和支配自然的能力的认识之后，人对自然的种种支配的表现，就会显现为人改造支配自然的创造性活动所取得的历史成果，而成为美的欣赏对象，那些原先维持人类生存的实用东西，如石刀、石斧等在金属工具发明之后就成了与使用价值无关的具有审美意义的饰物了。因此，刘纲纪归结道："我想可以肯定，只有当人类超出单纯满足需要的观点去看他的劳动和劳动产品的时候，他才能看到那包含在需要满足中的人的劳动的自由的表现，从而才能看到美。"①

最后，他还原了作为人对自由的表现随着劳动的发展最后与物质生活需要的满足相分离，而获得独立的意义和价值的历史过程，还原了这种自由变得更加多样化的历史发展过程。

刘纲纪认为，人类生活的领域基本上可以分为两大领域：一个是满足物质生活需要的领域，另一个是超出了物质生活的需要，以人类能力的发展作为目的本身的领域，亦即社会精神生活需要的领域，用马克思所说的话，前一领域是"必然王国"，后一领域是"自由王国"。在"必然王国"的领域里，人的自由是社会的人联合起来，合理地调节他们与自然之间的物质交换，控制和支配自然界盲目的必然性。这种自由，作为人的创造性表现，是人类在物质生产劳动领域中所感受到的美。人类在这一领域里的活动是维持和再生产人类自然生命必要性和目的性所规定的，尚没有超出自然需要的束缚，因此在马克思看来它仍然是一个必然的王国，但由于人类满足生存需要的劳动同时就是人能动支配自然的自由的活动，这本身规定了人类劳动的发展必然要使他的生活超越满足物质需要的领域，进入不以物质需要的满足为目的，而以人类才能的发展本身为目的的自由王国，真正有独立意义和价值的美，正是出现在马克思所说的这个自由王国里，但"这个自由王国只有建立在必然王国的基础上，才能繁荣起来。"②即自由王国的存在与发展，是建立在满足人的物质生活需求的生产劳动的基础之上的。刘纲纪这样说：

> 人类自由的发展，最初是在满足肉体生存需要的范围内，以后又以此为基础超出了物质生存需要的满足。于是，人类所追求的美也随之越出了物质生产劳动的范围，扩大到了和物质生产劳动并无直接关系的社会生活的各个方面。……虽然在这时物质生产劳动的发展仍然最终决定着人的自由的发展，从而决定着美的发展，但这种美已经走入了一个无限广阔的世界，再不局限于物质生产劳动的范围了。③

为了进一步具体使我们对美的诞生、发展及其本质获得一种由历史事实所

① 刘纲纪：《美学与哲学》，武汉：武汉大学出版社 2006 年版，第 112 页。
② 《马克思恩格斯全集》第 25 卷，北京：人民出版社 1974 年版，第 927 页。
③ 刘纲纪：《美学与哲学》，武汉：武汉大学出版社 2006 年版，第 80 页。

验证的科学的认识，刘纲纪根据有关实证材料对这一过程进行了历史的还原。

他认为，前述的两大生活领域是人类自由发展的历史过程，这一过程也可以称之为处于物质生产劳动领域的第一阶段，超越物质需要满足，成为社会精神生活需要领域的第二阶段。那么，人类所说的美是怎样最终脱出它由之产生的物质生活满足的领域亦即第一阶段，进入超越物质生产需要的广大领域的第二阶段呢？刘纲纪认为有四个因素需要注意：第一，正如生产工具比它所生产的东西更重要、更宝贵一样，人类在他的发展过程中也一定会认识到，他的创造的智慧、才能和力量的发展提高，比他一时的需要满足更重要、更宝贵，因此，那和人类需要满足不可分的人的创造的智慧、才能和力量的发展就具有了自身独立的意义和价值，不再只是在直接带来需要的满足时才有价值。他举例说，原始的狩猎舞蹈显然不是让人去捕获野兽，它所具有的意义和价值是训练、培养、发展原始人狩猎本领的才能，激发其劳动热情的作用，尽管这种舞蹈还是以提高劳动本领为主要目的，但它已经是不同于直接满足需求的一种间接需要了，是美越出物质生产需要领域的前提或起点。第二，在从上述前提或起点的进一步发展过程中，与人的劳动相联的人的社会性的发展起着巨大的决定性作用。要战胜强大的自然，要满足个人多样的需求，人必须结成一定的社会关系，这就规定了人的生产劳动必然是社会性的，这种人的社会性的发展，使得人对他的自由——美的追求迈出了极为重要的一步，使之不再仅仅与物质生活需要相联系，而且同广大的社会斗争（如部落战争）、同人与人之间的社会关系相联系，个体生存需要的满足如果同人所追求的社会理想相矛盾，与他的社会本质相矛盾，他就要抛弃这种需要的满足，甚至“舍生而取义”。这样看来，最初与人的满足相联系的“好”不一定就美，只有符合“善“的东西才能是美，“美”与“善”常常被视为同一的东西。这就是说，在人的劳动的社会性发展基础上，“善”的观念的发展，有力地把人类对美的追求推出了单纯物质生活需要满足的领域，赋予了那原先主要表现在第一阶段中的自由（“美”）以重大深刻的社会意义和明显的精神因素，使之进入第二阶段即社会精神生活需要的广阔领域。这一点，在原始人庆祝丰收、祝贺胜利的舞蹈中已经看得出来，在格罗塞《艺术的起源》和朱狄《艺术的起源》里都可以找到确认刘纲纪这一观点的佐证。

第三，当美与“善”相联系而越出物质生活需要满足的领域后，一方面，由于美具有了陶冶、塑造人的社会性，使之有了个人与社会相协调的重大社会作用；另一方面，由于个体在人类历史的发展中意识到他个人一切需要的满足只有当它和“善”相一致才具有真正意义和价值，才是人的自由的真正实现，这样，对于美的追求、美的创造和欣赏就逐渐发展成为人类社会精神生活需要的一个方面，不但独立于物质生活需要的满足，而且还同单纯的善区分开来了。也可以这样表述：在最初，"善"与"美"相混为一，而当个体感到他从"善"的实现中获得了自由，把"善"的实现当做他的自由的创造性活动来看待时，美就从善之中分化出来了，单纯的善是对人的社会性的行为的规范，美则是个体从善的实现中所获得的自由。

第四，美进入社会精神生活需要的广阔领域，是同人类历史发展脑体劳动分工出现不可分的，这种分工有力地促使了美的创造与欣赏成为社会精神生产的独立部门，推动了美的发展。通过对以上四方面的分析论证，刘纲纪把他对美从第一领域到第二领域的发展还原为这样两大阶段：第一阶段是从"美"与"好"的合一到"美"与"好"的区分，这还是处在物质生产劳动的领域之中。第二阶段是从"美"与"善"的合一到"美"与"善"的区分，这已经越出了物质生产劳动的领域，如果把这一过程更简单地表示出来，那就是：好—美—善—美。其中，后一个美已经越出物质生活需要满足的领域，成为精神生活需要的一个独立方面了。①

在《艺术哲学》中，受康德思想的启发，刘纲纪把后一种美称之为纯粹意义的美，把前一种美称之为非纯粹意义的美。② 这样，综合刘纲纪对劳动创造自由的还原和分析，我们可以这样来加以标示：

第一阶段：物质生活需要满足的领域——必然王国——自由表现为生存需要服务——非纯粹意义的美（美好合一——美好区分）。

第二阶段：社会精神生活需要的领域——自由王国——自由的发展成为目的本身——纯粹意义的美（美善合一——美善区分）。

这样，我们可以看出，人类自由的发展，最初是在满足肉体生存需要的范围内，以后又以此为基础超出了物质生存需要的满足。于是，人类所追求的"美"也随之越出了物质生产劳动的范围，扩大到了和物质生产劳动并无直接关系的社会生活的各个方面，这是美的发展史上的一个重大进步。

刘纲纪通过对马克思的"劳动创造了美"这一命题进行一种现象学的还原和美的发生学阐释，就在劳动这一美的起源上对美的本质的规定作出具体明晰

① 参见刘纲纪：《美学与哲学》，武汉：武汉大学出版社 2006 年版，第 115 页。

② 参见刘纲纪：《艺术哲学》，武汉：武汉大学出版社 2006 年版，第 319 页。

的阐明。这一论述富有重大的理论意义,张玉能先生评价说:“通过这样的历史和逻辑相统一的‘还原’,这个‘劳动创造了美’的命题就再也不是一个空泛、抽象的命题,而是一个包含着丰富的历史内涵和严密科学逻辑的具体的命题。建立在这样命题基础上的美学思想体系,当然也就是科学的和具有较大说服力的。”①

二、美的本质特征论——美是人心灵自由的感性物质的显现

对于美的本质特性的论述,刘纲纪是在对劳动的本质和人的本质的论证基础上进行的。在对劳动进行“还原”和分析后,刘纲纪指出,通过创造性劳动所取得的自由的这种动态(在劳动过程中)和静态(在劳动产品上)的表现,就是劳动美之所在,不仅劳动,由劳动所规定的人的生活也是人自身所创造的作品,因而也具有美学的意义。依此,他指出了美具有二重性,美本来是同主体和客体、人和自然、个体和社会相互渗透和统一的。为了进一步分析阐明这一论断,刘纲纪又强调提出了“美是客观的,又是主客观的统一”的命题,以此作为对美的二重性的补充与拓展,而美所具有的这些本质属性,又必须在和真、善的联系与区别中才能深刻地认识,因此,他又进一步论述了美与真、善的关系,使对美的本质特性的阐述既深刻明晰,又系统严整。

1. 美的二重性

刘纲纪所阐明的劳动亦即实践是人的自由活动,自由的感性显现正是美的本原。美是自由的感性显现,这是刘纲纪美学的核心命题。这其中包含了不可分离的两个方面:一是以对客观性的支配为基础的自由,二是体现了这种自由的感性物质形式。

如上一章所述,刘纲纪所说的哲学意义上的自由主要是指人类对客观必然性的认识和实际的支配,对于审美的自由,刘纲纪认为包括三个方面:首先,它是超出了物质需要满足的自由,人自己的活动和与自身的生活相关的种种事物,不再是单纯满足肉体生存的需要,而是成了人创造性活动的表现。其次,它是自由和必然的高度统一。最后,它是个体与社会的相互交融。审美的自由消解了个体和社会的对立,使两者互为前提地得到充分发展。对于美的感性物质形式,它

---

① 张玉能:《马克思美学研究的新成果——简论刘纲纪实践观美学思想》,《文艺研究》1987年第5期。

"不是任何一种形式,而是通体都表现了人的自由形式。"①这种形式,刘纲纪认为有四个特征:第一,由于人的自由的实现不能违背客观规律,因此美的形式是一种合规律的形式,具有合规律性。第二,由于人的自由的实现在于掌握和利用客观规律,使之合乎人的目的,因此美的形式还有合目的性,是合规律性与合目的性的统一。第三,由于美学意义上的自由是人对客观规律的一种创造性的掌握和应用,因此美的形式合规律性与合目的性的统一是一种显示了人的创造智慧和才能的,具有无限多样变化的巧妙的统一。第四,由于美的形式是人的自由的感性表现,因此美的形式是一种能够体现人的情感、愿望、理想的形式,不同于和人的情感、愿望、理想无关的单纯的自然形式。一切美的形式,既是感性物质的形式,同时又渗透着和人的自由的实现相关的某种精神的意义或情调,它既是直接诉诸感觉的,同时又是超感觉的。

在作出以上分析后,刘纲纪论述了美所具有的本质特性——美的二重性。他认为,与马克思讲商品具有二重性一样,美也具有二重性。一是属于客体的东西表现了属于主体的东西。客体只有在表现了主体的情感、理想和愿望时才是美的,而这是实践的结果,实践是变主体的东西为客观存在的活动。二是属于自然的东西表现了属于人的东西,纯粹的自然性不可能有美。三是属于个体的东西表现了属于社会的东西。艺术作品中的个性化的东西渗透着具有普遍社会性的内容才能引起同情和共鸣。美的二重性就表现在这三个方面。那么为什么美具有二重性呢?他依据前面的分析指出,因为美本来就是主体和客体、人和自然、个体和社会的相互渗透和统一,美的二重性正是这种渗透和统一的表现。美的神秘难解主要是由这种二重性造成的,美既不是单纯地属于客体、自然、个体,也不单纯地属于主体、人、社会,而是属于客体、属于自然、属于个体的表现的同时,又是属于主体、属于人、属于社会的表现。而这些只有在理解了人类实践的特性,并从实践中去观察美的时候,这种相互渗透才可以得以说明和理解,美之本质才可以得到正确的认识。

2. 美的客观性

对美的客观性的分析,是刘纲纪对美的二重性研究的自然延伸和逻辑展开,是对美的二重性中客观性、主观性和社会性等的多层关系的着意强调和详细阐释。

美具有客观性,这种客观性在刘纲纪看来有如下几个特点:第一,美的客观

① 刘纲纪:《美学与哲学》,武汉:武汉大学出版社2006年版,第334页。

性不同于自然物质的客观性,因为美是人类社会历史的产物,不是自然的产物。首先应当区分两种不同的客观性:一种是自然物质的客观性,它和人类社会存在与否没有关系;另一种是经过人类实践改造的物质世界的客观性,它和人类社会的存在直接相连。比如,我们说红色是客观的,与说红色的美是客观的,两者的含义并不完全相同。前者讲的是自然物的客观性,它在人类社会存在之前就存在着;后者指的是人类社会历史的产物的客观性,它只是在人类社会中才产生和存在,这正像金银作为矿物是自然产物,作为货币是社会历史的产物,两者都有客观性,但其含义并不一样。刘纲纪说:

> 我们说美是客观的,是在这个意义上来讲的,即它是人类社会实践的产物,因而是人的意识之外的客观存在,不是意识创造出来的,也非存在于意识中的东西。它可以脱离个别人的意识而存在,但却不能脱离人类社会而存在。把美的客观性混同于自然物的客观性,就会认为在人类之前就已有美的存在,这是说不通的。①

实际上,要准确领会刘纲纪这一美的"客观论",就要了解他的"三个世界"的实践本体论的哲学观点。与罗素理解的共相的世界和存在的世界的两个世界不同,刘纲纪认为,和人的存在相联的世界包含三个世界:第一是在人类之前和之外存在着的自然界;第二是在自然的基础上,人通过实践为自己创造出来的对象世界;第三是以上述两个世界为基础的以物态化的形式表现出来的人的精神世界。② 第一和第二世界都是物质的世界,但人所生活的物质世界是人的实践创造出来的对象世界,不是与人的生活实践无关的物质世界。这个世界在人的意识之外存在着,但它又是人自身的对象化、现实化、客观化,因而是主体与客体、物质与精神、思维与存在的统一。唯心主义反对这一看法,把人与自身所创造的对象世界做神秘的理解,海德格尔的"此在"与世界处于混沌未分的状态,他企图以此来消灭主体与客体的差别,否认物质世界的存在,这是他错误的主要原因,因为主体与客体既是相区别的,又是在统一中存在的,取消主客之别只能是一种远离世界现实的理论梦呓。

在"三个世界"的区分中,刘纲纪的美的"客观论"就显得明朗清晰了:其一,

① 刘纲纪:《美学与哲学》,武汉:武汉大学出版社 2006 年版,第 41 页。
② 参见刘纲纪:《传统文化、哲学与美学》,武汉:武汉大学出版社 2006 年版,第 101 页。

既然“自然界”是在人类之前和之外存在的自然界，它的客观性一定有别于“对象世界”的客观性，因为那是一种尚没有与人发生任何关系的“客观性”。其二，是经过人类实践改造的物质世界的客观性。它是和人类社会的存在直接相连的。例如，树木存在的客观性是自然物质的客观性，用木头制成的桌子存在的客观性则是经过人类实践改造的物质的客观性。两者都是客观的物质存在，但情况显然不同，它们有着不同的“客观性”的规定。

马克思并未对物质这一概念下过明确的定义，但在他的著作里，物质具有自然科学的、经济学的、哲学的三重含义，这三者又是相互关联，经常结合、统一在一起的。从哲学上说，最重要的是马克思的物质概念虽然不能脱离“自然物质”概念，但他从来不仅仅用“自然物质”去说明具有精神意义的生产，而总是把“自然物质”和人为满足物质生活需要而进行的改造“自然物质”的生产实践联系起来去说明精神的生产。马克思虽然未对物质这一概念下过明确的定义，但他对物质一词的理解是多方面的、丰富具体的，列宁虽然下了明确的定义，但其涵义却是相当抽象笼统的。列宁说：“物质是标志客观存在的哲学范畴，这种客观实在是人们感觉到的，他不依赖于我们的感觉而存在，为我们的感觉所复写、摄影、反映。”①刘纲纪对此进行了批评，他说：“我们可以说一切物质都是‘客观实在’的但却不能说‘客观实在’的就是物质的。因为有不少‘客观实在’的东西，如人与人的社会关系、国家政权之类的东西，它们虽然不能离开物质的东西而存在，但本身并不是由某种自然物质的质料所构成的东西。”②对此，黄楠森教授也有同样的观点：“说物质是客观实在，作为定义，下定义的概念的外延与被下定义的外延应该等同，因此，这句话可以反过来说：客观就是物质。然而许多客观实在的东西并不是物质，时空是客观实在，但它只是物质存在的形式，而不是物质本身。运动是客观实在，但它只是物质的属性，也不是物质本身，生产关系、阶级关系等是客观实在而非物质，这些都说明，列宁的物质定义确有它不够严密之处。”③

这样看来，道理是如此简单明了：既然物质不等同于客观实在，作为客观实在的美是社会历史的产物，它同有着质量规定的自然物质的客观性当然不具有同一意义。刘纲纪对美的客观性的正确论述，是他凭借自身的思想智慧和理论

① 《列宁全集》第14卷，北京：人民出版社1957年版，第128页。
② 刘纲纪：《传统文化、哲学与美学》，武汉：武汉大学出版社2006年版，第135页。
③ 黄楠森：《哲学的足迹》，北京：中国社会科学出版社1987年版，第69页。

勇气毅然告别列宁的物质定义而回到马克思原意的必然结果。刘纲纪对列宁"物质"定义的扬弃,不是简单的扬弃,而是对苏联"正统"马克思主义"简单化"的一次否定,对苏联模式的反驳,对马克思元典精神的复归。

从哲学上讲,概念是人的思维对客观对象的把握,它可以分为抽象概念和实有概念,实有概念又可以分为两种:实存概念和实在概念。实在概念所把握的对象具有量、质的实在规定性;实存概念既没有质,也没有量的规定性,它有两类:一类是哲学本体论的对象即最普遍的东西,比如和谐、矛盾、内容、形式、原因、结果等;另一类是包括了认识领域和概念领域在内的意识中的东西。[①] 所以感觉经验是不能把握的,实证科学也把握不了,只有通过思维科学才能把握。对应在人类科学中,数学研究的对象是非实有,实证科学研究的是实有中的实在,哲学研究的是实有中的实存。列宁的疏忽,正是忽视了实有概念中"实存"和"实在"两个概念的区分。毫无疑问,美是实存的概念,所以,我们在一定程度上可以这样去理解:刘纲纪所说的自然物质的客观性,就是"实在"所具有的客观性,而他所讲的美的客观性,就是"实存"所具有的客观性,它们是两种不同的客观性。

我们还可以认为,刘纲纪的美的客观性,其实也就是社会客观性,或者说是阎国忠所指认的"客观的社会性"[②]。但刘纲纪作出了比蒋孔阳、马奇、程代熙和楼昔勇等人更谨细合理的阐发与论证,因而也不同于李泽厚的理解,他洞见了李泽厚"客观性与社会性统一"的弊病,即逻辑的非对等性和涵含的歧义性等,更为科学地阐释了他对这一概念的理解,更为合理地解决了李泽厚没有能够很好解决的问题,在对美的本质解释上扬弃了实践论美学不正确的已有观点,使实践美学不仅在理论的逻辑自身而且在历史事实上获得了圆融自洽的解释。

第二,美的客观性是一种属于价值范畴的客观性。刘纲纪认为,美的客观性,是作为人类社会实践创造的结果来看的客观性,因而不同于与人类无关的自然属性的客观性,从哲学上来看,它类似于经济学所研究的商品的使用价值和交换价值,是对人类而言才有意义的属于价值范畴的客观性。美是实践的产物,同时也是作为实践主体的人自身的对象化,因此实践主体不同,作为他的对象化的美也就不同,存在于一个美的对象上的种种属性,都只因为它是实践主体的对象化,是主体的自由的感性表现才对主体成为美的,这之间是一种关系属性而非实

---

① 参见阎庆华:《哲学》,北京:经济科学出版社2004年版,第45页。

② 阎国忠:《走出古典——中国当代美学论争述评》,合肥:安徽教育出版社1996年版,第423页。

体属性。正是由于对象的美同实践的主体的对象化存在着一种不能分离的关系，因此美的客观性是一种属于价值范畴的客观性。进而，一切价值，不论是经济学上的使用价值还是美学上的审美价值，都同主体的实践分不开，只有相对于主体的实践来说才有意义，所以，真正的美取决于它与社会实践发展的关系，取决于它对人类的自由发展是否具有积极的价值，而且，这种价值的存在与否，是客观的，是能够通过社会实践检验的。同时，由于美是一种价值属性，所以它不可能有一成不变的、固定的、绝对的本质和标准，它只能有随着社会实践和人类的审美需要而不断变化的本质和标准。

第三，我们说美是客观的，这同说美是主客观的统一，两者是一致的。刘纲纪认为，要在实践的基础上来把握两者的一致性，才有可能避免机械唯物主义排除了主体能动作用的客观性和过分强调主体作用而导致的唯心主义理解。他指出：

> 我们认为美是人的自由的表现，这就已经肯定了美是主客观的统一。因为，没有主客观的统一，哪里还有什么自由呢？但我们所说的主客观的统一，是在实践基础上的统一，不是由精神活动造成的统一。这是理解美的客观性的关键所在。①

这首先是因为这种统一是建立在实践基础上的，它永远受着历史条件的制约。人的历史虽然是人自己创造出来的，但却是在他所面临的既定的条件下去创造历史的，这一创造活动“都不是在他们关于人的理想所决定和所允许的范围之内，而是在现有的生产力所决定和所允许的范围之内取得自由的”。② 所以每一个时代所取得的美和这种美是怎样的，虽然人的主观意识有不可忽视的作用，但最后的决定作用是一定的历史条件。其次，这种统一是按照人的目的对客观世界的实际改造，使主观目的成为客观现实的过程，因而是一个物质性的、客观的活动过程，而不是精神性的、主观意识活动的过程。它是实践中的统一，而非认识中的统一。最后，既然主客观统一活动是物质的、客观的活动，因而这种统一所得到的结果是一个客观物质的东西，而不是仅仅存在于观念里的东西。所以，美既是客观的，同时又是主客观的统一，这是从不同的角度得出的正确

① 刘纲纪：《美学与哲学》，武汉：武汉大学出版社 2006 年版，第 44 页。

② 《马克思恩格斯全集》第 3 卷，北京：人民出版社 1960 年版，第 507 页。

认识。

如前所述,美是人的内在的心灵自由的感性物质的显现,这是刘纲纪美学的核心命题。其中又包含了不可分离的两个方面:一是内在的心灵的自由,这是属于主观的东西,二是体现了这种自由的外在的感性物质形式,这是属于客观的东西,两者的统一就是美。美既然是主客观的统一,但这个统一归根结底是人改造世界的实践的产物。而实践活动不同于单纯观念、精神的活动,它是人实际改造世界的活动。只有实践的活动才能实现或达到主客观统一,而这种统一一旦实现,它就是一个客观的成果,亦即具有了客观性。刘纲纪总结道:

> 美是客观的,但并不排斥主观的作用。相反,美既然是人类社会实践改造了客观物质世界的产物,是人自身的对象化,那么美既是客观的,同时也是实践过程中主客观统一的结果,是客观化了的主观,或主观的客观化。①

3. 美是达到了自由境界的真与善的统一

美同真和善的关系问题是贯穿人类美学史的一个问题,无论在中国古代的孔子、老子、庄子那里,还是在古希腊的哲学家那里都已有所论述,由是以降,中国和西方的哲学和美学对此的论说就不曾消歇。作为人类生活中至为重要的价值系统,真、善、美问题也一直被马克思主义美学所关注,实践本体论美学也十分重视对这一问题的正确阐述,而且认为美的本质问题的理解必须透彻地研究和解决美与真、善的关系,因为,美同真和善是相互区别而又密不可分地联系在一起的,“要透彻地了解美的本质,不可不研究真善美的联系和区别。”②

张涵在他主编的《美学大观》里谈到这一问题时,列举了20世纪80年代中国流行的几种美学观点:一种是真、善、美混一说。这是一种不同于真、善、美统一说的只论联系不辨区别的学说;另一种是真、善、美相斥说。这是受康德和列夫·托尔斯泰某些偏颇思想的影响而形成的“二律背反”不可解性的观点;还有一种真善为内容、美为形式说。这一观点认为,美的内容是真善,加上生动的感性形式就构成了美,或者说是当真善取得了生动的感性形式的时候,真善就成了美。③ 实际上,还有一种马克思主义美学的理解,也就是杨辛、甘霖在其《美学原

---

① 刘纲纪:《美学与哲学》,武汉:武汉大学出版社2006年版,第350页。

② 刘纲纪:《美学与哲学》,武汉:武汉大学出版社2006年版,第175页。

③ 参见张涵主编:《美学大观》,郑州:河南人民出版社1986年版,第230页。

理》中所列举出的第三种看法，即美和真善既有联系又有区别，但不同的马克思主义美学家对这一观点又有不同的理解。如杨辛、甘霖说："我们认为在生活中真善美常常是结合在一起的，是一个统一的整体。所谓真，指客观规律；所谓善指功利；所谓美是指在实践中真善的形象体现。"①他们认为，美不能离开真和善，但又有不同，只有当人掌握了客观世界的规律，也就是真的时候，并把它运用到实践中去，达到了改造客观世界的目的，实现了善，并且表现为生动的形象时才是美。这一说法基本上是合乎马克思主义美学原理的，是对他们参与编写的《美学概论》（王朝闻主编）中这一问题的进一步生发。同样是《美学概论》的最初参编者和最后审定者，刘纲纪从实践本体论美学核心思想的"自由"出发，对这一问题作出了新的阐释。

对于真与美的关系，他回答了这样几个问题：(1)什么是真？刘纲纪认为，真就是客观世界本身发展变化的必然规律。(2)人对真的意识是如何发生的？他解释说，实践的活动只有当它符合客观世界的规律时才能得到成功，否则就会失败，正是在实践中无数次的成功与失败，使人意识到他所采取的活动的方式方法同对象之间存在着某种不以人的意愿为转移的客观的东西，于是就产生了对"真"的意识。(3)美与真的关系是怎样的？首先，美不能脱离真。这是因为美是人改造世界的产物，是人的自由的实现，而自由的实现一点也不能离开人对客观必然规律的掌握。其次，美不就是真，真也不就是美。真是客观规律，但客观规律本身无美丑可言，只有客观规律在实践中为人掌握和运用于与人的某种目的，并且显示了人的智慧和才能，成为人的自由的感性现实的肯定而具有了美的意义。所以，一切美的东西都是合乎规律的，但单纯的合规律性还不是美，美是合规律性与合目的性的高度统一。最后，美与真存在一致性，从美可以引导到真。由于合规律性是美所必须具备的条件，因此美虽然不就是真，但又是与真相联系的，所以从美可以引导到真。(4)美与真实的关系是怎样的？他认为，真的涵义在不少情况下被理解为真实，而所谓真实，不是简单的真有其事，更重要的是符合规律，具有客观的必然性。作为美的真，是在不可重复的丰富多样的现象中表现出来的，并且是和个体的自由的实现不可分割地联系在一起的，因此，艺术不排斥想象和幻想，但最离奇的幻想也应当符合真实。

对于美与善，他论述了三个问题：(1)善是什么。刘纲纪认为，对此历来有种种不同的理解，但从马克思主义的观点看，善是指人的实践符合目的和需要，

① 杨辛、甘霖：《美学原理》，北京：北京大学出版社1993年版，第70页。

但由于人是社会的人，个体的需要、利益和目的只有通过社会才能实现，因此善的更为本质的意义在于个体的实践同社会发展的普遍利益的一致。最根本的善，是整个人类的生存与发展。任何善，无论看起来如何与实际利益需要的满足无关，在历史意义上，最终依然是为了一定利益需要的满足，同利益需要的满足无关的善是没有也不可能有的。人是从实践及其结果是否符合目的的意识中产生了“善”的意识。(2)“善”包含着多层的涵义。第一，它泛指某种功利需要的满足；第二，它指某一社会阶级集团的普遍利益的实现；第三，它指整个人类社会生存和发展的利益的实现。道德上的善恶观念是从后两者产生出来的，提升到伦理道德的善是人的本体的社会性的集中强烈的表现。某一社会阶级集团所说的“善”，只有当它与人类社会生存和发展的利益的“善”相一致时，才可以有为之辩护的历史理由。(3)美与善的关系。首先，美必须以善为前提，因为人的自由的实现不能脱离社会，从而不能脱离一定社会阶级和集团的普遍利益。其次，美又不能等同于善。善所注意的是个人的行为是否符合社会的普遍利益，它是通过冷静的理性分析来判定的，而美所注意的是个人如何通过他的创造性的活动和努力使善得以实现，它是通过充满情感的观照、欣赏来把握的。美不仅仅在于善要达到的目的，而且在于目的的实现所表现出来的人的创造的智慧、才能和力量及其对人的自由的感性现实的肯定，所以，一个可以被称之为善的目的，只有当它的实现表现了人的创造的智慧、才能和力量，显示了人的自由，它才不仅是美的，而且是善的。最后，美与善的一致性。美虽然与人类所追求的善的目的的实现不能分离，但美自身的目的是人的个性才能的全面自由的发展，它通过这种发展而最后作用于善的目的的实现，因此美并不处处直接以某一具体的功利目的的实现为目的。美不能脱离善，是从美对善的实现的作用来说的，许多美的事物有助于人的个性才能的自由发展，但并不带来直接利益的满足。善是内在地包含在美之中的，而不是存在于美之外，从外部强制地规定并使美服从它的，美与善的统一是一种内在的统一。

在深刻全面厘清阐明了美与真、美与善的关系之后，刘纲纪进一步论证了三者之间的关系，从而得出了“美是达到了自由境界的真与善的统一”的结论。

从美与善的关系看，只有在善的实现感性具体地显示了人的创造的智慧、才能和力量，成为对人的自由的肯定时，善的实现才能成为美，美是自由的感性显现，最高的善的本质在于自由，而自由的实现又不能脱离对客观必然规律的掌握运用，亦即不能脱离真，正是从这个意义上，我们说美是真与善的统一。“人类在生活的实践创造中掌握了真，并使善的实现成为对人的自由的肯定，这就是美。”因此，“就美同真善的关系来看，美是达到了自由境界的真与善的统一。”①

那么，这种统一是如何达到的呢？刘纲纪指出，真与善的这种达到了自由境界的感性具体的统一的实现，在根本上决定于人类社会实践的发展。首先，生产实践及与之相连的社会关系的发展，在很大程度上使人类满足物质生活需要之外，还有自由发展其个性才能的可能，这种发展的可能性越大，真善的统一就越能具有美的性质；其次，生产实践及与之相连的社会关系的发展，在多大程度上使个体个性才能的自由发展同社会普遍利益的发展相一致。这种一致性越大，即社会普遍利益的发展越是要求个体个性才能的自由发展，真善的统一就越能具有美的性质。

但是，由于美是达到了自由境界的真与善的统一，因此美既与真善有区别，又不能脱离真善而存在。离开了真善去找寻美，美就成为了徒具形式的虚无缥缈的空洞东西，甚至是庸俗丑恶的东西。在现实生活中，美同真善不可分离，它们是同一事物的三个不同方面。在批判了形式主义和唯美主义的观点之后，刘纲纪说：

> 立足于人类社会实践基础上的马克思主义美学充分承认美的特殊性，但它认为美不是与真善无关的某种幻想中的神秘存在，而是真善在社会实践基础上的统一。这种统一的根本特点，在于它是一种上升到了自由境界的统一。所以，美包含了真善，但又超越了真善。②

三、美的形态论——“自由”视角下美的形态结构

美的形态或类型是一个很复杂的问题，许多美学家做过深入的区别和分类研究，但由于研究的角度不同，美学家们的分类也很不相同，例如哈奇生的绝对的美和相对的美之分，狄德罗的实在的美与相对的美之分，康德的自由美与附庸美之分，鲍桑葵的浅易美和艰奥美之分，等等。在中国现当代美学家当中，即使都运用马克思主义美学原理进行考察，由于对美的本质理解的差异，其分类亦各有不同，即使分类基本相同，但对各形态类别的理解又有不少歧异之处。朱光潜先生在谈及美的形态时曾说：“一般所谓社会美还是可以当做自然美看待。它也还是意识形态的反映，也还是一种雏形的起始阶段的艺术美，社会美与自然美

① 刘纲纪：《美学与哲学》，武汉：武汉大学出版社 2006 年版，第 354 页。
② 刘纲纪：《美学与哲学》，武汉：武汉大学出版社 2006 年版，第 355 页。

只有一个重要的分别：自然美常和'快感'的概念混在一起，而社会美则常和'善'的概念混在一起。"[①]蔡仪先生在他1947年出版的《新美学》和相隔近40年后出版的《新美学》改写本里，对自然美、社会美和艺术美都进行了不懈的探讨，在《新美学》改写本里，他把自然美分为现象美、种类美和个体美三个主要形态，认为人体美是自然美的最高形态，他扩充了原《新美学》里《社会美论》的内容，认为自然美主要是关于事物实体的美，而社会美则是属于社会关系的美，它包括直接表现社会关系的行为美，由社会关系所规定的性格美，在一定范围的社会关系和社会风气充分表现着历史发展趋势的社会环境美。[②] 李泽厚在《论美感、美与艺术》里也曾指出"自然美就是社会生活的美（现实美）的一种特殊存在形式，是一种对象化的存在形式"。"艺术美是现实美的模写和反映，又是现实美的集中和提炼。"[③]在《美学三题议》，他把美分为现实美和艺术美，把形式美归划到自然美里面，后来的《美的哲学》又修订了把形式美归划到自然美的观点："形式美不是自然美，而主要应属于社会美；或者说，它是自然美与社会美的真正交融。"[④]

在蒋孔阳先生的论述中，生活（美）和自然（美）是两个既区别又联系的概念，他对此做了深入的分析和总结。他首先对自然美这个概念进行了梳理，认为，一方面，自然指的是客观世界，包含社会生活和自然界；另一方面，自然仅仅是指自然界，从而区别于社会生活。从前者看，生活和自然都是相对于主体的创造而言的，因而都是艺术表现的源泉，在这一意义上，社会生活和自然界在同一意义上使用，在美学上就体现为艺术美与自然美的关系问题，也就是艺术真实与生活真实的关系问题；从后者看，生活主要指的是社会生活，是人的各种社会性关系的体现，自然则主要指外在的自然界，这种区别就形成了自然美与社会美的关系问题。蒋孔阳在《关于〈简论美〉的补充意见》中说："自然美并不以自然界的美为限，它还包括了社会生活中的美。同时，即使是自然界的美，也必须和人的生活发生了关系，方才能够引起人的美感，因此，我说，自然美是客观地存在在人类社会生活之中的，这种说法，和一般把自然美仅只当成自然风景或者自然事物的美，是不同的。"[⑤]

---

① 《美学问题讨论集》第三集，北京：作家出版社1959年版，第43页。

② 参见蔡仪：《新美学》（改写本第1卷），北京：中国社会科学出版社1985年版。

③ 李泽厚：《美学旧作集》，天津：天津社会科学院出版社2002年版，第26、30页。

④ 李泽厚：《李泽厚哲学文存》，合肥：安徽文艺出版社1999年版，第683页。

⑤ 《蒋孔阳全集》第5卷，合肥：安徽教育出版社2005年版，第2页。

由此可以看出，美的形态问题在诸多美学家那里，其观点是各不相同的，但各自存在的问题也是比较显在的，其中一个共同的问题是：几乎都没有在较深层次上以多维视角进行分类，没有能很好地打通与艺术类型的划分从而构建一个较为系统的美的形态结构。

相比之下，刘纲纪的探索更为深入系统些，他经过较为详细的论述建构起了一个独特的美的形态体系。他首先认为，对美的形态的划分取决于对美的本质的看法，依据实践本体论的“美是人的自由的感性显现”的观点，现实美是客观的存在，艺术美是现实美的反映，在这种意义上，美的形态可以区分成现实美和艺术美两大类。现实美本身又可以依据对美的本质的规定，从人的自由的实现所涉及的不同领域和方面来说区分为三种不同的形态：

(1)形式美，(2)社会生活中的美即社会美，(3)自然界的美即自然美①

从人的自由的实现的不同情况和性质来看，包括艺术美和现实美的形态又可以区分为：

(1)优美，(2)壮美(崇高)，(3)喜剧性的美，(4)悲剧性的美。②

他指出，这种区分不是绝对的和相互孤立的，只是各自的则重点有所不同，如形式美同社会美和自然美都不能分离，但形式有它相对的独立性，所以可以划为一类单独加以考察，社会美与自然美也有交叉的地方。艺术美与形式美、社会美和自然美又同优美、壮美、喜剧性的美和悲剧性的美分不开。而且对于艺术美，按照历史与逻辑相统一的方法，他把人类艺术分为原始型艺术、古代型艺术、近代型艺术和现代型艺术四种不同的类型。根据实践本体论美学思想对艺术本质的规定，把艺术分为再现性和表现性两大系列，按照作品使用媒介的质料和方式、主体知觉方式以及作品的呈现方式等再划分为11个门类。(详论见第五章)这样，刘纲纪就形成了他的较为系统的美的形态的分类体系和艺术类型分类体系。

在作出区分之后，刘纲纪对现实美的形态进行了详细的阐释，他首先论述了形式美。在前述美学家那里，形式美没有它相对的独立性，因而也没有被划为一

---

① 在1988年《美学纲要》出版之前，刘纲纪曾把现实美分为形式美、精神美和自然美三种基本类型，但在《美学十讲》等的具体的阐说中可以看出，他所说的精神美，其实也就是指的社会美。由于《美学纲要》是“在20世纪80年代末期，我对自己的美学观所作的一次最系统、准确、全面的表述”(《美学与哲学》，武汉：武汉大学出版社2006年版，“新版序”第16页)。所以，我们这里当然按照《美学纲要》及以后著述里的观点论述。

② 刘纲纪：《美学与哲学》，武汉：武汉大学出版社2006年版，第337页。

类单独加以考察,即使在刘纲纪参与编写的由王朝闻主编的《美学概论》里,也没有给形式美一席之地。但刘纲纪却不然:"我认为需要在社会美、自然美之外,把形式美也看做是既与社会美、自然美分不开,同时又是相对独立的一种形态。我从20世纪80年代初开始就是这样来划分美的形态的。"①他从以下四个方面进行了论述:

(1)形式美的定义。形式美是指事物的自然属性(包括自然的各种形式结构)所具有的美。它可以分为两大类:一类是诉之于视觉的,指的是事物的形状、结构、体积、色彩、光线、质地、空间等的美;另一类是诉之于听觉的,指的是各种声音的音色、节奏、韵律等所具有的美。(2)形式美形成的根源。形式美虽然与事物的自然的物理属性分不开,但各种属性成为美的终极属性在于人的实践。人们在实践的过程中发现和利用事物的种种自然属性来为人的生存发展服务,这种发现和利用,对人来说是一个有意识有目的的创造过程,因此那些被人发现、掌握利用和支配了的自然物质属性,对人来说就成为人的社会生活的一种感性现实的肯定,并且由于显示了人支配自然的智慧、才能和力量而开始具有了美的意义,不再只是满足某种生活需要的东西。形式美在最初的时候是同劳动及其产品分不开的,但这时还没有严格意义上的形式美,随着实践的发展、美与实用功利的分离,形式美越来越同生产劳动远离了。一方面,原来从生产劳动上所感受的形式美,作为人类文化的成果流传下来,获得了社会的普遍承认,原先同劳动的关系消失在历史的过程中;另一方面,这些最初从劳动中感受的形式美,本来就体现着人的自由同外界自然物理规律的和谐统一,具有不局限于生产劳动的普遍意义,因而也就超出了具体的生产劳动而成为人们在生活各个方面都能感受的美,并且具有了超越劳动的社会精神意义。因此,从根本上看,形式美是人的自由在自然物理属性上的表现。(3)形式美的规律性。形式美具有明显的规律性,这是人在实践中改造自然必须遵守的自然规律,但当这些规律被人创造性地加以运用,使之符合人的目的,并且显示了人的创造智慧才能时,这些自然规律的表现形式也就具有了美的意义。形式美的规律性较多,如单纯一致、平衡对称、节奏韵律、空间结构,等等,但其中最重要的是多样统一规律,它既显示了人能掌握客观规律,同时又能创造性地支配它,在合规律中表现出人的自由,中国美学中最为重视的对比照应规律,实质上就是如何取得多样统一规律。(4)形式美与人的生理、心理结构的关系。形式美与人体的生理快感有着最为

① 刘纲纪:《美学与哲学》,武汉:武汉大学出版社2006年版,"新版序"第9页。

密切的联系,情感与形式之间有一种对应关系,格式塔心理学的有关学说值得认真研究,同构对应关系的根源固然与人的生理—心理结构分不开,但重要的是以生产劳动为基本形态的人类实践在长时期内对人的生理—心理结构的形成和影响。关于这一点,刘纲纪在他对书法和绘画的论述中有更为详尽的阐发,我们将在下一章里详谈。

其次,刘纲纪论述了社会美。与一般性地把它定义为现实生活中社会事物的美的宽泛说法不同(如王朝闻主编的《美学概论》),刘纲纪是从美的核心——自由来界说。他认为,所谓社会美,就是人的自由在一定社会关系中的感性具体的表现,其特征是个体的自由发展和社会的发展两者的高度统一。社会美表现在社会生活的各个方面,在各种道德伦理关系里,在社会政治、经济、军事、文化的等活动中都有其表现。社会美的中心是作为实践主体的人本身的精神美,它表现在人的行为、语言、气质、风度之中,因而和人的形体美有关,它也表现在人的服饰以及生活环境里,不同的民族、国家、时代、阶级对此具有他们各自独特的要求。精神美同善的实现分不开,善的实现体现在人的行动中,从行动的观点看,坚强的意志、崇高的情感、卓越的智慧是精神美表现的三个基本方面。精神美和伦理道德的善有直接的联系,但又不等同于一般所说的合乎伦理道德,因为精神美不仅在于个体的生活行为是符合伦理道德的,而且还在于伦理道德对于个体来说不再是一种由于利害关系不得不遵守的,或基于理智的考虑必须遵守的,它是已经渗透到个体感情的深处,成为一种高度自觉的同人的自由的实现完全融为一体的精神意义和价值,也就是说,精神美包含着善,但又内在地超越了善,是比一般所说的善更高的一种境界。刘纲纪进一步认为,由于人的最根本意义上的自由同人的社会性的完满实现不可分离,因此,美作为人的自由的表现,精神美是其核心。一切美都具有精神的内容,都与精神美密不可分,形式美、自然美以及艺术美的价值的高下,决定于其中所包含的精神意义。刘纲纪的这一基本观点,决定了他对现实美和艺术美的孰高孰低的看法,这一点,我们将在后面论及。

最后,刘纲纪论述了自然美。对于自然美的一般定义,和其他马克思主义美学家相似,刘纲纪对此的界定是:自然美指的是自然界的美,包括各种自然事物的美和整个自然环境的美。但对于极为纷繁芜杂的自然界美的类分和对自然美的本质的理解,则是刘纲纪站在实践本体论的高度得出的与众不同的结论。

在他看来,纷繁芜杂的自然美可以大致区分为以下几种情况:第一,自然美的大量基本形态是各种自然物的形状、色彩的和谐之美。这种和谐是自然本身所具有的，但又与人自身的生活的和谐分不开，人自身生活的和谐只能存在于他的生活同自然规律的协调统一之中，因而自然中那些和人的自由相统一的合规律的和谐的表现，对人就具有了美的意义。第二，自然的蓬勃旺盛的生命力的表现是自然美的另一种形态。由于大自然生命蓬勃向上的发展本身就是对人的生命的发展的肯定，人从大自然永不衰竭的生命力的表现中，看到了人自身生命发展的无限可能性，看到自然生命的表现成为人的自由的肯定，因而就感受到了美。第三，某些自然物由于表现了人的某种心情，同人的某种感情相契合而成为美。第四，自然美还表现为康德所说过的“道德的象征”。在第三种自然美中，自然现象只同某种心境、情绪相联系，而在这一形态里，自然现象被进一步看做某种人格道德的象征，如中国古代的“比德”说等。对于“人体美”，刘纲纪指出，如果从它天然生成这一点来说，可以看做是自然美。

那么，如何理解自然美的本质呢？刘纲纪认为必须注意这样几点：

(1)人对自然的改造既包含了对自然物形态的直接改变，也包含不改变其形态，而是认识利用其规律属性为人的目的服务，即改变与人的关系。不能把这一问题做简单化的理解，而应当理解为通过人类的实践活动对整个自然的利用、支配、占有。(2)人对自然的改造是一个漫长无限的历史过程，因此应当用整体的和历史的观点去看待对自然的改造。有些我们今天看来是天然如此的东西(如牛、猪等家畜)实际是人类在漫长的生活实践中改造的结果。(3)人对自然的改造是在一定的社会关系中进行的活动，是某一氏族、民族、国家世世代代共同活动、战胜各种困难的结果。因此，经过人改造了的周围自然界对于人就有了社会的精神的意义，和人发生了情感上的联系，如乡土之情等，它使自然美具有了社会的人的内容。(4)人对自然的改造首先是为了满足自身的生存的需要，但由于这种改造是人发挥其智慧、才能和力量去征服自然的结果，因此自然在满足人的物质需求之外又能引起一种超越物质需要的精神上的愉悦，是人意识到他与大自然处于和谐的统一之中，人从自然中取得的这种超越功利需要的“愉快的自由”，是自然美产生的最为重要的原因。(5)人本来是自然的一部分，人的精神生活和他的物质生活一样不能同自然分离，在漫长的人类历史过程中，随着人类的精神生活需要的发展和提高，自然在成为人的物质生活的对象外，又日益地成为人的精神生活的外在环境和条件，自然界的变化和人的内在的情感和自由的精神要求的实现的关系越来越密切，产生了“情以物迁”的现象，从而使各种自然物对人发生了审美的意义。因此：

> 所谓自然美，不外是人类实践所创造出来的人与自然的统一（包括物质生活和精神生活两个方面）在自然界的各种事物上的感性具体的表现。经过实践创造，自然成了马克思说的“人类学的自然”，成了人的作品，成了人的自由的表现，于是自然就产生了美。①

刘纲纪上述五个问题反复阐述的，是自然美的根源及其形成的历史过程，是刘纲纪实践—自由的美学思想对自然美的解读，是刘纲纪实践本体论的“自然的人化”思想在自然美上的具体体现。他多次强调地指出，自然美产生的根源就在于实践基础上的“自然的人化”，“自然的人化”虽不是自然美本身，但它经由创造的自由等中介通向自然美，是一切美的秘密和诞生地所在。

实践本体论的“自然的人化”是什么呢？主要有这样几个方面：第一，它是对马克思所说的“自然界生长成为人”这一漫长的无限历史过程的哲学概括，在其本质上是一个历史哲学的命题。第二，以物质劳动为基础的实践是“自然的人化”的基础、源泉和动力，离开劳动去讲“自然的人化”就是离开了马克思主义，实践本体论所讲的“自然的人化”内在地包含着劳动。第三，“自然的人化”包含着两个不可分割的方面，即马克思所说的“客观意义的自然界”的“人化”和“主观意义的自然界”的“人化”。前者指的是人所生活的外部自然界的人化，后者则是指人的躯体、感官、欲望、需要等的人化。“自然的人化”具有主客、内外双重发展的性质，两者不可分离。② 第四，“自然的人化”并不仅仅指同人直接改造了的个别自然物的关系，而且也包含着人同不改变其形态的整个自然界的关系。劳动创造不了太阳、月亮，但却能创造这些自然物同人类生活的密切关系，使之从“自在之物”成为“为我之物”。第五，“自然的人化”不仅和人与自然的关系问题相连，而且还包含有通过社会主义、共产主义的实现，消除资本主义下的人的“异化”，使个体与社会高度统一，使人的社会本质获得充分实现这一重要涵义。在此，刘纲纪又顺便解决了人们常常疑惑的一个问题：异化劳动是否可以创造美？在他看来，答案是肯定的，异化劳动从直接和间接两个方面创造了美。首先，从劳动关系上来讲，那对劳动者来说是否定他自由的劳动，从劳动对象的改造上来说仍是人创造性地支配自然的活动。创造的成果虽然以劳动者自己的牺牲为代价，但它体现了人改造自然的力量，从而成为美的对象。其次，异

① 刘纲纪：《美学与哲学》，武汉：武汉大学出版社 2006 年版，第 37 页。

② 参见刘纲纪：《美学与哲学》，武汉：武汉大学出版社 2006 年版，第 61 页。

化劳动为不劳动的人创造出了自由时间,从而使一些人从事专门的美与艺术的创造成为可能,在这里,异化劳动间接地创造着美。

显而易见,刘纲纪在实践本体论的观照下,在"自然美"问题上作出了比李泽厚等美学家更为详尽的系统阐释,得出了不少独特的结论。即使在"自然的人化"的理解上,也与李泽厚等人的观点有很大的不同,但这并不是说完全没有一致之处,如上述第四点,就与李泽厚所说的"狭义的自然的人化"和"广义的自然的人化"相一致。但他又不同意李泽厚"自然的人化"有一个相对应"人的自然化"的讲法。李泽厚认为这是整个历史过程的两个方面,"人的自然化"有三个层次或三种内容:一是人与自然界友好和睦,相互依存,把自然当做休养生息的美好环境;二是把自然景物和景象作为欣赏欢娱的对象,人们栽花养草、优游山水,投身大自然与之合为一体;三是人通过某种学习,如呼吸吐纳,使身心节奏与自然规律吻合呼应,而达到天人合一的境界状态。"自然的人化"是工具本体的结果,"人的自然化"是情感(心理)本体的建立。① 刘纲纪则不能同意这种说法,认为"自然的人化"已经包含了"人的自然化",人只有在生产力不断发展、科技水平不断提升的实践中,进一步使自然人化,就可以克服人自身的异化、人与社会的异化、人与自然关系的异化,消除人与自然之间的敌对和疏离,进而使个体与社会高度统一,使人的社会本质获得充分实现。这样看来,李泽厚的"人的自然化"似乎是一种倒退的观点。实际上,刘纲纪的观点代表了一种"前瞻"的历史观,是对"将来必能"的理想向往,这是建立在对马克思主义的社会主义和共产主义必将实现的信念之上的乐观主义世界观,而李泽厚的观点则体现了一种"后顾"的历史感,是对"曾经有过"的深深眷恋,是席勒的回复人性的思想在后现代社会里的表现,是一种恢复工艺—社会结构中的生命力量和人生情味,是"回到自然、回到中世纪"的忧郁的浪漫主义情愫。

艺术美问题是刘纲纪极其重视的一个问题,是他用厚厚的一本《艺术哲学》来研究的问题,"这是他的,也是整个实践美学最具有代表性的著作。李泽厚没有艺术哲学,只有美的哲学和艺术社会学,美的哲学只限于美的根源和本质的讨论,没有向艺术领域展开,显得有些空洞和抽象;艺术社会学由于只停留在对艺术现象的描述上,没有哲学的支撑,又显得有些随意和肤浅。"②对艺术美,我们

① 参见李泽厚:《李泽厚哲学文存》,合肥:安徽文艺出版社 1999 年版,第 693 页。

② 参见阎国忠:《实践美学的经典文本——刘纲纪的美学思想》,《文艺研究》2005 年第 11 期。

将在下一章里专门论述，这里只探讨一下刘纲纪关于现实美和艺术美的高下问题。

还是阎国忠先生，在评论《艺术哲学》时曾指出：虽然刘纲纪不赞成黑格尔和车尔尼雪夫斯基对现实美和艺术美谁高谁低的片面真理性的认识，但他立论的逻辑还是强调了艺术通过对现实的美的本质的发现和开掘而高于现实美。① 刘纲纪一方面说，现实美和艺术美各有优越性和局限性，在特定的意义上，两种说法都是正确的，并不需要在主张一种说法的时候否定另一种说法，从作为艺术美不可穷尽的广大丰富的源泉来说，现实美高于艺术美，但从它的局限性来说，又应当承认艺术美高于现实美；另一方面又认为，艺术美与现实美不只有集中与不集中、完善与不完善的量的区别，更重要的是已被发现和未被发现、已被揭示和未被揭示的质的区别。艺术美之所以比现实美高，高在它发现了原来未被发现的现实美，并把它充分深刻地揭示出来，艺术美对现实美的丰富性和复杂多样性解释得越深刻，它就越比现实美高。这里，刘纲纪的观点已略见明显了，因此阎国忠的看法是正确的。实际上，在《艺术哲学》里的这一倾向，在其他地方更加彰显，《美学纲要》中，刘纲纪则明确地表述了他的这一观点，他详细地比较了两者的区别：(1)较之于现实美，艺术美具有更为集中、概括和典型的形态，艺术美的创造克服了现实美零碎分散、稍纵即逝以及夹杂着许多非审美因素的缺陷。现实美像是矿石，艺术美是用矿石冶炼而得的金属。(2)艺术美是对现实美的发现和升华，它的创造是艺术家对现实美的独特发现和深入开掘的结果。(3)艺术美不但是对现实美的深刻独特的发现，而且赋予了现实美不可能有的完美的形式，形式的完美是艺术美高于现实美的重要原因，艺术美把现实美所包含的深广的理性内容表现在完美的感性形式之中。(4)艺术美既然是艺术家能动创造的结果，因此它既是现实美的反应，同时又深深地打上不同艺术家的主观意识和创造才能的烙印。同一现实美在不同艺术家那里会得到不同的反映，真正成功的艺术美的创造都是独具一格、不可重复的。由此可见，刘纲纪的艺术美高于现实美的观点是直接而明确的，从刘纲纪思想渊源和学术历程上看，其艺术美高于现实美的思想，既是他作为一个艺术家对生活的真切感悟，也是黑格尔思想和毛泽东文艺观直接影响的结果。

以上所论述的几种美的形态，是刘纲纪从人的自由的实现所涉及的不同领

① 参见阎国忠：《实践美学的经典文本——刘纲纪的美学思想》，《文艺研究》2005 年第 11 期。

域和方面来区别和论说的，刘纲纪对美的第二种分类，即区分为优美、壮美（崇高）、喜剧性的美和悲剧性的美四种，则是从人的自由的实现的不同情况和性质来进行划分和阐述的。

刘纲纪所理解的美是广泛意义上的美，美并不仅仅是传统观念中所理解的和谐，作为人的个性才能自由发展的表现，美不仅在和谐中表现出来，也在与人的自由的实践相联的各种尖锐的矛盾冲突中表现为人为争取自由而进行的斗争。仅仅把美理解为和谐，这是一种在古代条件下产生的一种对美的狭隘理解，而美的范围是随着社会历史的发展而不断扩大、深入和发展的。和谐是人的自由的一种表现形式，从而也只是美的一种表现形态，一切看来是破坏了和谐的东西，只要它们在人类发展的历史中是人为争取达到自由的必然表现，对人的自由有肯定的意义，那么它们同样可以引起审美的愉快，尽管这种愉快与和谐所引起的那种不同，而要用"崇高"、"悲剧"、"喜剧"等概念表明，但其都是人的自由在不同情况下的表现，都属于美的范畴。"单纯从古代意义上的和谐去找美，会使我们对美的追求脱离人类迈向自由王国的艰巨而又伟大的斗争，使美的内容贫乏化、单调化。"①

据此，美的形态可以区分为优美、壮美（崇高）、喜剧性的美和悲剧性的美四种。关于优美和壮美，刘纲纪认为，第一，优美、壮美（崇高）是两种不同性质的美，它的发生根源在于人类在改造世界、实现自身自由时，主体与客体之间所出现的不同状态。优美是在客体与主体处于相对和谐一致状态下所产生的一种美，这时客体消除了对主体的对抗，和主体的自由的实现相协调，因此优美所引起的感受是轻快、柔和、恬静、舒适的，给人以愉快的享受。在形式上，它达到了合规律与合目的的最佳的和谐统一，其特征是没有任何让人感到烦躁不安的刺激性因素，所有的形体、线条、色彩、韵律等都趋于柔和宁静。第二，壮美（崇高）是广义上理解的美的一种特殊表现形态。是在客体与主体相对抗，但主体又有充分的力量克服这种对抗的情况下所产生的一种美，由于主体意识到自己有充分的力量克服这种来自客体的对抗，使主体的自由得到肯定，因此壮美引起的感受是振奋昂扬、激越雄伟的。西方美学中的崇高在不少情况下还带有宗教意味，含有恐怖、怪丑的因素。一般而言，崇高在形式上以体积、空间、力量的巨大，强烈的色彩、错杂的结构和不宁静的运动为特征，在优美的形式中，合规律性处处从属于合目的性，崇高则在合规律性与合目的性之间存在着紧张的对抗，但却又

① 刘纲纪：《艺术哲学》，武汉：武汉大学出版社 2006 年版，第 369 页。

是主体的实践力量所能战胜的对抗。如果说优美是一种“肯定的自由”，那么，崇高就是一种“否定的自由”。第三，壮美与优美两者互有相关，在实际艺术创作和欣赏中应注意刚柔相济，不可偏执地强调一端。

对于喜剧性的美和悲剧性的美，刘纲纪在多个方面进行了深入探讨。他首先区分了作为戏剧艺术的悲剧和喜剧同作为美的范畴中的喜剧性的美和悲剧性的美，认为喜剧性的美和悲剧性的美，根源于人类在实践活动中所遇到的正确与错误、成功与失败、痛苦与欢乐，其本质是人类改造世界的实践活动的曲折性、复杂性和艰巨性的表现。

对于悲剧，刘纲纪认为，悲剧性的美存在于人类为实现自身的自由的实践斗争和历史必然性的相互关系中。由于这种关系不同，悲剧性的美可分为两种，一种是先进的、革命的阶级和人物的悲剧美，多在于某种符合历史必然的社会理想的追求，由于尚未具备实现的客观条件或认识行动上发生错误而导致失败，这种失败使人们在痛苦中引起对人类伟大意志和力量的赞叹，从而产生审美感受；另一种是落后的、反动的阶级和人物的失败所呈现出的悲剧美，因为它显示了历史必然性的不可抗拒，暴露了落后的、反动的阶级和人物的本质，从反面肯定了人类追求历史进步和自由的合理性与正义性。与康德美学一致，他认为悲剧性的美具有强烈的感染力，能给人深刻的思想启示，悲剧美带给人的快感是从审美痛感中产生出来的。

对于喜剧，蒋孔阳从他的“美是人的本质力量的对象化”出发，认为在充满了矛盾的社会生活中，人的本质力量会异化、会受到扭曲，当把这种异化、扭曲了的本质力量当成自己的本质力量，人就会变成非人，把非人的东西当成人的东西拿出来加以夸张和炫耀，就会由于表里不符、内外不一而导致矛盾荒谬，引起人们的嘲笑与讽刺，喜剧性就诞生了。① 李泽厚在他的《关于崇高和滑稽》里认为喜剧性的本质特征就是滑稽，是实践与现实抗争的印痕，是作为目的性的善对作为规律性的真的压倒。② 与这些观点不同，刘纲纪依据马克思恩格斯的悲剧理论，从实践本体论的观点出发来阐释这一问题。他认为，喜剧性的美和悲剧性的美一样，存在于人类生活的实践与客观的历史必然性的关系之中，但它涉及的不是生活的实践的失败与客观的历史必然性的关系，而是实践活动在实际上是否真正符合历史必然性。一切喜剧性的东西都是建立在假象与本质的出人意料的

---

① 参见蒋孔阳：《美学新论》，北京：人民文学出版社 2006 年版，第 447 页。

② 参见李泽厚：《美学论集》，上海：上海文艺出版社 1980 年版，第 200 页。

矛盾乖讹上,喜剧的笑的产生都是由对这种矛盾的揭露引起的。他把喜剧分为三种:一是历史上各种反动、落后人物的喜剧。当某种生活、行为表面看来被认为是正当、崇高和符合历史必然性的,实际上极不合理,在根本上违背历史必然性,这时,对这种貌似符合历史必然性的假象的暴露与揭穿就是喜剧性的。二是正直善良、进步的人物的喜剧。某种生活、行为表面看来很不合理、正当、不符合历史必然性,实际上却是合理、正当和符合历史必然性的,对这种貌似不符合历史必然性的假象的暴露与揭示同样是喜剧性的,它带有歌颂的性质。三是生活中某些并非恶人的人物,自以为他的某种行为是非常合理、正当的,实际却恰恰相反,对这种假象的揭露同样具有喜剧性,它所引起的是善意的嘲讽和幽默。

刘纲纪进一步指出,喜剧性的美的感受能使人们在愉快的笑声中忽然洞见一切用堂皇的外表掩盖起来的腐朽事物的本质,在憎恨中轻蔑虚假与腐朽,它还能使人在悖理、愚笨的可笑行为上发现人的善良正直和可爱,获得智慧的启思,悲剧让人的意志变得坚强,喜剧则使人的智慧变得敏锐。悲剧与喜剧可以结合在一起,相互渗透形成悲喜剧。悲剧与壮美、崇高相联系,喜剧既可以与优美相联系,也可以带有某种崇高的性质。和悲剧美一样,对喜剧性的美的感受主要依靠艺术,但和悲剧美比较起来,人们在不少情况下可以对现实生活中的喜剧性的美的产生直接的感受。

必须指出,刘纲纪以上分类里虽然没有把"丑"单列出来,但内在地包含了"丑"这一美学范畴。他区分了两种不同性质的丑:一种丑是美的反面,也就是对美的否定,艺术通过揭露和批判对其进行否定,从而达到对美的肯定;另一种丑是具有审美意义的丑,它指的是生活中的某些事物,它的外形是丑的,但丑的形式里却包含了某种内在的精神性的美,而且外在的丑形式恰好成为内在精神性美的一种特殊表现,它根源于人在实现自身的自由时所遇到的某种使人的正常生存遭受破坏的灾难痛苦或反常的不合规律的现象,但人又通过自己坚强的意志和正直善良的品行克服了它,丑的形式就具有了审美的意义。艺术要尽量从外在的丑的形式中揭示出精神美,在强烈的对比中产生崇高或幽默的审美效果。在刘纲纪那里,滑稽是喜剧的最本质特性,甚至就是喜剧本身,幽默是喜剧的一种变体,荒诞是喜剧或悲剧的变体,崇高在不少情况下含有恐怖、怪丑的因素,因而,丑内在包含在崇高、喜剧和悲剧之中。

可以看出,刘纲纪对悲剧美的分析是实践本体论思想对马克思恩格斯的悲剧理论的解读。马克思主义以前的悲剧理论,对悲剧冲突问题一直不大关心,到了黑格尔情况才为之一变,但黑格尔始终把悲剧冲突看做精神性的、观念的冲突。恩格斯的“历史的必然要求和这个要求的实际上的不可实现之间的悲剧性冲突”的重要命题，第一次运用历史唯物观提出了悲剧冲突与社会生活的发展规律及要求的联系，赋予了它深广的社会历史内容，为把握悲剧本质提供了重要线索，为评论悲剧作品提供了前所未有的审视视角和批评标准。

但这种悲剧观并不是没有问题的，它过于强调历史的必然性，而所有的悲剧并非都与历史的必然要求有关，所以其阐释功能不可能适用于任何悲剧，因而，与历史的必然要求符合与否的观点也就不可能是悲剧本质的全部，以此来诠释所有的悲剧美也就可能难以周全。此外，刘纲纪的喜剧观也存在一个问题，那就是他尚没有把对自由的表现进行正面直接的阐明，自由在喜剧中的多样复杂的呈现状态还不很明晰。在这里，实践美学的第二代代表人之一的张玉能先生在刘纲纪等前贤的理论基础上做了进一步的拓展，他的观点也许可以补充说明这一问题。

张玉能先生把实践分为肯定性的建构功能、转换性的转化功能和否定性的解构功能三种，与通向美的自由相对应，它们分别对应着自由、准自由、不自由和反自由，与美的范畴相对应，在审美领域里相应地产生柔美（优美）、刚美（崇高）和幽默、滑稽、丑等。美是显现人类自由的形象的肯定价值，美可分为柔美（优美）和刚美（崇高），柔美又可分为优美、优雅、秀美，刚美又可分为壮美、崇高、大美；崇高是显现人类准自由的形象的肯定价值，悲剧性则是崇高的否定之否定；丑是显现人类反自由的形象的否定价值，丑可分为阳丑和阴丑，阳丑又可分为畸形、鄙陋、卑劣，阴丑又可分为怪异、怪诞、荒诞；幽默和滑稽是显现人类不自由的形象的矛盾性价值，幽默显现内美外丑的不自由形象，滑稽显现内丑外美的不自由形象，幽默又可分为机智、谐谑、戏仿，滑稽又可分为讽刺、讥诮、反讽。喜剧性则是幽默或滑稽的否定之否定。这样就构成了一个以实践—创造的自由为轴心，通过审美关系体现在对象世界中的美的范畴体系。同刘纲纪先生把喜剧分为三种相对应，张玉能先生还进一步把喜剧形象分为畸形、鄙陋和卑劣三类，在艺术作品中它们具有相对的独立性和稳定性，是较为定型的艺术形象类型。这些为我们揭示喜剧美中错综复杂的关系，为理解和阐释美丑互化、丑美互现的喜剧性作品提供了更为广大的空间。①

① 参见张玉能：《新实践美学论》，北京：人民出版社 2007 年版，第 40 页。

第二节　论美感:美感是自由获得实现的精神愉悦

刘纲纪认为,美感是美引起的,在根本上决定于同一定的哲学相联系的对美的本质的认识。人是怎样认识美的本质的,相当地就会怎样去认识美感的本质和分析美感。他认为,美感是人从他所创造的世界上直观到他的自由获得了实现时所引起的一种精神快感。这种精神快感,是一种由于见到人发挥自己创造的智慧、才能和力量,战胜了种种困难,从客观世界取得了自由而产生出来的愉快,美感有社会精神性、直观性、超功利性和能动性四种本质特性。刘纲纪在实践本体论思想指导下对美感进行了较详细的心理学分析,结合艺术(主要从书法)的创造与欣赏,对审美心理因素作出了科学的解释。更进一步,刘纲纪从实践本体论理论本身的内在需要出发,在社会学意义上对审美理想、审美趣味和审美标准等审美意识进行了深刻的阐发,揭示了其对人生、社会所具有的重要价值和意义。

一、美感的本质特性——超功利的"自由的愉快"

对于美感的本质特性的认识,就国内而论,在新中国成立后的美学原理著作中主要是从两个方面来说明,一是从本体论的角度,得出美感的共同本质;二是从现象学的角度,突出美感从经验上如何总结综合,前者注重从哲学层面来回答,后者则侧重从心理学层面来说明。从审美经验上进行综合的美学家多是在其20世纪80年代后期出版的著作中呈现出这一理论倾向的,如杨恩寰、王德胜、叶朗、蒋培坤等人。从本体论角度来认识美感,美感通常被认为是客观存在的诸审美对象在人们头脑中的能动反映,不少学者以马克思主义哲学和美学思想作为指导,或从客观的规律,或重社会实践,或强调人的本质力量对象化的观照,进行了各自不同的理解和阐释。

这其中最有导向作用的是王朝闻主编的《美学概论》。他把美感做了广义和狭义之分后认为,审美意识(广义的美感)是对客观对象的一种主观反映形式,是对客观现实的一种特殊的能动反映,它在生产劳动和社会实践的客观基础上产生出来,随时代历史而发展变化。蔡仪的《美学原理提纲》强调对美感的唯物主义态度,即强调美是客观的第一性,是第一性的现象,是对客观美的反映,或称为对美的认识。李泽厚在"美感的矛盾二重性"的基础上,为建立情感(心理)本体提出"美感性"论,认为美感就是内在自然的人化,既是人的感官的人化,又是人的情欲的人化，美感是一种“新感性”，它使社会的、理性的、历史的东西积淀为个体的、感性的、直接的。此外，刘叔成的“美感是对人的本质力量的自我观照”、周忠厚的“美感是对实践中美的事物和现象的认识和感受”等观点，都力图对美感作出合理的解释和说明。

那么，刘纲纪的美感是怎样的呢？刘纲纪对美感的看法，是以对美的本质的看法为基础的。他认为，美感是美引起的，在根本上决定于同一定的哲学相联系的对美的本质的认识。人是怎样认识美的本质的，相对地就会怎样去认识美感的本质和分析美感，只有对美的本质从哲学上作出正确的考察，才可避免对美的一般本质的认识和分析陷入片面或错误之中，才可以认清与美感相关的多种心理现象的实质，对它们的相互关系作出合理正确的解释。

在解决两者的关系问题时，他认为要注意两点：一是充分重视主体审美能力，不能只一般地讲美决定美感，美感是美的反映。就审美范围而言，没有美的对象的存在，当然不会有美感，但如果主体缺乏审美能力的话，对象对他就不可能成为美的对象，因此，在这里，主体的审美能力对于发现对象的美具有决定性的作用。二是审美态度（das asthetische verhalten）问题。当主体具备了同美的对象相适应的审美能力的时候，对象对他才能成为美的对象，但是这仅仅是对象成为美，使主体产生美感的必要条件，而非充分条件，因为，即使主体具备了审美能力，也不是在任何情况下对象都呈现为美的对象，它需要有一个特殊的心理状态即审美态度。显然，刘纲纪这两个方面的论述，是对马克思《1844 年经济学哲学手稿》中关于对象的性质和与之适应的主体的本质力量的性质之关系论述的应用，即关于音乐和具有音乐感的耳朵、忧心忡忡的穷人与美丽的景色之间的论述，这是为人们的普遍经验所证明了的。

在对美与美感的关系做了清理之后，刘纲纪指出，在基本点上，他同意美感是美的反映这种说法，但反映不是仅仅认识对象的属性，而是有不同于一般哲学认识论上所讲的“反映”的显著特征，即“直观”或“观照”，而且这种“观照”是马克思所说的从对象上直观人自身，即直观人自身通过实践而取得的感性现实地表现出来的人的自由。在这里，刘纲纪强调了这种“反映”的实质是一种对人自身的观照或直观，区分了蔡仪等人在一般认识论范围内等同科学认识的“反映”；强调了实践这一途径，划清了与非实践论美学的界线；强调了反映的具体内容——自由，区别了他不同于别人的对美的本质的理解，因而：

由于美是人的自由在人所改造了的客观世界中的感性具体表现，因此

> 所谓美感不外就是人看到他的自由通过实践创造在他的感性具体的生活中得到实现而产生出来的一种精神上的快感。马克思说,人能够“在他所创造的世界中直观自身”。这种直观,从对人的自由的实现的直观这个方面来看,就是美感。美感是人从他所创造的世界上直观到他的自由获得了实现时所引起的一种精神快感。①

这种精神快感,是一种由于见到人发挥自己创造的智慧、才能和力量,战胜了种种困难,从客观世界取得了自由而产生出来的愉快,刘纲纪借用康德的说法,称之为“自由的愉快”。这种愉快是以人类物质生活需要的满足为其前提和基础的,但又已经超越了物质生活需要的满足,它不同于由于单纯生理需要的满足或社会功利目的的实现而引起的愉快,更不同于由于个人排他的私利的满足所引起的愉快。

依据这种理解,刘纲纪总结了美感本质特征,详细分析阐述了他对这几种特征的理解。吕国欣、王德胜先生在《美学的研究与进展》里指出:“近十二年中的美学研究对审美意识或美感的特殊性的分析,虽然在具体表述和论证方式上也存在一些差异,但总的来说人们的观点,基本上趋于一致,并且大体上集中于三个方面,即美感的直观性、情感性和社会功利性。”②从著作所举的例子可以见出,他们只是以王朝闻、刘叔成、杨辛和甘霖等人的著作为依据而作出上述总结的,也许他们在写作该书时尚没有看到刘纲纪的《美学纲要》,因为,在这本最能全面、正确体现刘纲纪美学思想的书里,刘纲纪提出了与其总结中不相同的理解,提出了美感的社会精神性、直观性、超功利性和能动性四种本质特性。

1. 美感的社会精神性

在人类历史发展的早期,把美感混同于快感的情况普遍存在,只是随着人类物质文明与精神文明的不断发展,两者才渐渐区分开来。在理论上,从柏拉图在《大希庇阿斯篇》里提及的“美就是由视觉和听觉产生的快感”到西方20世纪以来如马歇尔(H R Manshan)和格兰特·艾伦(Grant Allen)为重要代表的“快乐美学”学派,都把美感归结为快感,中国古代美学里虽没有明确的说法,但两者也是经常混同的。刘纲纪认为,两者是有根本的区别的,美感是一种由于人的自由通过实践活动获得实现而产生出来的快感,因而它是一种具有社会精神意义

① 刘纲纪:《美学与哲学》,武汉:武汉大学出版社2006年版,第356页。

② 吕国欣、王德胜:《美学的研究与进展》,上海:上海交通大学出版社1993年版,第76页。

的快感,在本质上不同于一般生理需要满足所产生的感官快感,但两者并不因此毫无瓜葛,这是由于人的自由的实现不能脱离生理需要的正常满足,因而美感常常伴随着快感,但又超越了生理快感而渗透着社会精神的意义。从人的主观感受来看,人的美感是人所特有的精神感觉,绝不是一般动物性的自然感觉。否认美感与快感的联系,就会否认美感必须有的自然生理基础,而混淆两者的质的区别,就会把美感降低为动物生理的快感。

2. 美感的直观性

直观性是美感的一个基本特点,它是一种被西方美学家称之为"观照"(contemplation),区别于实践活动和理性思考的意识活动方式,我们所说的"直观",指的是美感具有一种不假于思索的直感的特征。这种直观性根源于美不是抽象的概念,不能脱离感性具体的存在,但美作为感性具体的存在,又是人的自由的表现,因此,美感中的直观不是对于现象的一种简单感觉,而包含有远远超出一般感觉的理性内容,在这种直观性中,存在着感性认识与理性认识的特殊统一。美感中有理性认识在起作用,但这种认识始终不会脱离感性的直观去转变为纯粹抽象的概念思考,这是美感直观性的根本特征。由于包含在美感中的理性认识始终不能脱离对具有不可重复的感性具体对象的直观,因此包含在美感中的理性认识无法用概念的语言加以精确地规定,即形成的是一种"非概念"的判断,从而形成了美感"言有尽而意无穷"的特点。美感的特殊价值不在于给人抽象的概念认识,而在于把人引入某种情调、意绪、境界之中,在感性的直观中体验深藏于感性中的理性,从难以言说的情景中体验社会人生的真谛。

3. 美感的超功利性

所谓超功利性,指的是美感不是由直接的功利满足引起的快感。有的对象既可以满足人的功利需要,又可以引起人的美感,但这种美感又不是仅仅由功利需要满足引起的;有些东西根本不能带来功利需要的满足,但同样可以是美的,因此,有用的东西虽然可以同时是美的,但有用并不等于美,无功利需要的东西也可以是美的,"无功利而生愉快",无功利需要并不等于无美。美感的超功利性根源于美的本质,即美是人的自由的感性显现,它以功利为基础又超越了功利的满足。任何实用的东西,如果它的制造既合实用目的,又显示了人的创造的自由,那么它既是实用的,又是美的,相反,如果它只是实用的,却不能显示人创造的智慧与力量,没有表现出人的自由,那它可以是实用的,但没有美,还有许多没有实用价值的东西,因为表现了人的自由而具有了美,这种对超越实用功利的人的自由的追求,正是人类的生活不同于动物生活的根本区别所在。从功利与超功利的关系上来看，美感已超越了功利的满足，但它不能脱离功利满足的基础。从它使人的个性才能、理智情感得到自由发展来看，美感能作用于人在满足功利的范围内所从事的活动，使人类的功利需要得到更好地满足，并推动人类历史的进步与发展。因此，既要承认美感具有超功利性，又要理解就其基础和最后的作用来讲，美感不能脱离功利。

4. 美感的能动性

由于美感是主体从对象上直观他自身的自由的感性表现，因此，美感不是对事物属性的简单被动的感知，而具有很大的能动性，表现在：第一，由于美感是从一个有限的感性具体的对象上直观人自身的自由，因此，它比任何其他意识活动更充分地表现出想象的自由创造能力和与之直接相连的主体情感的抒发与体验；第二，由于主体对自由的理解不同，同一对象对于不同的主体会引起不同的感受，同一主体在不同的状态和心境下，对同一对象也会产生不同的感受；第三，主体的审美能力对美感起重要作用；第四，审美需要一个特殊的审美状态，这一状态不同于对对象的实用功利的、科学的态度，而是审美态度，这种态度就是要从日常实用功利的或单纯理智认识的态度，转向超功利的自由的直观。如果主体不能采取这一态度去看待世界，即使客观上存在着美，这美对他也是不存在的，这是客观事物的美对人呈现出来的一个重要条件。

这样，刘纲纪从实践本体论的基点出发，在对美的本质的认识的基础上，对美感是美的反映这一命题中"反映"的实质的重新认识，即它是一种对人自身的直观，区别于一般认识论范围内的"反映"内涵，同时强调了实践这一途径，指出了自由这一反映的具体内容，从而得出"美感是人从他所创造的世界上直观到他的自由获得了实现时所引起的一种精神快感"的结论，进而总结阐述了美感本质特征。

二、美感的心理学分析——具体学科知识的实证研究

阎国忠先生曾指出："刘纲纪没有像李泽厚等一些学者那样把美学切割成美的哲学、审美心理学、艺术社会学几块，而认为马克思实践观点的美学内在地包括着对美的哲学分析、心理学分析和社会学分析，它们是不可分割的整体。哲学的分析——美是人在实践创造中所取得的自由的感性具体表现——是前提、基础，在这个前提或基础上，心理学分析要涉及审美感受（美感）中各种心理因素的相互关系以及审美感受的心理过程等，……经过心理学分析和社会学分析，哲学的分析便将得到历史的验证而扬弃它的单纯抽象思辨的弱点，成为真正科

学的真理。"①事实正是这样，刘纲纪在《从美的哲学分析到心理学和社会学的分析》一文中指出："以实践为基础的马克思主义美学，应当把对美的哲学分析和心理学、社会学的分析内在地结合和统一在一起，因为实践作为美的创造的基础，本来就包含着这三个既有区别又不可分地结合在一起的方面。"②由于客观存在的美只有通过人的感知才能得到确证，成为具体现实的东西，因此"要使对美的普遍的一般的本质更接近于我们日常的审美经验，就必须从对美的本质的哲学分析进入对美感的心理分析"。"没有美感的心理分析，对美的本质的认识就将是相当抽象的。"③对美的心理学分析牵涉到各个方面的复杂问题，如人的审美心理结构、心理过程，等等，但刘纲纪所论述的主要是审美感受中诸心理因素以及它们的相互关系，因此，他的美感心理分析实际上是关于美感心理因素的分析，是康德对美感分析的张本。与其他哲学美学家对心理因素的分析一样，刘纲纪也主要是对最基本的所谓"审美心理四要素"，即感知、想象、情感、理解在审美心理活动中交错融合、自由运动的过程做了初步的描述，尚没有能够用复杂精确的数学方程式来加表述，但与其他美学家不同的是：第一，刘纲纪是在实践本体论思想指导下进行的美感分析，认为仅谈"四要素"是不够的，记忆、意志、潜意识等也不能忽视，他依此对各心理要素做了符合现实生活和艺术实际的阐述。第二，刘纲纪结合艺术（主要从书法）的创造与欣赏，对审美心理因素作出了科学的解释，这样就使得刘纲纪的哲学美学在形而上的思想指导下，获得了多学科具体知识的形而下实证，理论在实践中充实了、澄明了，而具体的艺术实践在理论观照下找到了敞亮自我、升华自身的出口。

1. 感觉与知觉

由于美感是人从一个对象上直观他自身的自由，因此，美感的首要心理因素是对事物形象的感觉与知觉，但这种知觉不同于日常生活中的其他知觉，它不是把对象当做实用功利的对象或科学研究的对象去感知，而是当做人的自由的感性现实的肯定和表现去知觉。审美知觉具有极大的自由选择性，它所要捕捉的是对象上那些表现了人的自由的感性特征，而忽略去与此无关的因素。所以，审美的知觉，不是那种如实再现对象的一切特征，而是一种捕捉那些表现了人的自由的感情特征的知觉。

---

① 阎国忠：《实践美学的经典文本——刘纲纪的美学思想》，《文艺研究》2005年第11期。

② 刘纲纪：《美学与哲学》，武汉：武汉大学出版社2006年版，第121页。

③ 刘纲纪：《艺术哲学》，武汉：武汉大学出版社2006年版，第349页。

结合书法艺术，刘纲纪在分析了意识、潜意识对“四大要素”及记忆、意志的密切联系后认为，在感觉与知觉上，书法是视觉艺术，它明显地存在着视觉组合现象、视觉融合、视觉定势、视觉敏感、动觉联觉等。视觉组合是说人类的视觉能深入感知事物的形状结构，并予以组合，这种组合最常见的是“接近组合”和“相似组合”，如书法中三点水、四点水的书写等，中国书法中的草书被称为“一笔书”，这种在视觉中产生的不间断的连贯感觉，即与视觉融合有关。对于视觉定势，刘纲纪指出，它既影响了艺术创作与欣赏的趣味和爱好，也会影响打破个人旧有风格的创新。一个好的书法家，养成一种与书法艺术相关的视觉敏感至为重要，古人有“纤微向背，毫发生死”的感受，这就是一种高度的细致入微的视觉敏感，它对书法的创作和欣赏有着重要的关系。书法的运动感是构成书法美的一个重要条件，这种运动要靠人的动觉去感知。心理学对运动的视觉感知，常见的有三种：诱导运动、自主运动和似动运动，由于中国书法艺术既是抽象的，又具有浓厚的具象意味，引发种种朦胧的联想，因此，对上述三种运动都可能产生。联觉亦即通感，在具体的艺术欣赏中都可能产生，在书法里，表现为由对点画形状的视觉感知产生某种本是由触觉感知的质感，或由听觉才能产生的音乐感，如欧阳询说“刚则铁画，媚若银钩”，是由笔画形状感知对铁、银的质的触觉。又如李嗣真对王羲之书法美的形容：“其声鸣也，则铿锵金石。”①

2. 联想与想象

联想与想象与美感中的知觉联系在一起，其重要作用在于把审美主体所知觉到的事物感性形象同人的内在心灵的自由联系起来，产生审美知觉。刘纲纪认为，在美感中，联想由于受感知到的形象的刺激，回忆起已有的生活经验和思想情感，把知觉到的形象与人的自由的表现联系起来，使知觉成为审美知觉。与联想不能分离的想象，不论是再现性或创造性想象，比联想的活动更自由，更能能动地作用于对对象的知觉，创造出新的形象，把知觉中的形象充分转化为审美的形象。

联想产生的原因，心理学上有多种解释，如休谟提出的相似律、时空接近律、因果律，后来联想主义心理学的创造者哈特莱把它归结为一种，即接近律。刘纲纪认为，从中国书法来看，历代书论家对书法所做的种种比喻形容，如孙过庭说的“或重如崩云，或轻若蝉翼”，等等，都是由书法的点、画及结构呈现出来的形态与现实事物在某些地方有类似之处而引起的联想，它可为心理学的接近律提供大量例证，同时也证明了书法的美是与人对各种现实事物的美感有关的。刘

① 刘纲纪：《中国书画、美术与美学》，武汉：武汉大学出版社2006年版，第158—161页。

纲纪又进一步谈到了联想的多次律、自由联想和控制联想与提示等，并就此与书法艺术美的感受作出了令人信服的说明，他认为由于书法形体结构的抽象性、情感表现的不确定性，所以在书法创作与欣赏中，自由联想有很大作用。他特别指出，语言提示与联想同书法有很大的关系。中国书法本来集中概括了中国人在漫长历史时期对天地万物丰富而深刻的审美感受，但它的抽象性又使它蕴涵的美不易为一般人所理解和领会，即使有了深刻的理解与领会也难以用合适的语言作出确定易解的表述，于是古人就用天地万物这些曾被人或易被人感受的美来比拟形容，以唤起人们的种种联想，唤醒人们的审美感受，启示诱导人去体验、欣赏某一书法作品所涵含的美。比拟形容法在心理学上的根据，为我们解释了为什么这种方法在中国古代书论、文论中代代相传不绝的原因，是否能用高度简练、富于想象力的文字性的比喻去准确深刻而巧妙地品评某一作品的艺术特征，也是评判一个艺术评论家有否鉴赏力的重要标志之一。

3. 情感

从一般心理学上看，情感是对象与主体之间关系的反映，情感有审美情感与非审美情感之区别。刘纲纪认为，一个客观的美的对象反映到主体心中，引起种种复杂活动，其中最重要的是使主体产生了一种特殊的愉快的感情；各种心理因素是否属于审美心理的范围，最根本的是看它们是否与审美的情感相联系，并以产生这种情感为最后目的。他指出，与美作为自由的表现的特征相对应，审美情感具有下述几个方面的特征。

首先，它是一种虽然最终以物质需要的满足为基础，但又已经超出需要的满足的愉快情感。由单纯的需要的满足所引起的情感不是审美的情感。其次，它是一种同周围世界形形色色合规律的感性物质形式直接相联的愉快的情感。这些形式的诸特征不是单纯认知的标记，也不是需要的满足所要加以改变和占有的对象，而是人的生命的自由的生动显现。再次，这是一种个体同他人、社会达到了和谐统一的愉快的情感。在这种情感中，个体直接深刻地感受到了他个人的自由、幸福，与他人、社会的自由幸福不可分的联系，是一种个人与他人、社会达到高度统一的情感。① 刘纲纪认为，只一般地讲美与情感不可分是不能解决问题的，重要的是通过上述三大特征找出审美与非审美情感的区别。审美的情感是主体直观人的自由获得了感性现实的肯定而产生出的一种愉快的情感，因此，情感在美感中的作用，在于通过情感，主体把对象看做是自身生命的自由的

① 参见刘纲纪：《美学与哲学》，武汉：武汉大学出版社2006年版，第123页。

外在表现,进入“登山则情满于山,观海则意溢于海”的状态。这虽与联想、想象分不开,但如果没有情感的作用,联想、想象就不可能把对象的知觉和人的自由的感情表现联结起来,从而想象、联想也不会是审美的想象、联想。所以,刘纲纪指出,主体对对象所采取的情感态度如何,是不是审美的态度,就决定着其他心理因素的活动是否具有审美性质。如果主体对待对象的情感态度是非审美的,那么其他心理因素的活动也是非审美的。情感因素渗透在和美感相关的各个心理要素之中,规定着其他心理要素活动的性质和方向,情感在美感诸心理要素中占有最为重要的地位。

书法欣赏与创造中的情感,是与书法的抽象形式不能分离的情感,是一种对审美感受类型的概括性的情感,如一般常说的“刚健”、“飘逸”、“雄强”等审美情感。刘纲纪从冯特的“情感三维度”,即快与不快、兴奋与沉静、紧张与松弛来说明书法艺术中的一些问题。从第一维度看,这是成功的书法和拙劣的作品引起的不同情感,快与不快与书法的抽象形式有关,由这种形态所引起的并非单纯感官上的愉快。从第二维度看,是书法创作和欣赏常见的两种情感状态,就创作而言,一般在沉静状态下能产生好的作品,在兴奋状态下也可以,如张旭作狂草,但这种兴奋必须是审美的感悟、振奋的状态才行。在欣赏中,刚健雄奇的作品多引起兴奋,平和淡雅的作品能引起深思。从第三维度看,则与刚劲有力的用笔和柔和流动的用笔所引发的情感相关。对于使人的审美情感达到心醉神迷的“高峰体验”,刘纲纪举出了欧阳询的故事来说明:史载欧阳询见到一块古碑,被碑上书法美所吸引,坐卧其下,三日不能去,这就是书法欣赏所达到的“高峰体验”。但刘纲纪又指出,西方人所说的“高峰体验”与中国人的思想既有相通之处,又有不同之处,中国式的“高峰体验”主要是对天人合一境界的体验,是一种“妙契”,中国书法中的“高峰体验”最重要的就是要“悟于至道”,恍然觉得书法是天地万物生命的运动、结构节奏、气韵精神等所具有的无穷意味的呈现,而后达到的入迷程度,有时甚至会产生一种心神迷醉的类似宗教经验的情感体验。

4. 理解与记忆

在美感中,把主体知觉到的事物的感性形象用人的自由的感性表现联系起来,不仅靠想象、联想和情感,理解(思维)也是不可忽视的因素。这是由于既然是对人的自由的直观,就会有理性的认识在其中起作用,就会有对社会人生的意义与价值的理解,而且这种理解越深广,联想、想象、情感就越具有深刻的涵义,只是这种理解不是以完全系统的理论形态表现出来,而是与主体对生活的感受不可分割地结合在一起,并渗透在联想、想象和情感之中。与主体对生活的感受相脱离的抽象理论，不管它多么重要、正确都不可能真正进入美感而成为美感的心理要素。理解与情感密不可分，审美的情感是一种渗透着理性的情感。

在任何艺术创造欣赏中理解（思维）都在起作用，但它如盐溶于水一样，融化在审美的知觉、联想、想象和情感的体验之中，起着无形的规范、导引作用，不是导向纯粹抽象的思维概念，而是导向可感知的艺术形象的创造与欣赏。在书法中，它最重要的特点就是心理学上所说的"集中的沉思"。刘纲纪指出，西方现代心理学把沉思分为"集中的"和"敞开的"两大类。集中的沉思就是通过集中注意所想望的事情，自然地在意识中排除外部世界中的其他一切事物，从而暂时达到的一种明净、空虚或寂静的异常的意识状态。而这正是书法欣赏与创造所要求的，这也正是蔡邕"夫书，先默坐静思，随意所适，言不出口，气不盈息，沉密神采，如对至尊，则无不善矣"的现代心理学根据。通过这种集中的沉思，把本是有意识的书法创造活动转变为一种似乎是无意识的自然而然的活动，即打破日常意识的束缚，让潜意识充分发挥作用的"心乎双忘"的状态。中国人的集中沉思与对"天地之道"和"天人合一"的体验分不开，与对天地万物的感受和反思分不开。

对于记忆，刘纲纪认为，美感活动必须以主体的全部生活经验为基础，生活经验以记忆表象的形式留存于主体内心世界，构成对美感活动有潜在意义的生活积累。一旦现实生活中的美的事物引发的主体的美感活动，记忆表象就会增强主体对对象知觉能力，推动联想和想象展开，使之与过去的多种记忆表象相互渗透，创造出新的表象。情感记忆还会增强主体的美感体验，使美感活动中的情感不断加深。

在审美过程中，美感产生是以上多种心理因素相互作用的结果。主体在对对象知觉的同时产生了联想与想象，联想与想象又积极地加工改造知觉材料，规定着知觉的方向，同时又把知觉与情感、理解联系起来，不断深化着美感过程中的知觉活动，使人们对美的事物的知觉产生审美的精神愉快。美感中的知觉活动引起主体的情感活动，但随着情感活动自由扩展的是在知觉基础上展开的联想、想象活动，联想、想象活动在美感中是极其自由的，同时又是合规律的。这就是美感活动中诸心理因素之间的相互关系。刘纲纪说：

> 审美诸因素的交互作用，归结到一点就是如何使主体所知觉到的感性形象直接成为人的自由的感性表现。……我们对美感的心理特征可以大体作出一个这样的说明：美感是在感觉和知觉的基础上，由联想、想象、情感、

理解诸心理因素的协调活动所达到的一种知觉与情感契合无间的心理状态。在这种状态中，我们从对象上直观着人的自由，产生出一种精神的愉快。①

如前所述，刘纲纪对美感的心理学分析不尽相同于其他美学家的分析，除了以其所论述的美感心理学理论与具体的书法艺术美的有机结合，使理论的阐述由于对具体艺术问题的解决显得真切充实外，最重要的是对实践本体论美的本质观的运用。有什么样的美的本质观就会有什么样的美感本质观，也就会有在这种观点指导下的心理学认识。他说："对美感的心理分析牵涉到许多复杂问题……我只想指出，通过对美感的心理分析，我们看到美感虽然包含着许多复杂的心理因素，但从根本上看，它是人从对象上感知体验到人的个性才能的自由发展获得了肯定而产生出来的一种愉快的情感，也就是我们在前面说过的"自由的愉快。"②自由和自由的愉快这一实践本体论的美和美感的本质认识从根本上规定和区别了与前述几位美学家对美感心理的认识和分析，构成了刘纲纪与众不同的美感心理学分析理论。

三、审美理想、审美趣味和审美标准——审美意识的社会学阐发

在讲述美感的中国美学原理著作中，美感有两种含义，一种指狭义的美感，专指审美感受，它是构成审美意识的核心部分；另一种是广义的美感，指整个审美心理，主要包括主体审美活动的各个方面和各种表现形态，如审美趣味、审美能力、审美理想、审美观念、审美感受，等等。王朝闻的《美学概论》、杨辛与甘霖的《美学原理》、刘叔成等的《美学基本原理》、仇春霖的《简明美学原理》、周忠厚的《美学教程》以及蔡仪主编的《美学原理》等都持类似观点，他们都把广义的美感指认为审美意识，王朝闻主编的《美学概论》对审美意识的研究具有基调性的作用，其他各家均受其影响，从而使这种观点成为迄今为止美学界最主要的观点。

统观刘纲纪的论著，他似乎对此持有保留态度，他从来没有把美感做过广义狭义之分。他说："所谓审美意识，首先指的是美感，其次还包含审美理想、审美

① 刘纲纪：《美学与哲学》，武汉：武汉大学出版社 2006 年版，第 365 页。
② 刘纲纪：《艺术哲学》，武汉：武汉大学出版社 2006 年版，第 349 页。

趣味、审美标准等一系列问题。"[①]在《美学纲要》中,他说:"美感是对现实生活中客观存在的美的对象的反映,它同人们的审美理想、审美趣味、审美标准相联系构成审美意识。"[②]在他对美感和审美理想等的论述中,从来也没有将其扭结在一起,而是分章分别论述。由此可见,在刘纲纪那里,审美意识是一个大于美感的范畴,并非是与美感同一的关系,他对"广义的美感又称审美意识"或"审美意识就是广义的美感"的表达方式持不赞同的态度,因为这种表述在我们今天看来是有逻辑问题的,至少它是含混不清的。

吕国欣、王德胜在总结前一个时期对审美意识的研究时指出:"目前我们对审美意识研究存在着两大缺陷:一是简单化倾向,二是表面化描述。简单化倾向是指我们对审美意识做了广义、狭义的区分之后,便以对美感的研究取代了审美意识的研究。这样,一方面造成了概念的混乱,另一方面使许多重要的概念如审美理想、审美趣味、审美态度、审美愉快等,都没有得到必要的阐述和分析,致使审美意识这个含义非常丰富涵盖面极广大的概念显得苍白、单薄,其内在层次、结构得不到梳理和揭示,更无力深刻地阐明审美意识对人和社会的意义。表面化描述……缺少系统的过程分析。"[③]对于这一意见的第二点,即表面化描述的缺陷,即使前期有如蒋培坤的《审美活动提纲》、滕守尧的《审美心理描述》,近期有毛宣国的《美学新探》(2002),张法的《美学导论》(1999)、王德胜的《美学教程》(2001)等较有影响的著作出版,但由于美感心理的研究必须依赖于心理学研究的成果,又由于美学本身不同于一般科学的心理学的研究的学科独立性,所以,从一般心理学出发进行现象学描述将仍然是美感心理研究无法在短期内得以突破的壁障。而就克服上述意见中的第一点,即简单化倾向,刘纲纪在20世纪80年代就已经做到了,确切地说,部分地做到了。

从实践本体论理论本身的内在需要出发,就审美意识对人生、社会的价值和意义的揭示,是这一理论必然旨归,几乎在所有谈论美和美感的论著中,刘纲纪都要单独设章辟节来论述审美理想、审美趣味和审美标准。

1. 审美理想

刘纲纪认为,审美理想就是人们在社会生活中所追求的某种被视为最完善的境界和美的形象。对这一概念的理解,要注意如下两点:第一,审美理想与人

① 刘纲纪:《美学与哲学》,武汉:武汉大学出版社2006年版,第164页。

② 刘纲纪:《美学与哲学》,武汉:武汉大学出版社2006年版,第320页。

③ 吕国欣、王德胜:《美学的研究与进展》,上海:上海交通大学出版社1993年版,第94页。

们的生活理想直接相联系,在根本上不能脱离一定的历史条件和世界观。任何审美理想都具有社会性,具有一定的具体历史内容,它随着社会的发展而变化发展,没有永恒不变的审美理想,在阶级社会中,不同阶级有不同的审美理想,审美理想的社会性和历史具体性决定了审美理想的发展具有历史继承性。共产主义的完美理想是在消灭了阶级的条件下所产生的人类历史上最崇高的审美理想,同时又是对人类历史上一切具有进步性的审美理想的批判承继和发展。第二,审美理想是在对现实生活中存在的许多个别的美的事物长期反复感受的基础上形成的,它表现了人们在生活实践中对于尽可能完善的美的追求。但它又不是某种抽象的概念和某种固定不变的统一模式,它总是存在于人们对于美的某种形象的预期和构想之中,它的实现具有无限多样的可能性。审美理想的普遍性、一致性同它的具体实现的形式的无限多样性不能分离。

审美理想有何作用呢?刘纲纪认为,第一,审美理想虽然不是某种固定不易的模式,但它对人们的美感起着规范作用,和一定历史时代审美的趣味、风尚、爱好密切相关。凡是在某一历史时代得到广泛流行的美,都同这一时代的某种审美理想相一致。第二,健康、先进的审美理想的形成和传播能促进社会审美意识和美感朝健康向上的方向发展,反之亦然。第三,审美理想对艺术创造中起着明显的重要作用。艺术美是在一定审美理想强烈作用下创造出来的,它一旦创造出来后又能反过来影响一定历史时代的审美理想。

2. 审美趣味

审美趣味是人们在审美中的不同爱好和倾向性的表现。这种表现在不同的个人身上,在不同的民族、国家、时代、阶级、社会集团中都明显存在着。形成审美趣味的根源在美感的差异性。刘纲纪认为,从社会历史角度看,美感是对人自身的自由的直观,而对自由的理解,以及自由的具体实现形式在不同条件下是各不相同的。人们怎样地创造生活,他就会怎样地感受美,而人们的生活是受自然环境、民族特性、物质生产、社会结构、风俗习尚等制约的,反映在主体的审美感受上就产生了民族的、国别的、社会的、阶级和时代的差异。从个人角度看,同一民族、国别、社会、阶级、时代的人,由于他个人所参与的社会实践,他的经历、教养、思想、感情、个性、天赋、气质等的不同,对美的感受自然也不会相同。不是任何一种审美趣味都是合理的,它有高尚与落后、健康与腐朽之分,它同人们的审美理想密切相关,它终始渗透着某种审美理想,审美趣味比审美理想更具体更直接地作用于人的美感的产生,审美趣味也与人的审美能力直接关联,人的审美理想与审美能力的文野高下最集中具体地体现在其审美趣味中,从人的审美趣味中，可以清楚地看出他的审美理想与审美能力的高低优劣。因此，刘纲纪指出，培养高尚健康的审美理想和审美趣味，提高人们的审美能力，是美育中非常重要的问题，同建设社会主义文明有密切关系。

美感虽然有种种差异性，但由于美终究是人类社会历史发展的产物，它包含着一种普遍的客观必然的社会内容，这就使得美感具有共同性。审美趣味既有多样性，但它同时也有统一性。从世界历史的范围看，统一性的产生是由于人类社会实践产生的美具有普遍共同的本质，凡是真正美的东西，都能成为全人类共同的精神财富。不同的时代、社会、阶级的审美趣味的统一性，根源于不同时代、社会、阶级的实践产生出来的美各自具有的共同性。凡是在历史上和人类的进步相联系的美，不论属于哪一个阶级、时代、社会，都可能得到广泛的承认和爱好。审美趣味既有差异的多样性，又有共同的统一性。因此，刘纲纪指出，两者是不可分割地辩证地联系在一起的，只承认统一性而否认多样性，实际就是对审美趣味的否定，因为审美趣味是与人们审美感受的多样性密不可分的，反过来，只承认多样性而否认统一性，那就取消了审美趣味的社会性，同时也就否认了人们的审美感受相互交流的可能性，只有在两者的辩证统一中，审美趣味才能存在并得到不断地丰富和发展。

3. 审美标准

由于审美标准问题与美、审美的许多方面有着紧密的联系，因此，一个时期以来对美的本质问题的回答有着许多不同的理解，那么，在关于审美标准问题上出现多种多样的观点也就十分正常了。第一种观点认为，审美标准的客观存在是必然的。第二种观点认为，审美活动从根本上是直接依据主体的主观条件的，审美标准在于能否使主体获得全身心的解脱感和愉悦感，如王泽民的《审美的感性本质》等就持此观点。第三种观点认为，审美标准要到作为价值主体的人的某种价值观念中去找寻，如蒋培坤在其《审美活动论纲》中认为的那样，人性的尺度也就是美的尺度，是美的这种价值的内在根据，它取决于历史地形成和历史发展的人类本性，美的产物之所以美的原因，根据不在物，而在人，在于人的最高价值——自由生命的实现。由上述三种观点出发，又产生了关于审美的相对性与绝对性理解的多种视角、多种方式阐述的观点，或曰绝对性，或曰相对性，或二者综而合之，提出相对性与绝对性统一的观点，而这种统一也是相对而言的，在不同的美的形态中，其表现方式不一样，使得有的美的形态呈现出较强的相对性，有的则呈现出较强的绝对性，等等，对审美标准进行了积极的富有成效的探索。

那么,刘纲纪是如何阐释这一问题的呢?大体上说,刘纲纪与王朝闻、李泽厚以及杨辛、甘霖等人代表了第一种观点,即审美标准是客观存在的,但刘纲纪从实践本体论关于美的本质的独特观点出发,作出了与其他人不同的阐述。刘纲纪认为,解决审美有没有客观标准的问题,首先取决于是否承认有客观的美存在,如果承认,那自然也应当承认审美有客观标准,反之就会否认有客观标准。实践本体论美学认为美是客观的存在,因此认为人们审美判断的正确与错误有客观标准可言。

刘纲纪首先论述了美的客观性的判断标准。他认为,美具有客观性,这是我们反复论证了的,不同的主体对于人的个性才能的自由会有不同的看法,因此同一对象对于不同主体会成为美的或不美的,但美的客观性并不因此遭到否定,因为不同主体对于人的个性才能的自由发展的不同看法的产生,不是由主体的意识决定的,而是由人类社会实践决定的,也就是说,美是人类社会历史实践的成果,不是精神、意识的产物。所谓真正客观的美,就是真实客观地体现了人类在一定历史发展阶段所取得的自由的美,这种自由不是主观的臆想,而是人类在历史发展着的社会实践中对客观必然规律的认识和支配的结果。只有这样的自由才是真正的自由,只有体现了这种自由的美才是真正的美。人们所说的美是否同这种美相一致,虽然不能用自然科学的实验方法去验证,但可以而且完全能够通过人类社会实践的历史发展去检验。凡是同人类历史向前发展的一定阶段相适应、相一致,展示了人类在这个阶段上取得的自由,并且构成了历史发展的一个必要环节的美,都会为后人所赞叹、欣赏,永存于人类历史。刘纲纪特别指出,不能对这里所说的"一致"做表面肤浅的简单理解,它经常存在着种种曲折复杂的情况。总之,美是客观存在的,审美标准是客观的,真正正确的合理的美是符合人类历史发展的客观要求的美,美与不美,最终要放到人类历史发展的实践过程中去加以衡量。

刘纲纪进一步指出,审美客观标准既是客观的,同时又是历史具体的,旧唯物主义美学也肯定审美有客观标准,但它所说的客观标准却是一种超历史的、抽象不变的标准,因此它无法科学地解决审美标准的客观性问题。刘纲纪又论述了审美判断上的差异性与相对性问题。他指出,人们对美与不美的判断的差异有时并不是出于对美的本质理解的根本差异,而经常由审美趣味的差异性和个体审美能力的差异性引起的,理解了审美趣味的多样性,就会消除由于个体过分强调自我的审美判断而引起的争论,明白了个体审美能力有高下文野之别后,就会在提升个人的审美能力的基础上,对由于审美能力低下而造成对美的错误判断作出改正，从而与正确的判断趋向一致。他强调，审美有相对性，但在相对里包含有绝对，在差异里包含着共同性，所以，审美标准上绝对的相对主义是不能成立的，相对性只表现在人们对美的判断不是在任何情况下都能和客观的美完全一致上。

刘纲纪强调指出：

> 审美在表现形式上是同每一个个体的爱好、趣味直接相关的，但在这种看来只和个人相关的爱好、趣味中又包含着一种不以个人为转移的普遍必然的社会内容。因此，审美既和个人的爱好、趣味分不开，同时又有着不以个人为转移的客观标准。①

刘纲纪强调审美具有客观标准的说法，在近一个时期受到了后实践美学的质疑，他们指出，把对美的判断标准推向了一个先在的权威的客观规律，以所谓客观历史规律为正确的美感反映标准，导致了审美权威主义，抹杀了审美民主。② 从提问者的参考文献来看，这是对刘纲纪《艺术哲学》中有关论述的质疑。在《艺术哲学》中，刘纲纪并没有对审美标准问题展开较详细的论证，他的有关论证主要集中在《美学对话》、《美学纲要》等论著里，我们上面的论述，已经回答了提问者“美是客观的，但它又与人的精神情感有关，那么主观的情感怎么能达到客观存在的美呢?”这一问题。对于“客观历史规律”为正确的美感反映标准的提出，是刘纲纪等马克思主义美学家在对美和美感的本质经过严整的哲学的、心理学的和社会学的论证中得出的科学结论，审美固然是个体的、精神性的，但审美的主体必定是具有社会性的社会人，必然有着人类的心理共同感，而他所审视感受的对象也必定是人类社会实践的产物，具有社会历史的客观性，所以个体的审美也就必定受社会历史的客观规律，受他自己的社会性的制约，他的审美趣味、审美理想中一定有着普遍必然的社会内容，超越了社会制约的个人绝对自由的审美是从来没有的，如果有，它必定是虚构的、神秘的“无”。

把美与人类历史向前、人类社会向上向善发展对立起来是一种十分荒诞的想法。美学作为人文学科，倡扬人文精神，以研究促进人的全面自由发展为学科

---

① 刘纲纪：《美学与哲学》，武汉：武汉大学出版社 2006 年版，第 370 页。

② 参见吴冶平、章辉：《刘刚纪实践美学观的理论贡献及其局限》，《社会科学家》2004 年第 3 期。

最终任务,把人生的价值和意义与社会历史的发展联系起来,把人类的审美趣味、审美理想与人类社会历史发展的必然要求联结起来,把人们审美判断标准归结在推动人类文明的发展规律上怎么会取消美学、抹杀民主呢?对于批评者所谈及的威权主义,刘纲纪曾指出过,如果权威是阻碍社会进步和思想发展的反动落后的权威,就必须加以反对,而对于代表了真理和历史进步和人类发展的权威,就应当予以尊重,失去了健全的权威的社会,或完全没有权威和中心的社会,是一个混乱的社会,是相对主义和虚无主义猖獗的社会,而这时,反权威就会成为唯一的权威。①

当然,我们也应当反思这种提问和质疑。社会是发展的,真理是相对的,它是一个无限的历史过程。与纷繁复杂、变易不居的现实生活相比,包括刘纲纪在内的马克思主义美学家对审美趣味、审美理想,尤其是对审美标准问题的论述仍然远远不够,即使暂时做到了,但随着社会历史的发展,美与审美也会以更多的形态和方式呈现出来,它需要理论不断地把触角深入生活,深入审美的实际,适时作出科学的阐释。就目前已取得的理论成果来看,实践论美学对于"客观发展规律"、"人类社会实践"、"一致性"、"适当性"等重要概念和范畴的阐释都不同程度地存在着大而化之的缺憾,有的概念如"社会实践"等尚存在不小的歧异性理解,而且,"客观发展规律"这一客观标准,它之于社会美、自然美、形式美以及艺术美作用的大小轻重、直接与间接、相对与绝对等都尚且存在很大的亟待阐述的理论空间。

① 参见刘纲纪:《美学与哲学》,武汉:武汉大学出版社2006年版,第418页。

第五章 实践本体论美学的艺术学思想蕴含

由于马克思主义哲学首先是实践本体论的哲学，因此，马克思主义实践本体论美学的反映论，不等同和局限于一般认识论意义上的反映，即科学理论性的反映。反映不仅是感觉和思维，而且还有情感和意志等，所以反映是一个广泛的概念。由此，刘纲纪推出了对艺术本质特征的论断："艺术是对现实生活的审美反映。"由于艺术是美的最集中最典型的表现形式，所以广义上的美是艺术的本质。在此基础上，刘纲纪从历史的发展来分析艺术美的类型，把它们分为四种：原始艺术、古代艺术、近代艺术和现代艺术；从艺术对现实的反映来说，可以把艺术再分为再现性的和表现性的两大系列11个门类，从而形成了他独特的艺术类型划分理论。对传统的书法和绘画艺术研究是刘纲纪艺术美理论在部门艺术研究中的具体实践。他认为书画的根源是人类的社会实践，书画是对现实的审美反映，是效于自然、心物交感的产物。在论述书法艺术时，他汲取了西方现代美学思想，总结出书法的生命形式和情感意味两大特征，继承传统美学思想，提出了书法艺术的"比象说"。在对绘画理论研究上，刘纲纪不囿于旧说，提出了"广义文人画"的观点，创造性地提出了"新文人画"这一观点，同时他对"六法"进行了精微的解读，提出了许多有重要学术价值的新观点。所有这些既表现了刘纲纪对书画艺术的独特感受和深刻理解，也表明了他向科学实证美学尝试性发展的学术意图。

第一节 实践本体论美学的艺术本质特征论

反映论是刘纲纪实践本体论美学思想的重要组成部分，是解释一切艺术的来源和本质特征的根本出发点，刘纲纪的艺术本质特征论是审美反映本质论。他明确地指出这一根本观点在他的实践本体论以及在整个马克思美学中的重要地位："马克思哲学的实践论和以实践论为前提和基础的反映论，是马克思美学的根基，离开了它就不可能有什么马克思主义美学。”①因此，他对“反映论”进行了独具新意和富于深度的重新阐发，在此基础上得出了艺术的本质特征是对社会生活的审美反映的正确结论。

一、对“反映论”的重新阐发

当我们说到马克思主义的“反映论”时，总是首先想到列宁的“反映论”，实际上，如马·莫·罗森塔尔所说：“当我们说到列宁的反映论时，清楚地知道，列宁并没有重新创造一个反映论，而是在新的历史条件下继承和发展了马克思和恩格斯的观点。”②但是，由于列宁对此的卓越发展以及中苏之间曾经有过的特殊关系，使他的反映论对中国理论界产生的巨大影响至今犹在。那么，列宁的反映论是什么样的呢？列宁首先从“辩证法也就是马克思主义的认识论”③出发，坚持“生活、实践的观点，应该是认识论的首要的和基本的观点”④把辩证法应用于反映论，应用于认识的过程和发展，从而使其反映论具有了与主体性结合和与辩证法结合的基本特征。何谓反映？列宁说：“物、世界、环境是不依赖于我们而存在的。我们的感觉、我们的意识只是外部世界的映象；不言而喻，没有被反映者，就不能有反映，但是被反映者是不依赖于反映者而存在的。”⑤“反映”一词，德文是 Abbilden，有按原物模拟的意思；英文是 reflection 或 mirror，前者指反射、映象、反省、反映，后者指镜像反射，即用镜子来映照物体，在这个意义上，列宁说反映就是“模写（或复写）”、“摄影”或“映象”。但是，把反映与映入、射入、照镜子做同一意义理解，认为认识是纯客观性的、一次完成的照镜子式的反映，这只是近代以洛克为代表的机械唯物主义的特殊理解。而“反映”经列宁多次阐述并赋予认识论价值后，具有了人脑以感觉、知觉、思维等形式概括现实，由直接感知到的事物外表现象概括出事物的本质和规律的意思。

概括来讲，列宁的反映论认为：第一，思维反映存在。反映表明了认识的本质，即认识不论是真实的还是虚幻的，不论是形象的还是逻辑的，都具有客观内容，它只能源于客观现实。第二，人的意识具有中介性，即主体对客体的反映是

① 刘纲纪：《美学与哲学》，武汉：武汉大学出版社 2006 年版，第 430 页。

② ［苏］马·莫·罗森塔尔主编：《哲学家列宁》，北京：北京出版社 1985 年版，第 174 页注释 1。

③ 《列宁全集》第 38 卷，北京：人民出版社 1959 年版，第 410 页。

④ 《列宁选集》第 2 卷，北京：人民出版社 1995 年版，第 103 页。

⑤ 《列宁选集》第 2 卷，北京：人民出版社 1995 年版，第 66 页。

借助反映形式和实物工具等中介进行的。列宁指出:“仅仅‘相互作用’=空洞无物,需要有中介(联系)。”①从根本上说,人对世界的反映过程是人以主体的方式对世界的社会性的、概念的把握过程。在这一过程中,认识主体借助于各种中介与客体相互作用,在主体与客体、主观与客观的相互矛盾运动中产生认识,发展和深化认识,其中的反映是双重性的。所以认识从直接到间接,从外在到内在,从现象到本质,并不是直接从现象、经验中归纳就能实现的,而要通过概念的中介关系、观念化的过程来扬弃它们。第三,列宁的反映论认为意识具有抽象性。反映是一系列抽象的过程,而一切科学的抽象都更深刻、更正确、更完全地反映着自然。抽象性是主体能动性的明显表现,它最能体现反映的主体性和创造性。在抽象反映里,自在客体通过人的头脑作用,变成了观念的客体,这当然就是一种创造。不过,这里要指出的是,这种创造不是创造出真实的客观世界存在物——自在客体,而是自在客体的“摹本”。第四,人的认识反映具有主观能动性和目的性,主体不“只是因为受客体的影响才认识了客体”,而是因为自己主动地对客体发生影响才认识了客体,是因为“世界不会满足人,人决心以自己的行动来改变世界”。反映是能动的,但并不盲目。目的性作为人的一种内在的本质力量,驱使人去选择客体、去能动地认识和改造客体,使人同动物、也同本能的人区别开来,从而成为现实的主体。“反映就是一种创造”,因为反映就是为了创造这一目的。在这个问题上,列宁直接提出了意识反映的创造性,即主体运用逻辑的思维方法、经验知识要素和非理性的情感、意志要素以及生理、心理的作用对客观事物进行一系列的抽象、改造。而所有这些,最主要的是要从实践中去理解。实践的观点是马克思主义哲学的基本观点,从根本上决定着思维的发展。列宁的认识反映论是对马克思《关于费尔巴哈的提纲》中“人的思维是否具有客观的真理性,这不是一个理论的问题,而是一个实践的问题。人应该在实践中证明自己思维的真理性,自己思维的现实性和力量,自己思维的此岸性”②这一思想的理解和发展。实践是反映主体、反映客体和反映形式三项统一的根基。因此,理解意识“创造”客观世界,“必须把认识和实践结合起来。”③

刘纲纪对反映的理解是建立在列宁的反映论基础之上的,他批判地继承了这一理论思想,对它进行了新的阐释和发展,提出了自己的独特见解。

---

① 《列宁全集》第38卷,北京:人民出版社1959年版,第172—173页。

② 《马克思恩格斯选集》第1卷,北京:人民出版社1995年版,第58页。

③ 《列宁全集》第38卷,北京:人民出版社1959年版,第233页。

首先，针对反映是客观事物的复写、镜像、摹写等这个常常被唯心主义者用来攻击马克思主义反映论的理由的说法，做了详细的分析和明确的说明。他认为，这种说法首先是针对感官对外物的反映而言的，强调的是感官的反映必定有一个客观的原型即对象，以及对这个外物的正确映像，所以，说反映是对外物的摹写，是基于这个意思而非是对外物完全如实、毫厘不爽的复写，而且实际上，由于受到客观条件以及实践的目的和需要的制约，反映是有选择性的，因而也只能是近似的。

其次，说反映作为摹写，它的另一个意思是指对外物内在本质的摹写。现实中的感性具体的事物在直观和表象里的反映，是对事物的感性特征的摹写，把直观和表象所反映到的感性具体的事物在抽象思维中的"再现"，就是对事物内在本质的摹写，不但感觉、表象是对事物的摹写、再现，抽象的思维也是对事物的摹写、再现，所不同的是前者摹写、再现的是事物外在的感性的具体特征，后者则是事物内在的本质，是一种不同于感觉、表象的概念式的反映或摹写，这主要是由反映的能动性和被动性的辩证关系所致。在这一意义上，反映既是对事物的摹写，同时又是一种高度发挥人的能动性的创造性的活动。所以摹写绝不意味着是对事物的简单描摹，它是反映的被动性和能动性的辩证统一，不是一个为唯心主义和一切旧的唯物主义所认为的错误命题，而是一个正确的论断。刘纲纪态度明确地结论道：

> 反映即是摹写，这一命题直截了当地指出了反映与被反映的对象之间的关系，鲜明地肯定了反映的客观性，排除了一切对反映的唯心主义或不可知论的解释。因此，这一命题是正确的不是错误的。不论反映对客观事物的摹写多么复杂，其具体的过程、方式、手段尚待作多么细致深入的研究说明，反映终归是摹写，而不是别的东西。①

回答了对"摹写"的批判和质疑，明确了他所赋予摹写的正确涵义后，刘纲纪又进一步分析了反映的真实性与虚幻性的辩证关系。

由于反映是一个充满复杂矛盾的过程，尽管人脑和感觉器官本身是自然界的产物，因而人的反映与自然界具有某种相互适应性，但并不排除在这样的历史过程中既会有真实的反映，也会有虚幻的反映，然而错误的、虚幻的反映也仍然

---

① 刘纲纪：《艺术哲学》，武汉：武汉大学出版社 2006 年版，第 23—24 页。

是对外物的反映，只不过是由于人的反映受到它所处的历史条件的制约，对物质世界的外在特征和内在本质规律的认识尚不能达到完全正确真实的程度，这实际上也正是人在实践中所取得的自由的程度的表现。这样，反映作为摹写，能够对所反映的外物造成正确的映像，也就会有产生虚幻和错误的可能，因而不能把这种情况看做是毫无现实根据的东西，更不能因此否定反映的能动性和正确性。同时，虚幻的东西，就它所反映的对象是虚幻的，但就它必然产生的历史条件来说，又恰好是对这种历史条件的真实情况的反映，如原始神话、宗教中的虚幻反映等，它们都深刻地反映了那个时期人类与自然界之间的真实关系，所以，反映的真实性与虚幻性存在着复杂的辩证关系，不能形而上学地把它们对立起来。

在分析并消除了哲学史上对马克思主义反映论的误解之后，刘纲纪科学地运用马克思关于人脑掌握世界的四种方式的经典理论，来进一步阐释他对反映论的正确理解。在他看来，马克思所说的人脑掌握世界的方式，也正是人反映世界的方式。人除了用科学理论的思维方式反映世界外，还有不同于这一方式的实践—精神即政治伦理道德的方式、艺术的方式和宗教的方式，而后三种方式既包含了感觉和思维，也包含了感情和意志，这是马克思、恩格斯等人多次讲到的符合客观历史实际的正确论断，而科学理论的思维方式是列宁所指出的认识论意义上的反映，或作为认识论原则的反映，它并非反映的全部含义。马克思实践论的反映论不等同和局限于认识论意义上的反映，反映是一个既包含人的感觉和思维，又包含人的情感和意志的广泛的概念。他说：

> 过去我们讲反映，一般只注意感觉和思维，而几乎不提情感和意志。于是产生了一种模糊的观念，似乎只有感觉和思维才是反映。实际上，感觉和思维是反映，情感和意志也是反映。不能把意识反映存在这一命题简单化，仅仅理解为感觉、思维反映存在，而把情感、意志排除于反映之外。
>
> 情感、意志和感觉、思维一样都是客观现实的反映，但又有所不同。感觉、思维是对事物的属性、特征、规律的反映，情感、意志则不但反映事物的属性、特征、规律，而且还要反映事物的属性、特征、规律和不同主体（社会的人）之间的不同关系。……情感和意志虽然是主观的，但同时又具有客观的内容，是主体对客观世界的反映形式。①

---

① 刘纲纪：《艺术哲学》，武汉：武汉大学出版社 2006 年版，第 15—16 页。

对此进行精审的分析论证后，刘纲纪指出，反映“包含了马克思所列举的四种方式”①。于是，他顺理成章地得出了正确的结论：“凡属精神世界中的一切东西，都包含在精神、意识这个概念之中。因此，反映也是一个十分广泛的概念。”②

王元骧先生在《反映论原理与文学本质问题》中谈到实践论观点的认识论时说：“在反映过程中，主体的意识不仅反映着关系中的对象，同时也一定反映着主体与对象之间的关系；前者就对象本身来反映，后者就主体的某种需要出发来反映对象；前者就是我们所说的认识，这是反映活动的最基本的形式，后者就是我们所说的情感和意志，……我认为完整的反映论就应该包括这样两方面的内容。”③

这样看来，刘纲纪的艺术反映论，不只是通过现成的理论模式来考察，而是在审美现象的生成中，在它们同时代的社会氛围、文化氛围中，从它们所反映的人类认识周围世界的需要的观点来加以考察，因此不是简单补充已知的概念，而是一种新的理解。

二、艺术是对生活的审美反映

澄清马克思主义实践论的反映论不同于一般认识论意义上的反映论，并非刘纲纪在这一问题上想要达到的最终目的，这只是他对艺术本质进行科学的逻辑推演过程的一个重要环节，在反映论问题得以正确解决的基础上，对艺术本质进行论证的理路也就显得十分清晰了：既然实践本体论的反映是包含着感觉和思维、感情和意志的广泛的概念，那么，现实生活中，作为主体方面的人的感情、思想、理想、幻想、欲望，作为对象方面的客体、客体与主体的关系、主体自身都应纳入反映的范围，而艺术作为人的自我实现、自我创造过程中所体现出的自由的具体感性的显现，正是对现实生活无限多样性和丰富性的反映。得出这样的结论仅仅是第一步的，因为艺术对生活的反映是不同于其他意识形态如哲学、科学等的反映，它的独特之处在于这种反映是一种审美反映，是再现与表现的统一，因此，对艺术的本质规定就应当是：艺术是对生活的审美反映。

1. 艺术是生活的反映

对这一问题的分析论证，刘纲纪是从艺术作品入手的。他认为，要考察艺术

---

① 刘纲纪：《艺术哲学》，武汉：武汉大学出版社2006年版，第21页。

② 刘纲纪：《艺术哲学》，武汉：武汉大学出版社2006年版，第15页。

③ 王元骧：《审美反映与艺术创造》，杭州：杭州大学出版社1992年版，第25页。

究竟是不是对生活的反映，首先需要对艺术作品作出科学的分析，从中找出明证。由于任何艺术作品都可以从理论上划分为外在的物质性和内在的精神性两个方面，任何艺术作品都是这两个方面的渗透和统一，所以，对其与生活联系的考察分析就应当在这两个方面进行。首先，艺术作品的内在方面与现实生活的联系。所谓艺术的内在方面及艺术作品中所表现出的某种思想愿望、情感、理想等，都是现实生活在艺术家头脑里的反映，无论这种反映多么离奇怪诞。艺术家是生活在某一现实社会条件下的人，不是超然于社会之外的人，他的创作动机、目的、需要、思想感情等都是由他生活的现实世界所决定的，是现实生活在他头脑中的反映。由于每个艺术家又有各不相同的个性，即使处在同一时代、同一社会、同一阶级，他们对同一对象也会有各不相同的反映，而且，真正有价值的艺术作品都会深深打上个性的烙印，这种个性是与他们个人特殊的生活条件、社会经历、人生遭际、教育学养等密切相关的。但对艺术家起决定作用的个人生活条件又是整个社会、阶级的生活条件的一部分，所以他的特殊个性归根结底是他生活的社会、阶级的一种独特表现，个性是与社会性是不能分离的，从来没有超社会的个性，个人的生活条件与社会的生活条件、个性与社会性永远既相区别又相互联系，所以，无论带有多么浓重艺术家个性的艺术作品的精神内容也永远是对现实生活的反映。

然后，刘纲纪又深入分析论证了艺术作品的外在方面，即体现着某种思想感情的感性物质存在方面与现实生活的关系。他认为，这种感性物质存在亦即感性形象可以分为两类：一类是具象的，它具体地描绘、再现某一客观对象。虽然它不是某一客观对象的如实复制，但显然是对生活中某一客观对象的一种反映。另一类是抽象的，它具有某种感性形式，但不是对生活中某一客观对象的具体描绘，如大多数音乐艺术、书法艺术等。这一类艺术作品尽管没有感性形象地描绘和再现了生活中的什么东西，但它的感性形式仍然是对生活中存在的事物所具有的某些能表现主体感情的形式要素加以抽取、组织和概括化的产物。艺术中一切所谓纯形式的产生，最终都源于现实生活，有什么样的生活就会有什么样的艺术。由此，刘纲纪指出："由于构成艺术作品的内在的精神内容和外在的感性形象都来源于生活，都是生活的反映，因此从艺术作品与生活的关系来看，艺术是生活的反映。"①

① 刘纲纪：《美学与哲学》，武汉：武汉大学出版社2006年版，第372页。

2. 艺术是对生活的审美反映

钱中文先生在他的《最具体的和最主观的是最丰富的——审美反映的创造性本质》中曾说过，反映论是一种哲学原理，文学的反映只是在总体上符合这种原理，文学反映的特殊性就在于它是“审美反映”。他明确提出要以审美反映代替反映论，因为在他看来，如果仅仅把文学的特征限于反映论范围，就容易简单化，事实上，说文学是生活的反映，就显得过于笼统，缺乏对象特征，没有揭示文学反映的特殊性，因此，文学理论有必要将反映论具体化、审美化。他说：“审美反映是一种灌满生气、千殊万类的生命体的艺术反映，它具有实在的容量、巨大的自由，它不仅曲折多变，而且可以是脱离现实的幻想反映，具有多样的具象形态，可使主客观发生双向变化。因此，我以为如果把文学是生活的反映，改称为文学是现实生活的审美反映，文学和生活的关系由此被纳入了审美的轨道，比较更符合创作实践。”①这样，作为一种探索文学特性的努力，反映论和文学之间就被引入一个重要的中介，这个中介就是审美。

童庆炳先生在他的《文学审美特征论》里也这样说：“文学是生活的反映，这个提法是符合辩证唯物主义的基本原理的，它说明了文学和其他意识形态的共同本质，正确地回答了关于文学的本质的第一个层次的问题，因而是不容怀疑的。但如果要用这个观点来说明文学的特殊本质，说明文学之所以是文学的充分而必要的条件，解决关于文学本质的第二个层次的问题，还必须科学地阐明两点：第一，文学反映的是什么样的社会生活，即文学创作的客体的特征问题；第二，文学对生活的反映是怎样的一种反映，即文学创作的主体的特征问题。”②他在做了比较详细的论述后指出：“只有在文学理论的各个问题上（首先是文学的本质问题上）深深地引进审美的观念，我们的文学理论才能打开新的局面。”③对于第一点，童庆炳的回答是“人的整体生活”、“人的美的生活”和“个性化的生活”，或者说，就是渗透着审美因素的具有审美价值的社会生活。关于第二点，他认为是主体对现实生活的诗意的把握，亦即审美的反映。尽管两位先生是在谈文学，但这一观点对于其他形式的艺术同样适用。那就是说，仅仅讲艺术是对生活的反映是不深刻不准确的，这只是解决了关于艺术本质的第一个层次的问题，尚没有把艺术之为艺术的充分必要条件阐释明白，要真正揭示本质就必须引

① 钱中文：《现实主义和现代主义》，北京：人民文学出版社 1987 年版，第 75 页。

② 童庆炳：《文学审美特征论》，武汉：华中师范大学出版社 2000 年版，第 27 页。

③ 童庆炳：《文学审美特征论》，武汉：华中师范大学出版社 2000 年版，第 26 页。

入“审美”这一概念。而刘纲纪所要做的不仅是要引进这一概念，而且还要在实践本体论的哲学层面予以科学的分析和精辟的论断，从而为包括文学在内的艺术各部门提供坚实的理论支持。

刘纲纪认为，艺术对生活的反映，最根本的特点是把人的生活当做人自身实践创造的感性具体的过程和结果来反映并从中显示出自由的本质。人类的全部生活，只要作为人类争取自由的感性具体的实践创造的过程和结果，艺术通过各种形式表现出在这一过程和结果上所产生的同人的自由实现相联系的某种感情，打动人的心灵，引起人的审美感受，就是“艺术对生活的反映，从广义上看，是一种审美的反映”。[①] 这样，刘纲纪把实践本体论中关于美、美感的思想来阐释证明“艺术是生活的审美反映”这一命题，这既使他的论证建立在可靠的理论基点之上，使艺术问题在哲学美学的层面得以论述和解决，又使这一美学思想一以贯之地体现在他对于艺术本质等一系列问题的理解阐发之中。

如前章所述，刘纲纪的美感是广义的美感，美是广义的美。对美的狭义与广义的理解是认识艺术与美的关系的重要问题，是规定艺术本质的关键所在。他认为，美并不仅仅是传统观念中所理解的和谐，作为人的个性才能自由发展的表现，美不仅在和谐中表现出来，也在与人的自由的实践相联的各种尖锐的矛盾冲突中表现出来。和谐是人的自由的一种表现形式，从而也只是美的一种表现形态，一切看来是破坏了和谐的东西，只要它们在人类发展的历史中是人争取达到自由的必然的表现，对人的自由有肯定的意义，那么它们同样可以引起审美的愉快，属于美的范畴，都是人的自由在不同情况下的表现在人们意识中的反映。

立足于对美本质的广义理解，刘纲纪进一步阐明了对于艺术本质的见解，他认为，艺术是把人的生活作为人的自我创造或自我实现的过程或结果来反映的，是人在他所创造的世界中直观自身的表现，它感性现实地显示了人如何通过他改造客观世界的创造性活动使人的自由获得了实现，“因此，艺术对生活的反映本质上就是我们在广义上了解的客观世界美的反映，从而这种广义上了解的美也就是艺术的本质”。[②] 这是刘纲纪“艺术是生活的审美反映”的另一种表达方式，是从审美的角度在实践本体论的哲学层面上对艺术本质的更深刻简要的表述。

为了更完整地说明对于艺术本质的理解，刘纲纪又进一步论述了艺术的反

① 刘纲纪：《美学与哲学》，武汉：武汉大学出版社 2006 年版，第 374 页。
② 刘纲纪：《艺术哲学》，武汉：武汉大学出版社 2006 年版，第 371 页。

映形式这一问题。他认为,艺术反映对象决定了艺术反映的形式,艺术作为一种意识形态对现实的反映形式,其实就是艺术的反映对象在艺术家的意识中以及物态化了的艺术作品中的显现形式。从这样一种认识出发,刘纲纪就艺术创作及作品中的个别与一般、认识与情感、再现与表现、具象与抽象、主观与客观等概念及其相互关系进行了认真思索和研究,重新做了梳理和阐释,并得出了许多独到而精辟的结论,清晰精深地印证了"艺术是生活的审美反映"这一正确命题。

在他看来,个别,不仅是指个别事物,更重要的是指个别事物所具有的不可重复的具体特征,因为人的自由本质只能表现在每一独特的个体的感性生活之中;一般是指个人的生活同自然规律和社会规律的统一,而个别与一般的关系,不应被理解为通过个别去表现一般,因为一般并不是外在于个别的东西,而就是个别自身所具有的本质。就认识与情感这对概念讲,艺术作为一种认识,是对他的生活实践创造所表现出来的自由本质的直观,在这种直观里,积淀了人在长期生活实践中对他自身的存在发展及与之相关的事物本质的认识;作为一种情感,是由对人的自由本质的感性直观所引起的情感,在这种情感中,个体与社会、人与自然、普遍的规律与个体的自由均感性现实地统一在一起,因而具有超功利的性质。认识与情感在艺术中应该是互相融贯、不可分离的。

再现与表现,是刘纲纪在论证反映形式这一问题中最为用力花费笔墨最多的一对概念。再现与表现以及两者的关系问题,是澄清唯心主义和旧的唯物主义对艺术审美反映论错误认识的关键所在,又是刘纲纪将艺术分类的主要的现实依据。他在对黑格尔理念说的精细解释和对马克思、恩格斯反映论重新解读后指出,再现的应该是那些显示了人的自由本质的东西,艺术对现实的再现,实际上是对人的自由本质在现实发展中的感性具体经历的再现,表现的应该是那些由对人的自由本质的感性直观所引起的感情,再现与表现实际上都是一种反映,只是由于艺术所反映的侧面和使用的物质手段的不同,才有了再现艺术与表现艺术的区分,但它们又是密切相联的,艺术对生活的再现,总是伴随着人们对生活的情感态度的表现。而无论再现或表现的形式,都既是合规律的,又是自由的,这是艺术具有审美价值的重要表征。对于具象与抽象,刘纲纪认为,艺术作为现实的感性直观的反映,是具象与抽象的统一,艺术的抽象有两层含义:其一是对外在事物本质的形象的集中和概括,主要与认识相联,是形象性的抽象;其二是赋予内在精神、情感以相应的具体的感性形式,主要与情感相联,是表现性的抽象。而就主观与客观这对概念来说,艺术上所讲的客观就是作为社会的人自身的对象化,是人的理想、意识、精神的外在的物质表现,因此,客观同时就是客观化了的主观,艺术中社会的本质的内容与艺术家的个性特征是结合在一起的,艺术中客观与主观的相互转化实际上就是人类社会实践中主客观转化的反映。这样,刘纲纪完成了对于艺术本质的全面论证,得出了令人信服的科学结论。

将审美引入艺术反映论是新时期反映论的一个重要发展。审美反映理论的提出,在相当程度上丰富了人们对艺术反映的本质特征、结构和形态的认识,对艺术理论中简单、机械的反映论是一种有力的反拨,对否定艺术反映论的思潮也起到了纠偏作用。其理论贡献主要有:第一,审美反映理论改变了以往把作为哲学原理的一般认识论意义上的反映论直接搬进艺术理论的简单化做法,强调要从艺术的特征出发,更能体现艺术创作的特殊规律。把审美作为艺术与现实世界之间的中介,丰富了人们对艺术反映的复杂性、具体性和特殊性的认识,这种研究思路具有方法论上的突破性意义。第二,把审美引入艺术反映论拓宽了研究视野,促使研究者不仅从认识论出发,而且从实践本体论出发,从艺术主体与现实的辩证、互动关系入手来探究艺术反映过程的复杂性,突出了艺术反映主体的主观能动性,给予反映在情感、想象乃至无意识、幻想、直觉等心理活动更多的关注和重视,同时也对反映对象与主体之间的相互联系、作用和转化的复杂关系有了更深入辩证的理解,开拓和丰富了我国以往的艺术反映论。

刘纲纪把“审美”概念引入反映论来阐释“艺术是生活的反映”这一传统的美学命题,将它纳入实践本体论美学的框架之内,赋予它新的意义和生机,使得实践论中关于美和美感的科学思想完美地贯彻在艺术理论之中,合理地揭示也正确地解释了关于艺术本质、来源等一系列重大问题,并使其成为实践论思想的有机组成部分,从而使其美学思想形成了一个既有着丰富理论蕴含又有着密切内在逻辑的严整的理论体系。

第二节　实践本体论美学的艺术类型理论

刘纲纪对艺术门类的划分是以实践本体论美学思想为根本依据的,是他关于美的本质和艺术的本质理论在解决具体艺术问题时的落实。在实践本体思想的总的划分原则之下,刘纲纪依据不同的划分标准和方法,对艺术进行了两种不同的类型划分。从历史的发展来分析艺术美的类型,把它们分为四种;从艺术对现实的反映来说,把艺术再分为再现性的和表现性两大系列 11 个门类,从而形成了他独特的艺术类型划分理论,构成了刘纲纪美学中最重要的思想内容之一。

一、类型与艺术类型分类体系

关于类型,《简明不列颠百科全书》的"类型学"(typology)有这样的定义:"一种分组归类方法的体系,通常称为类型。类型的各成分是用假设的各个特别属性来识别的,这些属性彼此之间互相排斥而集合起来却又包罗无遗——这种分组归类方法因在多种现象之间建立有限的关系而有助于论证和探索。一个类型可以表示一种或几种属性,而且包括只是对于手头的问题具体有重大意义的那些特性。"①日本学者竹内敏雄在讨论艺术类型问题时,对类型现象的本质特性做了进一步的分析,他认为:"一般地说,所谓类型是我们比较许多不同的个体,抓着在它们之间可以普遍发现的共同的根本形式,按照固定不变的本质各种特征把它们全部作为一个整体来概括;同时,在另一方面,把这种超个体的、同形的统一的存在与那些属于同一层次的其他的统一的存在相比较,抓住只有它自己固有的、别的任何地方均看不到的特殊形象,把这一整体按照它的特殊性区别于其他的整体时,在这两者关系中形成的概念。……因此,一切类型都是在其自身可以结为一体的同时,也可以与他物相区别,起到普遍与个别的媒介、多样与统一的联接的作用。"②在进行这些不厌其烦的界说后,竹内认为这仍然不够充分,类型概念作为在人文社会科学具有重要意义的基本概念,还应当有更丰富的内涵与特性,因此,他又提出类型现象具有具象性、相对性和与价值相关性这三点补充。

依据竹内敏雄对类型的详细界说,李心峰先生在他的《艺术类型学》里认为:"所谓类型,就是个别与一般的中介,同时具有具象性、相对性及与价值的相关性等特征。"③确切地说,这并不算是一个严格的定义,但它比较恰当地概括出了类型概念在文化领域内的一般含义,较准确地描述了它的本质特性。但是,这一定义当然也具有竹内敏雄所说的"相对性",因为就时间艺术或表现艺术而言(如音乐等),它们的抽象性和不可直观性是我们日常审美经验所证明了的,它们并不能一定会作为"一定的可以直观的存在形态的整体形象而成立的"(竹内敏雄语)。如果说有,那也必须通过鉴赏者的心理活动才能达到的一种"心象",同时,"具象性"特征对于逻辑体系中的某些风格类型标准,如席勒的"感伤"与"朴素"、歌德的"浪漫"与"古典"等风格类型分类方法、黑格尔的历史—逻辑相

① 《简明不列颠百科全书》第五卷,北京:中国大百科全书出版社 1985 年版,第 184 页。

② [日]竹内敏雄:《艺术理论·艺术类型论序论》,卞崇道等译,北京:中国人民大学出版社 1990 年版,第 80 页。

③ 李心峰主编:《艺术类型学》,北京:文化艺术出版社 1998 年版,第 12 页。

统一的分类体系等，并不完全恰当适用。但由于艺术类型的分类，无论是经由艺术的自然历史过程中所形成的自然分类体系，还是依据艺术的内在原则或观念进行的逻辑分类体系，也只是就其根本的方法论基础和总体上的大致面貌所做的相对划分，不具有绝对的意义，所以，艺术类型这一概念也必然具有复杂性和变易性的特点，对它的厘定也只能是相对意义上的界说，在这个意义上，本文基本赞同李心峰先生的说法。

一般而言，从历史上存在的各种各样的分类学说来看，从其所遵循的方法论原则来划分，艺术类型分类的体系基本上存在着两种不同的趋向：自然的分类和逻辑的分类。自然的分类就是自然主义地把艺术世界看成一个自然而然形成的体系，按照归纳的、实证的方法来探讨和概括艺术体系。这种分类体系，是人类艺术发展的较早时期产生的对艺术自然类别体系进行归纳总结的尝试，它往往没有统一的分类原则，没有严密的内在逻辑，以实证的方法归纳艺术演化形成的自然历史过程中所构成的相对独立的基本门类和更次一级的艺术种类，如中国古代的“礼、乐、射、御、书、数”的“六艺”体系，古希腊神话传说中的九种缪斯艺术（喜剧、悲剧、悲歌、抒情诗、演说术和英雄诗、音乐、舞蹈、历史、天文）以及古罗马晚期和中世纪流行的“七艺”，等等。而所谓逻辑的分类就是不多考虑各类艺术在现实中的地位、存在和分布所自然形成的体系，而把整个艺术世界视为一个合乎逻辑的整体，按照演绎的方法，从某一统一的原则、标准、观念或学说出发对艺术世界进行整体的、系统的合乎逻辑的划分，如把艺术划分为空间艺术、时间艺术等。在艺术的逻辑分类体系中，比较普遍的有影响的分类模式主要有本体论（存在论）分类模式（时间、空间）、心理学分类模式（视觉、听觉）、符号学分类模式（表现、再现）、功能论分类模式（单功能、复功能）、艺术形象展示方法分类模式（静态、动态）、内容与形式关系分类模式（内容性、形式性）等，除此之外，黑格尔的从绝对理念与其感性显现的关系，叔本华的意志与它的客观化表现的关系等标准对艺术进行的逻辑演绎分类研究也对后人有较大影响。特别是黑格尔的逻辑与历史统一的方法，影响了刘纲纪对四种不同艺术类型的历史划分。

当然，把美学史上形形色色的艺术分类学说区别为上述两大体系仅具有相对意义，而不存在截然的对立。艺术的自然体系，不是不需要研究者的主观能动性而自然地显现出来的，也要对各种艺术现象进行比较概括地分组归类，并力图找出它们之间的内在联系；而逻辑体系则是以艺术自然体系为基础的，其作为前提的一般观念往往也是自然体系中所运用的经验性和归纳性研究的结果。这就是说，逻辑体系有可能包孕自然的体系，而自然的体系也是人为的结果，也包含有简单的逻辑方法在里边。所以,“艺术的逻辑分类体系与自然分类体系的划分,只是就其根本的方法论基础和总体上的大致面貌所做的相对意义上的划分,不具有绝对的意义。”①

二、美学史上艺术类型学说概论

中国古代在艺术发展初期就出现了艺术类型思想,较早存于《周礼》中的“六艺”说是一种自然的分类方式,另一种早期的划分说法是存于《毛诗序》中的“六义”。尽管历来对“六义”的诠释歧异较多,但一般认为,风、雅、颂指诗体,赋、比、兴指作诗之法,因而“六义”是在统一的“诗”的名下的一种划分,是一种文类和风格类型混杂划分的自然分类方法。此外,存于《尚书》、《毛诗序》、《礼记·乐记》和《吕氏春秋·古乐》等典籍里的关于诗、乐、舞的区分与联系也是中国古代最早的艺术分类学说之一。而中国古代艺术类型思想的成熟应该是从魏晋开始的,曹丕的《典论·论文》和陆机的《文赋》首先在这一时代开文类划分之先声。曹丕的四类八科和陆机的十类划分都深刻影响了后来的刘勰和钟嵘,刘勰在《文心雕龙》中的20篇文类论里共提及31种文类,大门类之下又分若干子门类,这种自觉的分类意识使中国古代的分类思想走向了系统化。需要指出的是,刘勰还开创性地提出了风格类型的划分问题,在《文心雕龙·体性》中,他在文类划分之外进行了较为纯粹的八种风格类型划分:“一曰典雅,二曰远奥,三曰精约,四曰显附,五曰繁缛,六曰壮丽,七曰新奇,八曰轻靡。”“八体”说开中国古代从风格角度分析评判艺术类型之先河,初步建立了中国最早的风格类型体系。钟嵘的《诗品》之“品”是具有价值性判断的一种独到的艺术类型划分方式,这种显优劣、定品级的风格划分具有明显的类型学意义和特点。同时期的《画品》、《书品》、《棋品》和后来的《二十四诗品》、《词品》等,使中国古代多种艺术门类中类型思想得以进一步丰富和发展,而《诗品》作为品评诗人诗作的滥觞,开启了独具中国特色的古代艺术类型的品评之法。魏晋而下,风格理论一直占据主导地位,对艺术种类划分的著述寥然无几。至清代,刘熙载的《艺概》中艺术的种类及特征问题又成为论述的对象,但由于中国古代散点式的直观感悟的思维方式,作者的知识视野、评价尺度以及理论旨趣的制约,使得他的艺术分类含混而不明晰。《艺概》中所列的“六概”,《经义概》不属于艺术范畴,文、诗、赋、词“四概”是文学种类之下的子类区分,《书概》所论及的是书法艺术,却又与

① 李心峰主编:《艺术类型学》,北京:文化艺术出版社1998年版,第127页。

上述“四概”并列一起，但尽管如此，刘熙载的艺术类型分类思想还是相当突出的。

综而观之，中国古代艺术类型论总体上体现如下几个特点：一是自然类型分类思想占据主导地位；二是艺术种类思想与风格类型思想相互混杂，而风格类型理论更为深刻和丰富；三是作为中国古代哲学美学和文艺理论的有机组成部分，其理论思维方式主要表现为感悟式的经验把握，缺少科学的阐释与逻辑的综合和分析论证。

在西方，古希腊罗马时期人们对艺术类型已经有所认识，出现了多种零散的但弥足珍贵的分类思想。在前柏拉图时期雅典的智者派以有益和快感为两大相对立的原则，把艺术划分为有益的艺术和提供愉悦的艺术，这种划分方式启发了后来的“美的艺术”与“实用艺术”的划分。柏拉图依据艺术与现实的关系原则，把艺术分为复制事物的艺术与制造事物的艺术，即生产性艺术和从属性艺术，这种分类方式打破了原来的缪斯艺术与非缪斯艺术的界限。亚里士多德在总结当时艺术理论和实践的基础上，发展了柏拉图的分类思想，依据艺术与自然的关系，把艺术分为完善自然的艺术和模仿自然的艺术，对“模仿的艺术”按照模仿所用的媒介、所取的对象和所用的方式作为划分的标准和方法，对后世产生了很大影响。西塞罗对艺术分类亦有创造性的见解，他区分了两种类型艺术：创造事物的艺术和研究事物的艺术。同时，他还根据艺术的目的和作用把艺术分为为生活实用需要的艺术和使人愉悦的艺术，进而把艺术分为自由的艺术和从属的艺术，在自由的艺术和模仿的艺术内部又分出了耳朵的艺术和眼睛的艺术或有声的艺术和无声的艺术，这成为后来逻辑分类体系中心理学划分模式（听觉和视觉艺术）的萌芽和先声。[①] 中世纪圣维克多的雨果和著作家朗查姆普的拉杜尔夫，以及文艺复兴时期达·芬奇、但丁等人，都提出过自己的分类理论，但总体上是在前人思想基础上徘徊，没有大的创新和突破，而且个别艺术家如达·芬奇等在划分时有着随意性的倾向。

17—18 世纪西方近代艺术分类理论臻于成熟。随着艺术实践的进一步繁荣发展，各类官方艺术学院的建立以及理论研究方法的多样化和深入化，具有影响力的分类学说不断呈现，夏尔巴托的“美的艺术”概念的明确提出，使艺术摆脱了技艺和科学，成为独立的自主性概念，他的艺术功能分类方法（机械的艺术、美的艺术、实用与快感相结合的艺术）建立了真正意义上的艺术类型理论。

① 参见［波］塔塔科维兹：《古代美学》，杨力等译，北京：中国社会科学出版社 1990 年版。

门德尔松的符号标准划分方式、莱辛的空间—造型和时间—语言艺术的类型划分，赫尔德的发生学分类理论等都具有重大的创新意义，这对本大卫和克鲁格以艺术符号的物质结构为基础的分类理论产生了深刻的影响。本大卫按照艺术符号在空间中不同要素的组合排列，或者是在时间中不同要素的次序交替，亦或是此两者的结合，把艺术分为空间、时间和时间空间艺术三大类。克鲁格则继承了本大卫的分类理论，使这一理论朝着全面详尽的方向发展。在德国古典美学中，康德、谢林、黑格尔都有重大建树。康德认为艺术与工艺的区别在于艺术是自由的愉快的，而手工艺是强制的痛苦的。在作出这种区分后，他把艺术分为语言艺术、造型艺术和感觉游戏艺术三类。谢林关于实在与理想关系的考察标准直接启发和影响了黑格尔，黑格尔是这一时期艺术分类理论的集大成者，他把作为他的美学理论重要组成部分的艺术分类理论推进到前所未有的崭新高度，按照理念自身发展的逻辑顺序和艺术发展的历史历程，把艺术划分为象征型、古典型和浪漫型三种，为艺术类型理论研究作出了突出独到的贡献。19 世纪中叶至 20 世纪中叶的分类理论在前人的基础上，在自然科学迅猛发展的大背景下，在新的艺术类型和众多艺术流派各领风骚若干年的氛围中，朝着多样化的方向不断向纵深发展。综合起来，这一时期主要有作为黑格尔理论余脉的思辨—演绎派；以拉罗和荣格等为代表的心理学派；以森普尔、哈曼等为代表的功能派；以丹纳、格罗塞等为代表的历史—文化派；以雅哥布森、狄索瓦等为代表的综合派和以克罗齐、根梯勒等为代表的怀疑派，等等，各家都为这一时期的分类理论作出了积极有益的贡献，取得丰富的理论成果。①

进入当代，国外的艺术类型研究在新的历史时期，在多样化和系统化的研究道路上取得令人瞩目的成就，更多的学者以更自觉的学科意识，更明确地将以往美学、艺术理论中常常互不相干的门类研究和风格研究按照类型概念的本质规定和内在逻辑关系，整合在一个相对统一的框架之内，使这一时期的研究带有综合化、总结性的理论特征。苏里奥、霍斯伯斯、斯蒂芬·邦加、奥尔德里奇等都以图表的方式企图将庞大的艺术世界包揽无遗。② 苏联的波斯彼洛夫、斯托洛维奇、日本的今道友信和山本正男等也在综合化、系统化的建构艺术分类体系方面作出了有益的探索。但影响最大的，当属美国的托马斯·门罗、苏联的卡冈和日本的竹内敏雄。在《艺术的样式及其相互关系》和《走向科学的美学》等著作里，

① 参见[苏]卡冈：《艺术形态学》，凌继光等译，北京：三联书店 1986 年版。

② 参见朱狄：《当代西方艺术哲学》，北京：人民出版社 1994 年版。

门罗采取经验主义和自然主义的科学方法来建构他的“审美形态学（艺术形态学），他把艺术类型划分为包括艺术门类的划分和风格类型的划分两部分，按照艺术创作所使用的材料或手段、创造过程或技术的性质、创造的产品的本质和形式对艺术进行门类划分，试图通过艺术的构成要素、构成方式以及这些要素和构成方式之间的关系来区分艺术门类，是一种与以往不同的独特而具体的自然主义分类方法，是第二次世界大战后艺术类型研究中重要成就之一。卡冈的“艺术形态学”运用系统方法，严谨、细致、系统地探讨了传统意义上的艺术分类学的内容，认为艺术形态学是美学与多门艺术理念相联系的必不可少的环节，是“美学科学极其重要的一个分支”①。因而，揭示作为艺术系统形成的历史过程的基础的客观规律，进而构筑该系统的结构模式具有极其重要的理论和现实意义。从这一观念出发，他按照本体论标准划分出空间艺术、时间艺术和时间—空间艺术；按符号学标准划分出再现艺术和非再现艺术；按照功能标准划分出单功能艺术和复功能艺术；同时还将这几类标准交叉使用，用图表的方式构建出复杂、严整而系统的艺术类别、门类体系，以此把艺术又划分为造型、表演、语言、音乐、舞蹈、建造和混合—综合艺术七大样式，使艺术类型学在分类意义上达到了前所未有的水平。与卡冈不同而与门罗相同，竹内敏雄明确地把艺术类型划分为种类和风格两部分，它们都是艺术中的类型现象，但却是迥然有别的两个方面。在广泛考察和深入总结历史上的多种分类方法后，他从三个方面划分了艺术的基本类型：一方面从形式上划分出时间艺术和空间艺术两个对立类型，另一方面对纯表现艺术、象形艺术和意义表征艺术这三个基本类型做了区分。在这两个维度类别组合的基础上，又依据艺术作品的内容与形式相统一中所形成的审美价值和与之对立的其他价值系统，把艺术划分成纯粹艺术（或自由艺术）和效用艺术（或目的艺术）两种基本类型，由此三个维度构成了艺术体系的立体交叉结构，实现了他勾勒出“一种既遵循有关艺术的本质规定的一般性原理，又适应艺术实际的更有效的理论”企图。②

同美学史上其他美学家一样，尽管这三位大家的分类思想仍有这样那样的局限性和片面性，但他们对艺术分类理论所做的历史性的总结研究，成为我们进一步探讨中不可避开的理论阶梯，对今后的研究有着巨大的借鉴意义，深刻地影响着当今世界的美学家和艺术理论家，自然也影响着刘纲纪等中国当代的美学家们。

---

① ［苏］卡冈：《艺术形态学》，凌继光等译，北京：三联书店1986年版，第434页。

② 参见［日］竹内敏雄：《艺术理论》，北京：中国人民大学出版社1990年版，第76页。

三、实践本体论美学的艺术类型理论

艺术分类问题是美学上不容回避的一个重要问题，是艺术理论中必须认真探讨的内容之一。因此，刘纲纪在1986年出版的《艺术哲学》和1988年出版的《美学纲要》等对此进行了深入系统的探讨，形成了他独到的艺术分类理论，成为他美学思想中富有特色的重要组成部分。

1. 艺术门类划分的根据和原则

刘纲纪对艺术门类的划分是以实践本体论美学思想为根本依据的，是他关于美的本质、艺术的本质理论在解决具体艺术问题时的落实与表现。因为美的本质是人的自由的感性显现，艺术的本质是美，是对现实的审美反映，这种审美反映是表现与再现两者的渗透与统一，而且，所有这些都是由物质生产力发展的历史条件，由实践的水平所决定的。所以，考察美的类型、划分艺术的门类必然也必须依照这一根本理论原则，才可以得出合乎马克思主义美学原理的科学结论。"作为我们考察出发点的东西，不是黑格尔所说的'理念与形象的关系'，而是那决定着人的自由的发展，从而又决定着艺术发展的一定社会历史条件。这种条件是纷繁复杂的，但其中最根本的是由物质生产力的发展……这是我们在划分艺术美的类型时所依据的原则。"①在实践本体论这一总的思想的原则之下，刘纲纪又提出五项基本原则：一是艺术对现实反映的方式原则，二是艺术作品所使用的物质媒介原则，三是鉴赏主体的知觉方式原则，四是艺术作品呈现方式原则，五是物质媒介综合运用原则。② 而这五项原则中最主要的是艺术对现实反映的方式原则，因为在这一原则之下，艺术可以分为表现性和再现性两大系列，每一系列又依据其他原则而划分成不同的门类。概括起来，刘纲纪的艺术分类原则呈现以下特征：第一，物质生产力的发展亦即人类实践创造的水平历史具体地决定精神生产是总体原则，它对五个具体分类原则具有决定性的指导作用。对艺术门类的具体划分脱离了这一前提和基础，就会违背历史唯物主义而陷入唯心主义的解释，从而背离实践本体论的美学思想。第二，它是具有明显的相对意义的逻辑分类体系。对此，刘纲纪有明确的说明：

> 将艺术分为以再现为主和以表现为主的两大部门，这种区分既是合理的，必要的，同时又具有相对性，不是形而上学的，非此即彼的。这种区分的

---

① 刘纲纪：《艺术哲学》，武汉：武汉大学出版社2006年版，第416页。

② 参见刘纲纪：《美学与哲学》，武汉：武汉大学出版社2006年版，第385—386页。

现实根据在于：一方面，艺术既反映人所生活的外部世界又反映人的内在精神世界；另一方面，不同艺术所使用的物质材料的性能，有的最适应于对外部世界的再现，有的则主要适用于对内在的精神世界的表现。但最适应于再现的，也可以有不同程度的表现功能；反过来说，主要适应于表现的，也在某种程度上具有再现的可能性。①

第三，在这一分类理论中，艺术“部门”、艺术“门类”、艺术“类型”是基本等同的可以互换的概念。总之，刘纲纪在马克思主义美学思想指导下，从实践本体论关于美的本质和艺术的本质的思想出发，在对艺术门类进行划分时，提出一套比较符合艺术实际的具有较强可操作性的总的思想原则和基本原则，为科学系统地划分艺术门类、准确合理地揭示艺术发展的内在规律和艺术的本质特征提供了合乎实际的理论指导，丰富充实了他的实践本体论美学思想。

2. 艺术的具体分类

在上述原则的指导下，刘纲纪依据不同的划分标准和方法，对艺术进行了两种不同的类型划分。

第一种分类，根据实践本体论美学思想对美的本质和艺术本质的规定，按照前述总体原则和五项基本原则，刘纲纪把艺术分为再现性和表现性两大系列，再依据作品使用媒介的质料和方式、主体知觉方式以及作品的呈现方式等划分标准，两大系列之下又划分了几个门类：

1. 再现艺术

(1) 以诉之视觉的线条、色彩、形体为媒介的空间艺术：具象的雕塑、绘画、摄影艺术、专供观赏的具象的工艺品。

(2) 以间接诉之知觉想象的语言为媒介的时间艺术：叙事文学。

(3) 综合艺术：戏剧、电影、电视。

2. 表现艺术

(1) 以诉之听觉的声音为媒介的时间艺术：音乐。

(2) 以诉之视觉的身体动作为媒介的时间艺术：舞蹈。

(3) 以间接诉之知觉想象的语言为媒介的时间艺术：抒情文学。

---

① 刘纲纪：《艺术哲学》，武汉：武汉大学出版社 2006 年版，第 262 页。

(4)以诉之视觉线条、色彩、形体为媒介的空间艺术:建筑、书法、抽象的绘画和雕塑、抽象的图案装饰和以抽象形式构成的工艺品。①

第二种分类,根据马克思主义关于包含艺术在内的精神生产和物质生产的关系的看法,主要依据实践本体论关于美的本质和艺术的本质思想的总体原则,相对地忽略"五项基本原则",而按照历史与逻辑相统一的方法,刘纲纪把人类艺术划分为原始型艺术、古代型艺术、近代型艺术和现代型艺术四种不同的类型。他认为,原始型艺术是个人完全从属于氏族,人类对自然的征服能力还很低的情况下所取得的自由的表现,它的主要特点是原始神秘的象征性的崇高;古代型艺术,指的是奴隶社会和封建社会,即在脱出了原始社会的文明社会这一历史阶段所具有的一种特殊的艺术类型,这一类型的艺术是人的自由在直接的统治与臣服的依赖关系和狭隘的自然经济基础上的再现,它的主要特色是追求一种和谐宁静的美;近代型艺术,是人的自由在打破了封建特权关系,资本主义商品生产获得了充分发展条件下的表现,其主要特色是伴随着个性解放、近代科学和哲学思考的理性的崇高;现代型艺术,分为现代西方资产阶级艺术和现代社会主义艺术两种,前者是资本主义社会生产力和科技高度发达条件下人的自由在异化了的形式下的表现,追求个体情感不受强制的充分表现和寻找失去了的人的价值是其主要特点。现代的社会主义艺术是生产资料的私有制已经基本取消,产生人异化的最主要根源基本消灭的条件下的自由的表现。尚处在其发展的早期阶段的现代社会主义艺术,将在批判地承继全部人类文化遗产的基础上,创造出一种同人的本质的丰富性、全面性相应的更加新美的艺术。②

四、与中国当代其他几家艺术类型理论的比较

中国当代的艺术类型理论是对中国近现代艺术分类理论的继承和超越。从中国艺术类型理论的发展历史来看,近现代是一个承前启后的转型期,是古典理论形态向现代理论形态的转换期。在王国维、梁启超、鲁迅、蔡元培、吕澄、朱光潜、宗白华等人的倡导和实践下,以西方的哲学和科学思想为基础的美学理论逐步形成,它表现出与中国古代美学理论截然不同的思维方式和理论建构方式,艺术类型研究呈现崭然一新的面貌。梁启超的《美术与生活》、鲁迅的《拟播布美

① 刘纲纪:《美学与哲学》,武汉:武汉大学出版社 2006 年版,第 386 页。

② 参见刘纲纪:《艺术哲学》,武汉:武汉大学出版社 2006 年版,第 417—447 页。

术意见书》、蔡元培的《华工学校讲义》、吕澄的《美学浅说》等著作，或介绍西方的分类思想，或在西方类型理论基础上建构自己的分类学说，其中尤以吕澄的《美学浅说》(1931 年)影响较大，他在中国较早地运用了逻辑方法进行艺术分类的研究。20 世纪 30 年代，王森然的《文学新论》、李幼泉等的《文学概论》和马仲殊的《文学概论》等著作，在对西方分类理论介绍的基础上也提出了具有启发意义的文类划分意见。此外，朱光潜秉承克罗齐思想所提出的怀疑否定论以及宗白华的风格类型论都丰富了这一时期的艺术分类理论，为中国当代艺术类型思想的繁盛发展提供了宝贵的借鉴。①

具有真正价值的艺术分类思想和分类体系的建立，是中国当代的艺术类型理论，而当代艺术分类理论中，有代表性影响的主要有王朝闻、蔡仪、李泽厚、杨辛和甘霖等几家。王朝闻在他主编的《美学概论》中认为，审美意识是现实美在人们主观上的反映，只有运用一定的物质手段才可能转化为艺术作品，所以要想对艺术类型作出比较完善的判断，必须要以现实美的存在形态、特定的感受和反映途径，特定的物质手段三者统一起来做整体的考察。基于这种观点，他认为，反映现实美的审美意识是根据，而反映的具体途径和方式则构成了外在标志。“标志固然与根据有内在的联系，但两者并不等同。在科学上往往以机体的某一个专有的特征作为分类的标志，对于艺术分类来说，也可以这样。”因为，“艺术分类的标志强调各门艺术所使用的物质手段也是合理的，”而且“以物质手段作为艺术分类的标志，符合艺术样式发展的历史”。② 这样，王朝闻以审美反映为根据，以物质手段为标志把艺术分为九类：建筑艺术、实用艺术、绘画、雕塑、音乐、舞蹈、语言艺术、戏剧、电影。

蔡仪的艺术分类思想体现在他主编的《美学原理》里。他指出艺术分类应该按照艺术所反映的现实，即按照社会生活的历史进程和现实的发展，也就是根据艺术所反映的客观事物的美来分类。据此，他提出三大艺术种类：③

(1)以反映现实的现象美为基础的艺术：工艺美术、建筑、音乐、舞蹈等。

(2)以反映现实的个体美和种类美为基础的艺术：雕刻、绘画等。

(3)以反映现实的社会关系美为基础的艺术：文学、戏剧、电影等。

李泽厚对艺术分类提出两大原则：一是表现与再现，一是动与静。前者由于

① 参见胡经之编：《中国现代美学丛编(1919—1949)》，北京：北京大学出版社 1987 年版。

② 王朝闻主编：《美学概论》，北京：人民出版社 1981 年版，第 246 页。

③ 参见蔡仪主编：《美学原理》，长沙：湖南人民出版社 1985 年版。

艺术作品对社会生活反映中情感和认识构成比例的轻重多寡,后者是由于审美意识在物化过程中或偏于过程或偏于产品。依据这一原则,他把艺术分为5类:①

①表现,静的艺术(实用艺术):工艺、建筑。

②表现,动的艺术(表情艺术):音乐、舞蹈。

③再现,静的艺术(造型艺术):雕塑、绘画。

④再现,动的艺术:戏剧、电影。

⑤语言艺术:文学。

杨辛、甘霖在他们的《美学原理》中所提出的分类理论也很值得注意。根据作品的再现与表现和所用物质手段的不同,他们把艺术分为:

再现的艺术:雕塑、绘画、摄影、戏剧、电影等。

表现的艺术:工艺、建筑、音乐、舞蹈等。

语言的艺术:文学等。②

纵观包括刘纲纪在内的以上几位中国当代美学家的艺术分类理论,我们可以看出他们具有以下共同特点。

首先是在研究视野和建构方式上,不再着眼于单一的艺术门类研究,而是对整个艺术门类进行统一的分类研究,因而总结性和系统性的特点较为突出;其次是运用西方科学的思维方式和逻辑分类的分析方法,理论本身比较严谨明晰,因而属于逻辑分类体系;最后,基本上都采用了马克思主义美学原理中艺术反映论的美学思想原则,尽管他们的理解和阐释仍不尽相同。

当然,由于他们以不同的原则、根据和标准提出各不相同的分类体系,其差异也是非常明显的:王朝闻的视点在于审美意识在转换为具体物质形态过程中物质形态本身的标志性意义;蔡仪的切入点在于主客体之间的反映与被反映关系中反映对象的决定性意义;李泽厚的关注点在于主客体的结合和这种结合中主客在其中所起的作用的差异性;杨辛、甘霖则是把反映标准与艺术物化形态标准结合起来进行划分。由于王朝闻先生的《美学概论》是中国当代最早编写的(1961 年),也是在 20 世纪中国高校中最为通用的一部教材,它的影响无疑是巨大的,他的分类理论最直接地启发了其他几家的思想。但同时,正是由于这部书从编写到出版(1981 年)的特殊历史背景,也可能是由于主编作为美术教学与雕

---

① 参见李泽厚:《美学旧作集》,天津:天津社会科学院出版社 2002 年版,第 367 页。

② 参见杨辛、甘霖:《美学原理》,北京:北京大学出版社 1993 年版,第 230 页。

刻创作的个人背景的缘故，也使得他的理论在有意无意中排除了西方一些合理的分类标准和方法，而注重以物质手段作为艺术种类划分的主要标志或标准，从而使得划分思想相对简单和粗放。蔡仪先生的分类思想是他一贯坚持的"美是典型"的美学学说的具体体现，由于艺术反映的"现象美"、"个体美与种类美"、"社会关系美"的分类标准不甚精确，所分出的艺术类型也就不尽符合艺术现实，因而不能令人信服，比如说音乐和舞蹈就一定是现象美而不是个体美与种类美吗？相对而言，李泽厚先生的分类是比较细致的，他使用两种原则相结合的方法在两个维度进行考察分析，作出了比前述两家更为谨细的分类，但他却相对忽视了"物质媒介"这一重要分类标准，从而使他们理论显得单薄而不够深刻和全面。杨辛和甘霖先生的分类思想是对李泽厚的改造，在9类艺术中又添加了摄影一项，门类丰富了，但划分原则却进一步简化了。

与上述几家比较起来，刘纲纪的实践本体论美学艺术类型理论有如下特点。

第一，以实践本体论为总的美学指导思想，以美的自由本质论和艺术审美反映的本质论为主要根据来制定艺术分类原则和标准。在对艺术进行历史—逻辑分类时，刘纲纪对四种历史艺术类型的划分和解释都是建立在"美是自由的感性显现"这一实践本体论美学的核心命题之上的，正是通过人在实践中所取得的自由的表现程度和具体表征，刘纲纪符合历史事实和艺术发展规律地分出了四种艺术类型，并准确地揭示出它们所独具的特色，科学地解释了它们赖以产生的社会历史的文化土壤。他对艺术所进行的表现和再现两大系列11类划分，也正是他"艺术的本质是美"、"艺术是对现实的审美反映"等重要美学命题在艺术分类上的具体实践，是实践本体论美学思想详细展开的一部分。第二，历史—逻辑的艺术分类方法是运用马克思主义美学理论对黑格尔美学思想的创造性改造，是迄今为止的中国当代美学家中唯一运用这一方法对艺术进行分类的成功范例，具有理论开拓的意义。黑格尔是第一个在宏大的人类历史发展的背景上，运用历史与逻辑相统一的分类原则来分析艺术类型的人，他所依据的是他所谓的绝对理念与现实的关系，而他的"理念"是唯心的神秘的东西，尽管他的分析不乏精彩和深刻，但同时也有不少牵强附会的东西，而且总体上，他对艺术的解释是历史唯心主义的。而刘纲纪根据马克思主义实践观点"从马克思主义的历史唯物主义，从我对艺术美的本质的理解出发来考察艺术美的四种类型"。① 黑格尔把艺术分为象征型、古典型和浪漫型三种，既是历史类型，又是风格类型，刘

① 刘纲纪：《艺术哲学》，武汉：武汉大学出版社2006年版，第415页。

纲纪则将其分为原始型艺术、古代型艺术、近代型艺术和现代型艺术，而且重点分析了与我们时代艺术的发展有着最直接联系的现代型艺术，是一种侧重于艺术发展的历史阶段和逻辑顺序的历史形态划分，而不具有风格类型的意义。他的这一分类思想补救了中国近现代和当代艺术分类理论只进行具体门类划分，缺少宏阔的历史唯物主义视野的偏弊，丰富和发展了马克思主义美学思想和艺术理论，成为刘纲纪实践本体论美学思想中的一个重大创见。第三，多维度多视角综合分析，从而构建了更系统、更严整也更符合艺术现实的类型体系。在对具体艺术门类的分类中，刘纲纪在他实践本体论美学的总体思想指导下，依据他对艺术美的本质的正确把握和理解，首先把艺术划分为表现和再现两大系列，然后在各个系列中以鉴赏主体不同的知觉方式、艺术作品具体呈现的不同媒介和不同呈现方式这三个维度作为分类的原则和标准，多角度、多层面地综合考察和分析研究了艺术现实，科学地建构了他的分类体系，这一分类体系，在很大程度上克服了以往国内一些美学家流于简约的分类缺陷，也在一定程度上救正了国外诸如卡冈和竹内敏雄等美学家过于烦琐的弊端。第四，抽象的绘画、雕塑与具象的绘画、雕塑的区分，是实践本体论美学辩证思想对以往的再现和表现分类理论的一次突破和超越。在其他中国美学家的艺术分类体系中，绘画和雕塑都属于再现艺术之列，即使在波斯彼洛夫和竹内敏雄的艺术分类体系中，绘画和雕塑（刻）也只被列入“再现艺术”或“描写的象形艺术”之中，具有表现意义的抽象绘画和雕塑尚未引起他们足够的注意，因而没有能体现在他们的分类理论里。作为画家和书法家的刘纲纪则对西方现代主义绘画一直给予了充分关注，西方形形色色的抽象主义艺术已经明显地打破了旧有的表现再现说，而使其呈现出更为复杂的情状。正是在密切关注艺术发展的现实与趋势上，也是在他的分类原则的规引下，刘纲纪客观辩证地对艺术进行了考察研究，创造性地区分了抽象的绘画、雕塑与具象的绘画、雕塑。第五，把书法艺术作为一种门类单列出来，给予传统艺术以应有的地位，凸显了分类理论的中国特色。作为中国的传统艺术种类，西方理论中自然不会论及，而上述的几位中国美学家均没有涉及，这应当说是一个遗憾。刘纲纪借鉴西方分类理论而又不囿于西方理论，从中国艺术的现实出发，把书法在艺术种类中突出地分列出来，弥补了此前的缺憾，完善了艺术分类理论。这一创见是刘纲纪的一个重要理论贡献。

此外，我们还可以看出，刘纲纪的分类体系并不是封闭的，相反，它是一个开放的结构体系。当然，这并不是说刘纲纪就像斯蒂芬·邦加所期冀的那样建立起了一个一劳永逸的分类图式，我们只是说，随着社会的进步和文化的发展，艺术不断会有新类型出现，由于他的分类体系是建立在对艺术发展史中艺术类型高度概括的基础上并指向艺术发展未来的，是通过对艺术规律的正确把握和对艺术历史发展逻辑的科学推演而得出的必然结果，所以，这种多维度多层面的分类方法自然可以有相当大的空间去包容新的艺术类型。

当然，正如刘纲纪本人所说的，他不会认为他对艺术类型的分析必定是完全正确的，我们也没有认为他的分类体系就是完美无憾的，因为任何分类都只能是相对而言的。刘纲纪按照历史—逻辑分类方法所进行的类型划分就是具有明显相对意义的历史阶段划分，这种划分是在马克思，特别是黑格尔思想影响下的分类，是西方艺术哲学思维的结果，是在西方理论框架里主要以西方艺术的发展流变为主体所进行的历史性考察，其中近代型艺术主要是针对欧洲资本主义社会发展中艺术状貌的分析，所以对包括中国在内的一些没有充分经历资本主义发展阶段的国家和民族，并不具有完全的普适性。这既有各民族文化发生发展的特殊性、地域性和人类艺术演化的复杂性、差异性等原因，也有任何分类方法本身所固有的局限性的拘囿，因为“我们要理解我们被置入其中的生活那包围着我们的现实的特性——一方面是在其现今表现形式中的个别想象的联系和文化意义，另一方面是它在历史上成其为这样而不是那样的原因。一旦我们试图思考我们直接遭遇到的那种生活方式，生活就向我们呈现出前后相继地和并列地出现和消失的事件的一种绝对无限的多样性，”因此，“有限的人类精神对无限的现实的思维认识就建立在这一隐匿的前提条件下，即每次都只有现实的一个有限的部分构成科学理解的对象。”①对文化艺术的研究更是如此。

第三节　书论与画论：实践本体论美学对传统艺术形式的阐释

刘纲纪的书论和画论是他艺术审美反映本质论和艺术分类思想的具体实践。刘纲纪对传统艺术形式的研究，主要是书法艺术论和绘画艺术论。这是刘纲纪艺术美理论在部门艺术研究中的具体实践。刘纲纪基本同意书画同源的旧说，但他强调这个“源”是人类的社会实践，书画是对现实的审美反映，是效于自然、心物交感的产物。在论述书法艺术时，他汲取了西方现代美学思想，总结出书法的生命形式和情感意味两大特征，继承传统美学思想，提出了书法艺术的

---

① ［德］马克斯·韦伯：《社会科学方法论》，北京：中国人民大学出版社 1999 年版，第 15 页。

“比象说”。在对书法创作和欣赏理论的论述中，运用了西方现代心理学研究的崭新成果，论证了书法的用笔美、结构美和意境美。对于中国传统绘画理论的研究，刘纲纪在马克思主义实践论的理论基础上，在自己对绘画实践的经验体验上，建立了他的具有独创性的绘画艺术理论，并使之成为他实践本体论艺术美学思想的有机组成部分。

一、实践本体论美学的书法艺术理论

王岳川先生在《当代中国文艺美学的学术拓展》中总结道：“就有中国特色的书法艺术而言，近20年来，书法艺术美学研究有了长足的进展，以至于影响到东南亚、日本和韩国。这方面有分量的著作有：刘纲纪著《书法美学简论》，金学智著《书法美学谈》，叶秀山著《书法美学引论》，宋民著《中国古代书法美学》，陈廷佑著《中国书法美学》，萧元著《书法美学史》，……这些颇有深度的著述，对近20年全国性的书法大潮有相当的促进作用。”①在这一长串书单里，刘纲纪的《书法美学简论》列名首位，是新中国成立以来中国书法这一门类艺术美学研究的开山之作。

事实正是这样，刘纲纪在新中国成立以来，引领了书法研究的先路。早在1962年他就在《湖北日报》上发表了《书法是一种艺术》一文，开始试图用马克思主义的美学观点来解释中国的书法艺术。1977年上半年至1978年下半年，刘纲纪“决心写一本以马克思主义的美学观点来系统论述中国书法美学的书”。② 这就是1979年出版的《书法美学简论》，该书出版后，在社会上引起了很强烈的反响，并由此引发了书法界持续良久的关于书法美学的讨论，学界关于书法美的研究也由此展开。1993年《书法美》一书写毕，这本著作是对《书法美学简论》的进一步拓展和阐明，是刘纲纪书法美学思想的进一步深化和体系化。

《书法美学简论》和《书法美》(1995年出版)两书，集中了刘纲纪关于书法理论的主要思想，在这两本不同年代所写的书里，既有刘纲纪坚守不变的艺术反映论观点，也有不少进一步拓充深化的东西。总体上看，前者主要以社会艺术学的方法来分析论证自己的观点，由于当时社会文化环境的限制、理论方法的单一和思想资源运用上的狭窄和保守使得它显得比较单薄；后者是在改革开放之后，过去忌莫如讳的近代西方理论和现代思潮以繁复的面貌呈现在这本书里，哲学、

① 王岳川：《当代中国文艺美学的学术拓展》，《深圳大学学报》2002年第1期。

② 刘纲纪：《中国书画、美术与美学》，武汉：武汉大学出版社2006年版，“序”第1页。

美学、心理学等新理论的引入，使得刘纲纪的书法美论更加丰富和厚重。同时，由于他的《中国美学史》，特别是《周易美学》的写作和出版，中国传统的哲学、美学观念使他对中国古老而独特的书法艺术有了更深刻的认识。这样，中国传统思想与西方现代理论，诸如“道”、“和谐”、“阴阳”、“生命”、“完形”、“同构”、“意味”等理论极大充实和丰富了他原有的书法理论，过去言之未详或言之不深的东西一下子变得明晰和深刻起来。可以说，刘纲纪书法艺术美学思想从20世纪70—90年代的变化轨迹，既反映了时代的变迁，也反映了作者本人坚守实践本体论的立场和兼容并包、与时俱进的开放胸襟，既体现了作者在更高的哲学层面上对传统艺术的思索，又体现了作者引进心理学等实证美学的方法和观念，使哲学美学与科学美学融会贯通的学术努力。

总体而言，刘纲纪的书法思想主要表现在对书法美之根源论述的审美反映论，表现在书法艺术特征论，即书法比象说、书法的生命形式和书法的情感意味等艺术特征的阐述上。

1. 书法根源论：书肇自然的审美反映论

书肇自然是蔡邕《九势》里的话。《九势》一文开篇就说：“夫书肇于自然，自然既立，阴阳生焉；阴阳既生，形势出矣。”这是中国传统的天人合一的哲学观点在书法方面的体现和应用。孟子说：“知其性，则知天矣。”认为人如果知道了自己的本性，也就认识了天地自然了。董仲舒则更明确地说，“天人一也”、“天人之际，合而为一。”老子也说：“人法地，地法天，天法道，道法自然。”这种中国朴素的唯物主义观点与马克思主义唯物实践论是相通的，因而也是与刘纲纪以自然物质世界为基础和前提的实践本体论相通的，是他“运用马克思主义美学来认真研究一下书法艺术，对它作出辩证唯物主义和历史唯物论的科学解释”的审美反映论相一致的。① 所以，刘纲纪谈论书法美时，在第一章就深刻地剖析了天道、地道、人道的关系，充分肯定了中国古代贤哲的人与自然统一观念对中国各门艺术创造的深远影响，辨析了“艺”与“道”的深层关系，指出了“道”是“艺”的本体、内容，“艺”是“道”的现象、形式，因为“道”是表现在天地万物之中的，因此，“艺”与天地万物之道，即阴阳变化规律在天地万物中的表现是贯通一致的。他说：“在中国哲学家和艺术家眼里，自然的外在现象是道的表现形式，并且只有作为‘道’的表现形式才能成为艺术的表现对象，具有艺术的价值，因而，中国艺术中的自然，不是对自然现象的模仿，而是依据对‘道’的了解重新加以

① 参见刘纲纪：《中国书画、美术与美学》，武汉：武汉大学出版社2006年版，第4页。

组织、加工、提炼了的自然，是充分显示了生命的和谐结构，宇宙生生不息的运动变化的自然。”[①]具体到书法艺术也是这样，书法也是“禀阴阳而动静，体万物以成形”（虞世南），是“体于自然，效法天地”（郑杓）的结果。但书法对自然的体效，不是如旧唯物主义反映论所认为的那样是机械的复制和摹仿，而是外师造化，中得心源的一种创造，是“独照灵襟，超然物表。学乎造化，创开规矩”的“不取乎原本，而又各逞其自然”（张怀瓘）的创造性反映，即是一种审美的反映，这种审美的反映表明书法美是合于自然的，是天地阴阳变化和谐之美的体现，有着其现实根源，这具体主要体现在书法的形态和情感两个方面。

刘纲纪认为，书法艺术同一切种类的艺术一样，是一定的社会生活在人类头脑中反映的产物。他说：

> 书法艺术的美，是现实生活中各种事物的形体和动态的美在书法家头脑中的反映的产物，在这种反映的同时，书法家又表现出他的一定的思想感情。这种思想感情当然也是以现实的社会生活为其源泉的。[②]

对于形态来讲，事物的形体美可以分为外形的美、质地的美和事物的外形相关的各个部分的结构的美。由于许多事物的外形、质地和这些事物的各个部分的结构安排，都在一定程度上符合规律性和目的性，都能使我们感受到美，而书法艺术虽不能像绘画那样具体地描绘事物的形体美，但却能通过文字点画的书写和字形的结构来间接曲折地加以反映。从笔画的书写来看，起源于象形文字的点、横、曲、直、撇、捺、钩、挑等笔画同现实事物中各种事物的形体本来就有某种类似之处，由它们在书法中所呈现出来的点和线正是现实生活中各种形体构成不可缺少的基本要素。这些点与线条，在有意识的控制之下，就取得了一种艺术造型的效果，它能够唤起我们的审美经验，引起我们对现实生活中各种事物美的形体的联想，从而成为对现实事物的形体美的一种曲折抽象的反映。点是书法和绘画中最基本的元素，线是点的延伸，大自然并不存在于线条之中，线条是人对自然万物的一种审美抽象，点线结合构成面，即构成书法的形体。线本于一，生于笔，指向“道”，而面则衍繁，成于墨，本乎气。种种线条以其粗细曲直、刚柔轻重化成世界万物的千姿百态，它们依其用笔而饱于用墨，凭借在时间之维

① 刘纲纪：《中国书画、美术与美学》，武汉：武汉大学出版社2006年版，第95页。

② 刘纲纪：《中国书画、美术与美学》，武汉：武汉大学出版社2006年版，第5页。

中的展开，在轻重缓急涩畅干湿燥润中获得一种力与势的内在张力，在飞动潇洒的自由中，参赞天地化育，契合兴会意态而禀有形而上的玄机。在这个意义上讲，点画而成的线条是书法艺术特有的描述世界万象的精纯的语言。书家对宇宙做“俯仰往返，远近取与”的观照，用或刚正庄静或飞动飘逸的线条表现大千世界，以灵动的与道相通的线条勾勒文字的形体，契合元气淋漓的“道”，同时表达一种超然形象之外的不可言喻的意绪和独得于心的神韵。“它飞动飘洒，悠忽旋转，绵延动荡，摇曳不定，通神明之一德，类万物之情，虚空中传出动荡，神明里透出幽深，墨气四射，四表无穷，直臻生命的极境。”①表现着具有鲜活生命力的事物的形态体貌。

关于字形结构，刘纲纪认为这也和起源于象形的文字的整体结构有关，而且有的字如田、门等，本来就同现实事物的结构相似，尽管大多数字没有具备这种明显类似的地方，但它们的结构无不是由多种粗细长短形状不同的点线的排列分布、交叉组合而构成的，而现实中多种事物的结构，从它的空间几何结构来看，也正是这样形成的。文字的字形结构同现实事物的结构有基本类似或相通的地方，这种相通或类似的地方如前面所讲的点画线条一样，正是阿恩海姆所说的异质同构的现象。当我们面对每一个字的字型结构时，就会如同面对具体事物的结构那样，产生美或不美的感觉，尽管每个字的结构不是现实中某一事物结构的如实摹写，而是以一驭万、一画呈万象、一笔存千情的有形与无形、象形与不象形、具象与抽象的高度统一，但它只要具备了现实中各种形体结构所具备的平衡对称，多样统一和对比照应的基本法则，就能够引起我们的美感。

概括而论，书法的点画书写和字型结构之所以能成为对现实事物形体美与结构美的一种反映，主要是由这样的原因决定的：第一，中国字的点画书写和字型结构与现实中各种事物以及宇宙万物美的最普遍的规律或法则有着“比象”的情况，存在着异质同构的形式；第二，在有意识的控制或安排布局下，这些字的形体和结构能够具备现实事物美的形体和结构所必须具备的基本条件，反映出现实事物的形体结构美的基本属性，即通过审美把握、审美认识、审美创造，使具象与抽象、再现与表现融通无碍地统一起来的审美反映。

形体有动静之分，事物的动态美就是事物在运动过程中所表现出来的美。“书法艺术不仅反映着事物的形体美，而且还反映事物的动态美。”②书法里的动

① 金开诚、王岳川：《书法艺术美学》，北京：中国文联出版公司 1995 年版，第 168 页。

② 刘纲纪：《中国书画、美术与美学》，武汉：武汉大学出版社 2006 年版，第 10 页。

态美有两种,一种是"详而静者",它是指篆书、隶书、楷书,主要表现为一种静态,但静中有动,寓动于静;另一种是"简而动者",是指草书、行书。在一切书体中,草书具备了表现动态的最大可能性,它纵横牵掣,钩环盘行,如飘风骤雨,落花飞雪,极尽飞扬变化之能事。这种动态的表现不是也不可能是某一具体事物动态的如实摹写,但它只要符合于事物在空间中运动的基本形态,表现阴阳相互作用而引起的万物生命运动变化及人类情感的波动,以各种富于强烈的生命感和运动感的点线表现宇宙万物或轻盈婀娜,或敏捷矫健的动态,那就能引起我们对动态美的联想,成为对万物动态美的一种间接曲折的反映。所以,"书法的动态美如它的形体美一样,当然是从现实中来,不可能从别的什么地方来","不论草书的创造或是欣赏,自觉或不自觉地都是以人们在现实生活中长期积累起来的对事物的动态美的感受为根据的。"①

邓以蛰说过:"书法之结体,莫不有物理、情感据。蔡邕谓书肇于自然,非偶然也。"②物理就是宇宙万物的形态,是书法再现自然的依据,情感则是表现自然的根据,是感物而心动的自我流露。因此,"书法艺术既然是客观世界的形体美和动态美的一种反映,它也就必然要表现出书法家的某种思想感情。"③人们对客观事物的美的感受是同人们的世界观、审美趣味和审美理想密切相连的,深深地浸透着一定的思想感情。书法家的思想感情的表现始终不能脱离他对现实的感受,只能通过他对现实的形体美和动态美的反映而表现出来,否则就无从表现,即使表现出来,也绝不可能为人理解和欣赏。按照中国哲学"天人相通"、"天人合一"的观念,主体心中的情感是由天地阴阳变化引起的,并且应当与天地阴阳变化一致,所以书法的"或寄以骋纵横之志,或托以散郁结之怀"(张怀瓘)的抒情表意,正是"情动形言,取会《风》《骚》之意,阳舒阴惨,本乎天地之心"。(孙过庭)这种情意的产生与表现,最终是源于天地阴阳变化的,是心与物相互作用、和谐统一的"心物交感",所以,在中国书法里,对天地万物阴阳变化的表现,同时就伴随着书法家思想感情的表现,情感是外物与人心相互交感而引起的。"从这个方面讲,书法艺术所表现的思想感情也是来源于现实社会生活的。"④

在通过形、情两个方面分析论证书法是肇于自然的审美反映后,为了进一步

① 刘纲纪:《中国书画、美术与美学》,武汉:武汉大学出版社 2006 年版,第 12 页。
② 刘纲纪主编:《邓以蛰美术文集》,北京:人民美术出版社 1993 年版,第 68 页。
③ 刘纲纪:《中国书画、美术与美学》,武汉:武汉大学出版社 2006 年版,第 12 页。
④ 刘纲纪:《中国书画、美术与美学》,武汉:武汉大学出版社 2006 年版,第 14 页。

说明书法肇于自然的根源，刘纲纪又从文字、毛笔、技法等方面论述了书法何以能成为一门独立艺术的缘由，从审美反映论出发为书法美作出了科学的阐释。

宗白华在《中国书法里的美学思想》中认为："中国人写的字，能够成为艺术品，有两个主要因素，一是由于中国字的起始是象形的，二是中国人用的笔。"①刘纲纪对此有同样的认识，他认为，没有中国文字就不会有中国书法，而中国文字的创造是一个漫长的历史过程的产物，它和语言一样，是社会实践的产物。书法家之所以能把文字的书写变成一门艺术，并体现出来天地阴阳变化和谐之美，首先是中国文字的创造已经形成了一种能够概括天地万物阴阳和谐变化的美的结构，从创造时一开始就已具有了审美的、艺术的意义和价值，而基于"象形"的中国文字的创造是根植于现实世界的。

象形的范围很广，可以划分为四类，即象身、象物、象工和象事，象身指象人自身的形体、五官四肢等，如口、目等；象物就是包括天地山川、草木虫鱼鸟兽之形的物象；象工是指人类所创造出来的多种器物，如弓、鼎等；象事则是指象物质生产、日常生活中的某些活动，如射、媚等。这种象形包罗了天地万物和人自身，使中国文字的点画结构的形成与对天地万物和人自身的形体结构的观察描摹紧密相连。由于这种象形的文字创造方法与绘画分不开，也就是如鲁迅在《门外文谈》里所说的最初的写字就是画画，这使得中国文字在创造之初就具有艺术的意味，并养成了中国人的几千年来经常用审美的态度去看待文字的书写，因此，文字的创造，凝结着中华民族的审美意识和对美的规律的认识。在《中国美学史》中，刘纲纪指出：

> 作为指意的文字符号，它不可能是对所画的物的一种逼真的描绘，而必然是抽象化、形式化、概括化和规范化的。但正因为如此，就使得中国文字的形的创造既来源于对自然物象的模拟，同时却又是抽象化和概括化的。这样创造出来的文字，一方面是一种指意的符号，另一方面又以一种抽象概括的方式表现了不同自然物的形式结构，使自然物的形式的美渗入了文字的形象之中。我们看中国古代的象形文字，它是文字，同时又是一种合乎美的形式规律的创造。这正是中国文字的书写能够发展成为一种艺术的根本原因。②

① 宗白华：《艺境》，北京：北京大学出版社 1999 年版，第 260 页。

② 李泽厚、刘纲纪：《中国美学史（先秦两汉编）》，合肥：安徽文艺出版社 1999 年版，第 564 页。

对象形文字的分析说明,是刘纲纪对此前论述的书法的形体动态美是对自然万物的审美反映的更深层次的论证,即从作为构成书法艺术的基本因素的象形字来论证。他明确指出:第一,书法是对自然的反映,书法艺术的根源在于自然形象。第二,这种反映不是对自然形象的如实描摹,是一种抽象的概括的反映,是模拟因素和超模拟因素、具象因素和抽象因素的和谐统一,成为"不象形的象形字",成为无形之相。第三,这种"无形之相"实际就是一种合乎美的形式规律的创造,是一种审美的反映。这正是实践本体论所确认的艺术的本质所在。在刘纲纪的《书法美学简论》出版之初,对其反映论批评得比较激烈的陈方既先生在他后来出版的《书法美学思想史》中却表达了与刘纲纪实践本体论基本相同的观点,他说:"一切精神产品,都是借物质形式对象化了的人的精神、人的本质和本质力量。文字、书法是人类重要的精神产品,其形成发展的历史,就是人的精神、人的本质和本质力量日益充分展示的历史。""从甲骨文到现今通行的简化汉字,总有相应的完美形式。这是因为,一、人的审美意识是与劳动同时产生的。……它的成果,在满足人的物质需要的同时,也进行美的创造,从而获得精神上的愉悦。这种精神上的愉悦,就是原始的美感;因而,二、以不同的工具材料契刻出来的文字符号,是人自觉不自觉按照生命形象、以一定的书写契刻技艺完成的,具有不以人的意志为转移而客观存在的审美效果。当自然成为人的对象化和对象化的人以后,人对一切可以通过知觉感受到的形式都会作出审美反映。"①这所体现的,也许正是实践本体论的审美反映论的学术魅力和真理性力量。

与图案字相比,尽管图案字也有高度的合规律性,有装饰性美,但却缺乏书法无限多样而自由的、天然而微妙的变化,这是由于中国文字特有的书写工具——毛笔所造成的,没有毛笔的发明与运用中国文字不可能发展成为一门很高的艺术。如宗白华所说:"这个特殊的工具才使中国人的书法有可能成为一种世界独有的艺术。""它铺毫抽锋,极富弹性,所以巨细收纵,变化无穷。这是欧洲人用鹅管笔、钢笔、铅笔以及油画笔所不能比的。"②中国毛笔有尖、齐、圆、健的特点,它可以随着运笔快慢、下压的轻重和笔与纸所成的角度的不同,以及笔锋的正逆、顿挫、卷动、提按等不同变化产生极其自由多变的书写效果,所得的点线的形态是一些高度接近自然的形态,它能够清晰地将书写者手腕内运动的轨迹和力度反映和存留在点线之中,产生运动、气势和力量的感觉。所有这些特

① 陈方既、雷志雄:《书法美学思想史》,郑州:河南美术出版社 1994 年版,第 2、728 页。
② 宗白华:《艺境》,北京:北京大学出版社 1999 年版,第 261 页。

点决定了中国书法虽不是对现实事物的具体描绘，但却具有抽象性，同时又呈现出具象意味。具体而言，由于毛笔书写的特殊性而使书法艺术成为具象与抽象的高度统一有以下几种表现：

第一，毛笔写出的点线，其大小、方圆、粗细、曲直都有一种极天然的变化，这些天然变化与现实生活中多种事物的形体的天然变化类似、接近、相通，即具有同构形式，从而就会产生出一种朦胧不确定，但又确定存在的具象意味。第二，在书写者掌握了一定技巧的前提下，毛笔在书写时能够在纸上产生出有骨有肉的质地感和形体感，这就使之有别于西方纯平面的抽象线条，增强了中国书法的具象意味。第三，中国书法点画的书写能产生动势、力量，这种动势、力量虽是对世界进行抽象的点线所为，但却极大地增强了点画的具象意味。总之，作为特殊书写工具的毛笔的运用，是书法成为一种审美地反映现实生活的艺术。

依据以上的分析论证，刘纲纪总结性地强调："在解决书法与现实美关系这个根本问题上，我仍然坚持反映说。""哲学上的反映这一概念，是一个含义广泛的概念。"中国书法对现实事物形体动态美的反映，"既是对阴阳相互作用与和谐变化的普遍性形式的抽象、概括，但同时又仍然带有浓厚的具象意味。"而且，对这种普遍性形式的提示与呈现，是通过中国文字的点画写书与结构，创造出一种与天地万物阴阳和谐变化同构的形式而得到实现的，这种同构形式，"从本质上看，仍是对现实美的一种反映。"①

2. 书法艺术特征论：有情感意味的生命形式

在《书法美学简论》中，刘纲纪受邓以蛰和宗白华等人的影响，曾总结了书法的三种美的特征，即用笔美、结构美和意境美，但随着他对书法艺术的不断深入的体悟，对中国传统哲学美学与西方现代美学理论的批判性接受和运用，他在书法艺术特征的认识上有了很大的发展和提高，他超越了自己，超越了邓以蛰《书法之欣赏》和宗白华《中国书法里的美学思想》等著述中关于用笔美、结体美和章法美等观点，把原来对用笔美、结构美和意境美等艺术特征的论述融入生命哲学理论和心理学理论，用更为妥帖更为科学的范畴和命题，在更高的哲学美学层面上予以阐发，创造性地提出了书法比象说、生命形式说和情感意味说，构成了刘纲纪卓然自新的实践本体论的书法艺术特征论。

（1）可感知的抽象性：比象说。

刘纲纪曾对书法有一个简略的定义："书法是天地阴阳和谐变化的比象。"

---

① 刘纲纪：《中国书画、美术与美学》，武汉：武汉大学出版社 2006 年版，第 194—196 页。

书法作为一种比象，构成了书法艺术特征之一。何为“比象”？刘纲纪没有明确定义，因为这是一个相当复杂的问题，但依据他的理解，比象，第一，是和比兴、比德一样是古人用来欣赏赞美或说明表现事物形象和性质的一种方法，比有比喻、比拟、比况、比较的意思，象是指表现于天地万物中的阴阳变化之“象”。第二，比象观念的明确产生同八卦的创造有直接联系，八卦就是对天地阴阳的变化规律的“比象”，书法是最接近于八卦比象方式的艺术部门。第三，八卦是用阴爻和阳爻这两种抽象符号来比象天地阴阳变化，书法是用文字的书写来比象的，它不是使用一些纯粹抽象的符号来比象，它的比象具有某种感性形象特征，能引起人们较具体的审美情感反映。书法要比象天地阴阳变化，但目的是为了显示这些变化中所表现出来的天地之美和与之相应的人的思想感情；第四，与比德、比兴相比，比象不是通过语言对事物的描绘来比，也不是通过现实中自然事物来比，而是通过艺术所创造的、诉诸视觉或由听觉所产生的形象来比的。

由于书法不可能具体地描绘天地万物，因此，它的比象的方法就是如何使文字的书写（用笔和结体）符合天地阴阳和谐变化规律，并赋以用笔和结体以一种天地万物之美的多种具有普遍性的形象特征相类似的具象意味，书法的比象就是从审美的、艺术的角度来表现天地万物的形象之美和符合天地阴阳变化规律的。从现代美学的观点看，书法的这种比象，与阿恩海姆的“同构”说有某种近似之处，但书法的这种“同构”，不仅是与某一具体事物同构，而且是与阴阳变化的最普遍的规律在天地万物中种种可能的具体表现同构，是一种超出心理学的在宇宙学、哲学的最高意义上的同构。同时，从黑格尔关于象征艺术的理论来看，中国书法属于象征型艺术，所以，比象也与艺术上的象征问题有关。基于这些认识，刘纲纪指出：

> 中国书法的这种比象方法，实际上是通过对中国文字书写的一种有具象意味的处理，造成一种符合天地阴阳变化和谐规律并用能够显示出天地万物某些普遍性的美的特征的形象。①

那么，具体要求分析起来，比象包括哪些方面呢？刘纲纪认为，它主要包括结构、运动、形体这三个基本的方面。

中国书法中所书写的文字，其结构并非某一实际事物的结构的摹写，但由于

① 刘纲纪：《中国书画、美术与美学》，武汉：武汉大学出版社2006年版，第102页。

中国文字是由象形发展而来，所以它又是一种可能有的，完全符合自然的结构，因此，当我们审视它们的时候就会觉得是一种构思巧妙又合乎自然的结构，虽然我们不可能确定指出它究竟与某一事物结构类似、相通，但仍然觉得它是完全可能有的而且是美的结构。“总而言之，这是一种符合自然法则的结构，是对天地万物无限多样的结构的‘比象’或‘比类’。”①

天地万物的合规律的自然结构是处于永恒不息的运动之中的，这种运动同样是合乎规律的自然而然的运动。中国书法也包含了对于天地万物运动的丰富比象，它虽然不是某一实物运动的摹写，但它出于自然的运动感却可以使人感到就是宇宙生命运动的表现，能够同种种事物的运动相比拟，古人所谓的飞鸟出林、惊蛇入草、龙跳天门、虎卧凤阙、舞女低腰、仙人啸树，等等，都是对书法运动美的形容。行书、草书的运动表现最为强烈，但篆、隶、楷书的结构和用笔也仍然可以呈现出一种张力和运动感，其本身是一个动态结构，而非纯粹静止的。结构和运动的比象已经包含了形体的“比象”在内，因为它们都是不能脱离形体的比象的，这是我们在前面已经论证了的。

(2)书法是有生命的形式。

在刘纲纪看来，书法是天地阴阳变化之“道”的表现，而天地阴阳变化之道最重要的东西是生命的产生、成长和变化。天以生为道，因此，中国书法对道的表现与对天在万物生命的表现紧密相联，如古人所认为的那样，是一种和草木鸟兽一样有生命的东西。他借用苏珊·朗格的说法，指认中国书法是一种生命形式的表现艺术。

苏珊·朗格认为，艺术作品的结构与生命的结构类似，因此，艺术作品在本质上也就是生命的形式。要使一种艺术形式成为生命的形式，就必须具备四个条件：第一，它必须是一种动力形式；第二，它的结构必须是一个有机的结构；第三，整个结构都是由有节奏的活动结合在一起的，具有生命特有的统一性；第四，它符合生命形式在每一特定历史阶段生长活动和消亡活动的特殊规律，亦即与时间生长性感相关。② 刘纲纪分析说，朗格所说的生命的形式必备的四个条件，正是中国书法所充分具备了的。但他同时又认为，对生命的认识，从中国哲学、美学的最高意义来看，不能只局限于苏珊·朗格的自然科学的范围内，对中国书法艺术来讲，它所表现的不仅是人的生命的特征，由于整个宇宙万物都是阴阳相

---

① 刘纲纪：《中国书画、美术与美学》，武汉：武汉大学出版社2006年版，第103页。

② 参见［美］苏珊·朗格：《艺术问题》，北京：中国社会科学出版社1983年版，第49页。

互作用而产生的永不止息的生命运动的表现,亦即包含了宗白华所认为的具有对宇宙生命意识的观照。刘纲纪运用中国传统哲学观点改造了苏珊·朗格的生命形式理论,认为"苏珊·朗格所说的'生命形式'就是天地阴阳相互作用,和谐运动变化的形式"。①

书法的这种生命形式具体地体现在朗格所指出的四个条件上。首先,是动力的形式。中国书法高度重视力的表现,在历代书论中都有论述,起于魏末晋初的"骨"、"骨力"、"筋"的思想,实际上就是在于具体地探求人的生命的力量如何通过书法的线面获得完美的表现,这是中国书法美在造型上最根本的东西,"'筋'、'骨'概念被引入书法理论,它的美学意义首先在于把艺术的美同生命的力联系了起来"②。"动力的形式"在苏珊·朗格看来"必须是一种变化的式样",这种变化的式样,也就是阿恩海姆在《艺术与视知觉》中所说的,艺术品结构中所具有的上升和下降、统治和服从、软弱和坚强、和谐与混乱、前进与退让等运动形态和力的表现,阿恩海姆认为艺术品的美与表现性分不开,而表现性又以"力的结构"为基础。中国书法是表现性与再现性高度统一的艺术,在草书中其表现性尤为突出,因此,它就是一种"力的结构",这种力并不就是某一具体事物的描写,而是一种具有普遍意义的形态,并能推动感情的活动的力。从中国哲学、美学的观点来看,这种力也是作用于整个宇宙的普遍性的力,是阴阳相互作用引起万物生命变化及人类情感波动的力,即永不止息的生命力。

陈廷佑在《中国书法美学》中也有同样的看法,他认为,力量是书法具有生命意味的重要体现,书法艺术的力量表现在线条、字型和篇章等方面,线条表现的是笔力,字形表现的是合力,而篇章表现的是势力。③ 这三者,都是书法生命意味在力量方面的具体表现,和"神"一样是书法重要的美学特征。

其次,是有机的结构。有机的结构正是刘纲纪所一向强调的书法结构三原则:平衡对称、多样统一和对比照应。从生命观点看,多种力量之间的平衡协调是生命得以生存的基本条件,生命的平衡是多种复杂要素之间的动态平衡,是多样要素的有机统一,而对比照应又是达到平衡对称多样统一的必要条件,有了照应才有平衡,才有统一,才能使书法中多样的点画线条形成有机的结构。中国古代书论中要求字型平正安稳、"四满方正"、"险不至崩、危不至失"、"既追险绝、

① 刘纲纪:《中国书画、美术与美学》,武汉:武汉大学出版社 2006 年版,第 129 页。

② 李泽厚、刘纲纪:《中国美学史(魏晋南北朝编)》,合肥:安徽文艺出版社 1999 年版,第 420 页。

③ 参见陈廷佑:《中国书法美学》,北京:中国和平出版社 1989 年版,第 56 页。

复归平正”以及要求点画“违而不犯,和而不同”等,都是把书法当做一种生命结构来要求其达到平衡对称和多样统一。在讲到对比照应时,也反复强调字的点画之间要“潜相嘱视”,“相朝揖”、“相管领”、“彼此顾盼”,等,都以生命体来比象结构,来品评死字活字。

再次,是有节奏的活动。苏珊·朗格认为生命的整个结构都是同有节奏的活动结合在一起的,而中国书法正是由此结合在一起的,节奏是构成中国书法美的一个重要方面,是构成书法的生命形式的重要表现。从笔画上看,书写是由横、直、撇、捺、挑、点等要素构成;从用笔上看,是由粗细、方圆、刚柔、疏密、向背、伸缩等要素组成;从书写上看,是由曲直、藏出、迟急、起伏等对立要素构成,这些要素的对立转化并反复呈现,就会自然地形成一种节奏感。一般而言,不论任何艺术,同一要素的有规律的反复呈现,都是造成节奏感的一个必要条件。中国文字的笔画和结构充分具备了这一条件,但由于中国文字的笔画结构书写,字字各不相同,因此,这些相同要素的反复出现是自然而然的,不是机械一律地规定了的,这种书写中同中有异、异中有同的无穷变化,使得各个字排列在一起时产生出一种天然的节奏感,表现了意兴盎然的生命韵律,是对天地阴阳变化的动静、开合、消长、起伏的生命律动的表现。由于有不同的字体,所以,节奏感在书法艺术中的表现也各有特点。篆书、隶书、楷书的节奏感表现为一种由静中之动而呈现出的节奏感,并且保持着明显的秩序感,而行草的节奏感则是通过结构与用笔的连续运动而呈现出来的,所以是一种很强烈的节奏感,它冲破了以每一个字为单位的稳定结构,把对生命运动节奏的表现推向顶峰。

最后,是时间感。刘纲纪认为,苏珊·朗格所说的艺术作为生命形式,要合于生命活动和消亡活动辩证发展的规律,实际上就是生命运动在时间过程中的表现。刘大基在《情感与形式》的“译者前言”里说,朗格的这一特征是生长性,是在如音乐等艺术中,生长性特征表现为一种心理效果。由于运动与线条形式在逻辑上的一致性,所以可以互为符号,因此,在线条连续、支承画形并给它以方向性的地方,人们就感觉其充满了动势。这些实际静止的永恒形式,却表现出一种永不停息的变化或持续不变的进程。静态艺术中运动不是一种移位,而是凭借多种方式都可令人察觉或想象的变化,这种方向性的运动就表现出生命形式的生长性特征。① 这种变化和进程,也正是刘纲纪所说的时间感。虽然书法不属于时间艺术之列,但由于书法的书写表现为一个连续不断的时间过程,书写从

① 参见[美]苏珊·朗格:《情感与形式》,北京:中国社会科学出版社1986年版,第31页。

开始到结束是在一个连续的时间流程中进行的，纸上各种笔画的形态及其连接组合就像是书写时间所留下的轨迹，所以，它可以产生很强烈的时间感。书法的这种时间感只有在它形成与音乐、舞蹈类似的节奏、旋律时，才能成为书法美的构成要素，这里的时间感与节奏感不能分离，节奏是在运动中显现出来的，而运动变化又正是显示在时间的流程中。书法之所以有节奏感，正因为它可以有时间感，书法的时间感是一种节奏化、韵律化了的时间感，因而是生命形式的特征表现。

(3)书法是情感意味的形式。

情感意味是刘纲纪所指认的书法艺术的另一个重要特征。书法既然是生命的形式，情感是由生命的活动引起的，并表现在生命之中，情感与生命不可分，所以书法又是情感的形式，而且这种情感表现是朦胧不确定的；书法又是有意味的形式，这是由它特有的点画线条组合所决定的，是表现在书法里的“意趣”、“神采”等，因此，情感意味是书法的又一艺术特征，这些特征具体表现在书法的用笔，结构、境界(意境)等几个方面。

苏珊·朗格指出，艺术是生命的形式，同时又反复指出艺术是情感的符号，艺术就是将人类情感呈现出来供人欣赏，把人类情感转化为可视可闻的形式的一种符号手段，是情感的形式。在刘纲纪看来，这种观点是合理的，因为，生命与情感不可分，无生命即无情感可言，艺术表现生命，同时也就表现由生命所唤起的情感，情感是生命的情感。从中国古代哲学所讲的天地阴阳和谐变化的高度来理解，中国书法作为生命的形式是同“道”直接联系在一起的，从主体情感的角度看，它同时也就是情感形式。刘纲纪说：

> 作为书法艺术，它的根本的意义和价值在于主体内在的精神、情感的抒发和表现。……情感的表现同作为生命有机体的人体的姿态、运动不能分离。线既能充分地显示运动，因此它也就能充分地表现情感。
>
> 作为情感表现的书法同时也是人的生命活动的一种抽象化了的表现。这种表现，只有当它显示了生命在合规律的运动中对自身力量和自由的肯定，才能引起人们的审美感受，并使和生命的运动不能分离的情感得到抒发和表现。①

① 李泽厚、刘纲纪：《中国美学史(魏晋南北朝编)》，合肥：安徽文艺出版社 1999 年版，第 418—419 页。

由此可见,刘纲纪强调书法艺术所表达的情感,是与他对生命以及运动的理解密不可分的,他没有孤立地认识和简单认同历代书论中所论述的情感问题,而是把它置放中国古代哲学和西方近现代心理学有关理论的基础上来指认的。"这种情感是由天地阴阳变化所引起的,并与天地阴阳变化相一致的。"因此,中国书法"确实既是生命的形式(天地阴阳变化的表现),同时又是情感的形式(与天地阴阳变化相一致的情感的表现),两者是合为一体的"①。

为了更明确地说明这一问题,刘纲纪通过格式塔心理学的"同构"理论来加以分析。他认为,艺术对情感的表现也存在着同构关系,舞蹈动作之所以能传达出某种情感,是因为这些动作和这种动作所传达的情感之间在结构性质上是相同的,即存在着异质同构关系。这种同构和生命与情感之间的关系密切相联,一方面,动作是生命运动的表现;另一方面,情感与生命不可分,情感是由生命活动引起并表现在生命活动之中的。因此,生命活动与情感活动在结构性质上是相同的,特定形式的生命活动必然伴随着与之"同构"的情感活动,而成为这种情感的外在表现,书法艺术之所以能表现情感,就是因为书法艺术本来就是生命的形式。

关于意味,刘纲纪说:"从中国书论来看,'意味'指中国书法表现的某种宽泛、概括的审美情感,通常被称为'神采'、'情性'、'意'、'趣'、'气',等。"②显然,它与上面所讲的情感不一样,意味是超出喜、怒、惧等一般情感的更概括更抽象,因而也更深邃更玄妙的精神存在,是超越一般形象层次的意境体认。他借用克莱夫·贝尔的"有意味的形式"来指认书法艺术的这一审美特征,对于中国书法来说,它的激起我们审美感情的某种特殊组成方式,不是贝尔所说的色彩,而是线条的点画书写与组合,亦即用笔和结构所构成的"形质",形质是对意味的微妙表现,两者的完满统一,就是形式与意味的统一,就是贝尔所讲的"有意味的形式"。

对于一般情感乃至意味的表现,线条作为特殊的表现媒介有着康德美学所认为的比色彩更有美学价值的表情达意的功能,线条作为主体心画可以使主体情感迹化而禀有宇宙精神和生命情思,使之成为超越一般情感的意味,这种生生不息的流动着的精神情思,使得线条成为时间的、节律的生命宇宙之气运行轨迹的写照,传达出人的心灵的焦灼、畅达、甜美、苦涩、任情、狂戾等情感意绪,传达

① 刘纲纪:《中国书画、美术与美学》,武汉:武汉大学出版社2006年版,第144页。

② 刘纲纪:《中国书画、美术与美学》,武汉:武汉大学出版社2006年版,第149页。

出人的生命情调、审美体验和精神意志，成为书法家创造出来的可视语言。在理解线条表达意味上，金开诚和王岳川这样说："书法线条在延伸拓展某种无法描述的个人体验时所达到的遗像取神，忘物存道之境，使之超越语言物象之上。所以书法不必应言，不必具象，而仅以其一线或浓或淡或枯或润游走的墨迹，就可以体现那种超越言象的玄妙之意与幽深之理。这种忘言忘象至简至纯之线，贵在得意、得气、而指向终极之道。"①

基于对书法艺术的情感与意味的深刻理解和体悟，在总结整合古人文论、画论、书论等的基础上，刘纲纪创造性地总结出书法艺术中多种情感意味的表现，形成了一个精密严整的体系，这是一个重大理论贡献，是此前书法艺术研究中所没有的：

(1)结构之美：精密、绵密、圆密、峻密、严谨、深稳、匀适、平正、峻险。

(2)用笔之美：飞动、雄强、雄健、刚健、苍健、苍老、苍秀、刚劲、端劲、清劲、遒劲、圆劲、峭劲、劲健、劲险、圆浑、遒润、遒媚、秀拔、沉着、奔放。

(3)境界之美：敦古、高古、奇古、苍古、浑朴、淳朴、古朴、古厚、古雅、浑穆(以上可以是阳刚之美与阴柔之美的适度结合，也可以是偏于阳刚之美的)；雄奇、雄浑、雄深、雄逸、雄放、雄秀、清雄、瑰奇、伟丽、宏伟、奇伟、奇崛、奇幻、奇险、豪放、郁勃、超迈、超妙、神俊、俊逸、俊朗、超逸、飘逸、纵逸、灵逸、奇逸(以上是偏于阳刚之美的)；散朗、秀朗、醇粹、沉粹、静婉、婉美、妍媚、清秀、媚秀、灵和、平和、安和、意和、冲和、婉和、恬和、含蓄、简淡、疏淡、淳淡、萧散、温润、秀润、清深、幽深、清远、清畅、清空、深雅、闲雅、淡雅、温雅、天真、丰美、华艳(以上是偏于阴柔之美的)。②

二、实践本体论美学的绘画艺术理论

刘纲纪在《六法初步研究》的"后记"里说过："对于我国十分丰富的传统绘画理论遗产整理的工作，需要多方面的素养：理论的素养、历史的素养和实际进行绘画制作的素养。只有具备了这些条件，才能做好这一工作，才能把我国传统绘画的理论科学地加以系统化，使其对当前的创作起到应有的作用。"③这是刘纲纪在一般理论意义对从事绘画理论工作者提出的基本要求，实际上也是他对

① 金开诚、王岳川：《书法艺术美学》，北京：中国文联出版公司1995年版，第169页。

② 参见刘纲纪：《中国书画、美术与美学》，武汉：武汉大学出版社2006年版，第151页。

③ 刘纲纪：《中国书画、美术与美学》，武汉：武汉大学出版社2006年版，第296页。

自己的要求。从讲这些话时的1959年到如今，在近半个世纪的时间里，刘纲纪一直这样要求自己，在理论和历史素养以及实际创作中不断地积累和探索，使他成为著名的美学家、美术理论家、书画家，从而使他对中国传统绘画理论的研究，扎实可靠地建立在马克思主义实践本体论的理论基础上，建立在自己对绘画实践的经验体验上，这使他的绘画理论具有卓异的创造性和科学的理论性，成为他艺术美学思想的重要组成部分。

在刘纲纪的学术生涯中，美术、美学、哲学三者是相互交融，连为一体的，这是他的一个重要特点。他13岁正式拜贵州省著名的画家胡楚渔先生为师，学习中国绘画和书法。胡先生性格豪迈热情，画风雄强刚健，很有独创精神，刘纲纪在胡先生指点下接受了一年多比较严格的书画训练，使他对艺术创造有了实际的体验。后来种种原因不允许他继续学画了，他就把兴趣转向阅读有关绘画、文艺的各种书籍上，如俞剑华的《中国绘画史》、丰子恺的《西洋画派十二讲》、石涛的《画语录》、方薰的《山静居画论》等。

在北京大学学习期间，他孜孜不倦地向邓以蛰、宗白华、马采等先生求教，学习美学与中国书画史论，师生之间建立了深厚的情谊。他在北大学习四年，每逢节假日差不多都是到故宫绘画馆反复观览揣摩历代名作，他还看了北大邓以蛰、宗白华、黄子通、高名凯诸位教授的丰富的私人书画收藏。尽管这时他已是一个哲学专业的学生，但他自少年时代以来对绘画的兴趣仍有增无减，而哲学、哲学史、美学的学习，又增加了他了解和研究绘画的理论兴趣。1956年，他的五万余字的论文《关于"六法"的初步分析》完成，由《美术研究》于1957年全文发表。1958—1959年，他又将此文增订、扩充为《"六法"初步研究》一书，由上海美术出版社于1960年出版。这是我国第一部运用马克思主义的世界观、方法论来研究中国画的理论纲领——"六法"的专著。该书叙述清晰，材料丰富，有相当深刻的理论分析，获得了邓以蛰、朱光潜、宗白华等著名美学家的很高赞誉，在美术界也产生了广泛影响。1963年，刘纲纪的《龚贤》一书由上海人民美术出版社出版，是该社出版的《中国画家丛书》中的一种。此书写于1956—1957年，当时刘纲纪正在北大进修美学，此书的特点是发掘了有关龚贤的生平、思想、创作的大量材料，对龚贤的创作特色做了甚为中肯的分析，在此之前，还没有人如此详细地论述过龚贤。1979年，刘纲纪的另一著作《黄慎》出版了，也是《中国画家丛书》之一。此书写成于1965年，后因"文革"而推迟出版。他对黄慎重视观察生活的作风、艺术上大胆创造的精神和独特成就做了深入的总结和分析。1980年，他应邀去中国艺术研究院为王朝闻先生的研究生讲美术概论，讲课内容被学生整理成《美术概论》发表，也产生了积极的影响。他还先后应邀参加了在我国举行的关于渐江、龚贤、董其昌、“四王”、倪瓒的国际学术讨论会，并发表了相关的论文，提出了许多富有创见的看法。1993 年，他又应周积寅先生之约，写出《文征明》这部二十余万字的专著，对文征明这位明代“吴门画派”的卓越大师做了迄今为止最为全面、系统深入的研究。

统观刘纲纪对中国绘画史论、美术理论的研究，其重要特征在于既有哲学、美学与思想文化史高度上的理论概括和总结，同时又有对画家具体作品的技巧、形式、风格的深刻体悟与分析。

在《美术概论》中他说：“从历史上看，美学或艺术理论有两种情况：一种可以叫做艺术家的美学，一种叫哲学家的美学。这两种各有优缺点。对我们来说，既要懂得艺术，热爱艺术，不是外行，又能做哲学思考，不要怕抽象思维的艰苦。换句话说，既要有艺术家的气质，又要有哲学家的气质，这两者统一起来，就会有所成就。”①毫无疑问，刘纲纪是兼长这两种气质的理论家，以学习哲学出身又以研究绘画理论开始走入学界，他走的是邹元江先生所说的“从美术到美学与哲学”的道路。刘纲纪的画论涉猎广博，思想精深，我们不可能一一条列出来，但总体来说，主要成就表现在以下几个方面：一是从实践本体论出发的研究原则和方法，二是不囿旧说、自抒新见的绘画历史人物论；三是对中国古代文人画精审独到的阐释；四是对“六法”的精微解读。

1. 以实践本体论为指导的研究原则和方法

对美学的研究，刘纲纪一直站在马克思主义哲学的立场之上，运用马克思主义实践论的观点建构了他的实践本体论，在这一哲学理论的正确基础上，精深地研究了美和美感的本源和本质，科学地构建到了实践本体论美学理论，然后又以此为理论指导，研究探索艺术的一般本质和规律以及各部门艺术的本质特征，从而形成了一套行之有效的科学的研究原则和方法。在谈及中国美学史的研究方法时，刘纲纪指出，根据马克思主义哲学，社会实践是美的根源，艺术是对现实生活的具体感性的审美反映，是美的最为典型最集中的表现形式，而现实生活正是人类在漫长历史过程中实践的结果，所以实践是社会的本源，是反映社会生活的一切艺术形式的本体。正如马克思所说的那样：人类的精神生产的性质由物质生产（这是实践的首要方面）的一定形式产生出来的一定的社会结构和人对自然的一定关系所决定的。因此，要科学地说明包括艺术在内的精神生产的实质，

---

① 刘纲纪：《中国书画、美术与美学》，武汉：武汉大学出版社 2006 年版，第 764 页。

就必须从一定的历史时代的物质生产状况出发，分析由这种状况所决定的人与人、人与自然的关系，进而又分析由这两者决定的，同人们的审美意识不能分离的精神生活的方式，“这是我们认为在中国美学史的研究方法上首先必须遵循的一个基本原则。”①由于马克思主义实践本体论美学思想是科学的美学思想，以此为指导原则才会对艺术概念、范畴、规律的揭示和评价符合历史的实际，因此，把历史的分析与逻辑的分析结合起来，把考证训诂与理论分析结合起来，在人类文明发展的社会学的宏阔背景下进行中西美学的比较研究，才是对包括绘画理论在内的中国古代美学的正确的研究方法。

由于刘纲纪的美学史研究是狭义的研究，即以历史上的哲学家、文艺家或文学理论批评家著作中已经多少形成的系统的美学理论或观点作为主要研究对象，在一定程度上，文论、画论、书论、乐论等理论形态的研究是其主要对象。在美学史的研究中，刘纲纪对画论的研究仅次于文论而处于第二位，所以，对中国美学史的研究方法，在某种意义上就是对这些具体艺术部门中已经理论化的审美意识的研究方法。实际上，在对画论的具体研究中，刘纲纪对绘画理论的发展、演化及各种范畴、命题、原理的考察论证也正是运用这些方法进行的。在《美术概论》中，他把这些原则和方法具体地分解为四点：第一，马克思主义哲学的世界观；第二，批判地继承中外美术理论遗产，以马克思主义观点加以改造，在广阔的理论背景中进行中西融会的比较研究；第三，实事求是的方法。从实际出发，知人论世，弄清各个画家的生平、作品、思想观点，坚持实践是检验真理的唯一标准；第四，辩证的方法。把握艺术现象或理论观点的对立统一的两面，搞清值得肯定的进步的一面和它局限性的一面，准确评价判断其理论价值和历史地位。②

刘纲纪是在这些原则和方法上来展开他的画论研究的。在谈到“六法”的来源的问题时，他指出了其社会实践根源；在对龚贤、文征明、云林等画家论述时，注重时代变化和政治影响；研究“四王”和“吴门四派”的兴起时，侧重历史必然性和当时的社会原因，指出“四王”乃是康熙文化政策的产物，从历史与逻辑统一的角度作出了客观正确的揭示和辩证的符合史实的解释。对于画论的研究，刘纲纪非常注重实践本体论视野里的理论分析和哲学概括。由于中国古代画论如同文论和书论一样，它们常常是古人对日常审美活动和艺术创造的经验

① 李泽厚、刘纲纪：《中国美学史(先秦两汉编)》，合肥：安徽文艺出版社 1999 年版，第 11 页。

② 参见刘纲纪：《中国书画、美术与美学》，武汉：武汉大学出版社 2006 年版，第 755—763 页。

性总结，大都停留在直观把握的水平上而缺乏系统的分析和阐述，因此，对其进行科学的剖析和系统化归纳，显示出其内在的规律性东西，尽可能以现代语言来表述，以便准确阐明其在美学理论上的实际含义。同时，也注意到这些概念、命题在历史发展过程中衍化转变出的不同理论意蕴，如对“六法”的历时性研究就是这样，而做到这一点，又必须做好文字的训诂考证和资料的旁征博引，这些在刘纲纪的画论研究中随处可见，如对“骨法”、“气韵”等含义的研味，对《古画品录》书名的考究，对严可均、钱钟书关于“六法”断句的考辨，对龚贤生平细谨的考证，等等，都深刻体现了他对理论分析与考据训诂相结合的研究原则，从而使其结论都建立在真实可靠又辩证客观的基础上，形成了他言之有据、论之有理、圆融自洽的理论风格和学术品位。

2. 不囿旧说，独抒新见的人物论

刘纲纪的画论，涉及了历史上众多的画家和绘画理论家，在《中国书画、美术与美学》中主要研究了顾恺之、宗炳、王微、谢赫、姚最、文征明、董其昌、龚贤、“四王”、黄慎等重要人物，其中对谢赫、文征明、龚贤和黄慎等用力最多，进行了深入而系统的研究。对这些人物的研究中，刘纲纪依据实践本体论的马克思主义美学观点和方法，在大量考据原始资料的前提下，在社会学的广阔视界里对他们的成就和局限进行了纵向的历史定位，同时对他们的理论观点同西方有关美学理论和相关画家进行了横向对比。由于刘纲纪采用了马克思主义实践观点，这就使他的研究常常突破过去一些研究者的视野而得出与前人殊异的结论，即使在同一问题域里，在实践本体论的视角下，他也往往提出与前贤时昆不尽相同的更为合理的看法。

龚贤是刘纲纪最为用心用力研究的人物之一。从 1961 年《龚贤》一书的出版到 2003 年为《中国古代名家作品丛书》写《龚贤》，历时近半个世纪，对龚贤的字号、籍贯、生卒年、家世、生平、著作、主要绘画成就和绘画理论他都进行了精谨严肃的研究。对于龚贤的字，刘纲纪通过多方考证，指出《金陵通传》言其“字柴文”“号半千”的错误记载；对于龚贤的生卒年，刘纲纪通过对孔尚任《湖海集》中《哭龚半千》的诗作和龚贤自叙的“命寿七十岁，而正黔娄衾”诗句，作出了合乎史实的大胆推想，认定龚贤卒于康熙二十八年即 1689 年，从而使这一长期存疑的问题得到了合理解决。龚贤在明亡之后逃亡十载以及回扬州后娶妻成家的经历，向来是研究者争讼不清的问题，刘纲纪通过对龚贤现存诗作的大量解读和当时与龚一样的文人如顾炎武等人在南京陷落后的选择，谨慎而合理地推测了龚贤去北方躬耕陇亩的经历。对于回扬州后的遭际，刘纲纪质疑了汪世清在《龚贤的〈草香堂集〉》中的观点，以准凿的考证提出了自己的看法。也正是在这样严谨的考辨中，刘纲纪知人论世，对龚贤绘画成就和绘画理论作出令人信服的评价。他首先考察了在清代画史上龚贤绘画艺术和理论不被重视，未能得出公正的、有见地的评价的原因。他指出，由于当时的画坛如娄东、虞山两派的独霸地位，也由于当时社会好尚的影响，人们大都追慕“清疏秀逸之趣”，而与带有悲壮之气的“沉郁雄厚”的龚贤画风不能相容的社会原因，从而造成了当时的论家不能公正地品评龚贤。今天，要真正深入地认识龚贤的特殊贡献，就应透彻地了解这一历史事实，在更为广阔悠长的历史背景上，放在从宋元至明清山水画发展的历史过程中去考察，在社会历史与艺术自身发展逻辑的统一中去考察。通过这样的研究，刘纲纪就得出了突破旧说的富有真知灼见的结论。

第一，龚贤论画，重视天地造化，重视作画与造化同根，阴阳同候。山水画要求使“玩者可登、可涉、可止、可安”，既追求一种幽深超逸的趣味和意境，又不脱离真实的自然，不失真切的人间味，这是对中国古典式的现实主义画风的重大发展。第二，为山水画的人物创作提出了很为系统的理论：“一曰笔，二曰墨，三曰丘壑，四曰气韵。笔法宜老，墨气宜润，丘壑宜稳，三者得而气韵在其中矣。”鲜明地体现了龚贤对宋人艺术精神的继承和发扬。第三，董其昌的绘画，多为小丘小壑，而八大山人、石溪等遁入空门的画家们则喜欢画残山剩水以寄托明朝亡国的哀思。作为有坚卓人品的龚贤则不然，他仍以积极入世的精神来眷恋赞美明朝的大好河山，所以推崇大丘大壑，在全景式重峦叠嶂的大幅山水中显扬气象万千的壮丽之感，这是董其昌一派画家所不及，也是在清代画家中所罕见的。第四，在技法上，龚贤学习吸收和融会运用了宋代米芾和元四大家（特别是吴镇）的墨法，不重近处所见物象的结构文理的刻画，而重远观的总体效果和大自然光线明暗的表现，从而创造出了无笔法墨气之分的“浑沦”的技法，十分成功地表现出了大气笼罩下大自然的浓郁生意，纠正了宋画常伤于琐碎刻画的缺点，这在中国山水画技法上是前无古人的，在清代也无与伦比。第五，龚贤对中国山水画的影响较大，影响到现代的黄虹宾和李可染等著名画家。第六，与西方相比较，龚贤那些重视光影、空气、明暗的描绘的作品，与西方文艺复兴以来的写实主义或现实主义的风景画有明显的类似之处，但又具有充分的中国特色，一些被研究者称之为“黑龚”时期所创作的“笔墨俱妙而无笔法墨气之分”作品，足以和西方 17 世纪如荷兰的鲁伊斯达尔霍贝玛的写实主义风景画相媲美，因而可以成为打通研究中西绘画的一个重要渠道。

毋庸置疑，刘纲纪对龚贤的评价是深刻而全面的，而这些深刻而全面的品评都是立足于龚贤本人的诗、画、画论之上的，以实践论的美学思想作为观照而作出的精到评价，既无人为的拔高，也无随意的贬损，这是在马克思主义实践本体论的指导下，在马克思主义社会人类学、文化学、政治经济学的视野里，在历史维度和逻辑维度的交叉点上，对中国古代画家及其作品所做的一种切合实际的历史还原和文本阐释。

同样，文征明也是刘纲纪绘画人物研究中论述得最为深刻全面的人物之一。研究文征明，刘纲纪详细考察了吴门画派在中国画史上形成和发展的社会原因，考证了文征明的前世、后代与他本人的生平、思想和美学观念，对其绘画艺术和绘画理论有着直接影响的诗文书法都一一做了详尽的究辨。应该说，刘纲纪对文征明的精微严整的论说，是迄今为止最为深刻完备的研究，对文征明绘画成就和绘画理论所做的历史评价，也是精辟而切实的，本文在此不做过多的引述和论证。

3. 对“文人画”独到的阐释

在中国画体研究中，历史上出现过三种划分模式，即郭若虚等人的“以体标体”、何良俊等人的“以家划体”和董其昌等人的“以宗划体”。但他们的这些标体分派都有牵强矛盾、繁纷凌乱之处，所以如何运用逻辑的方法进行梳理归纳，以一个科学体系勾勒出一个较为明确清晰的体派轮廓，一直是后世美术史论家们追求的一个学术目标。我国著名书画家、美术史论家王学仲先生根据中国画原有体系与划分原则，以原有的画体为类归，把中国画分为文人画体、作家画体和宫廷画体三体，是为人们广泛赞同的一种划分方法。①

对文人画的研究一直是画论研究中的一个重要方面，近代以来，取得了很多启人深思的研究成果。什么是文人画？陈衡恪是这样界定的：

> 何为文人画？即画中带有文人性质，含有文人之趣味，不在画中考察艺术上之工夫，必须于画外看出许多文人之感想，此之所谓“文人画。”……人文画首重精神，不尚形式。故形式有所欠缺，而精神优美者，仍不失为“文人画。”
>
> ……文人画之要素：第一人品，第二学问，第三才情，第四思想，具此四者，乃能完善。②

① 参见王学仲：《王学仲美术论集》，天津：百花文艺出版社 1994 年版，第 4 页。

② 陈衡恪：《文人画之价值》，见于安澜编：《画论丛刊》，北京：人民美术出版社 1989 年版，第 692—697 页。

俞剑华在《国画研究》中说到文人画的某些特征时指出：

> 惟其以人品高尚，文学丰富，诗意优长，书法超逸，故所作虽不精工，亦自有一种秀逸高雅之气扑入眉宇。所谓文人画，所谓士气，所谓书卷气，所谓无纵横习气，俱属此类。①

不难看出，陈先生对文人画的理解是广义的意义上的，但对文人画的特征的理解过于朦胧含混，文人亦有当朝在野之分、在势失意之别，一概而论会失之精当，而且，他对所谓的“思想”、“精神”也没有能够清晰地加以分析阐明。俞先生对文人画的理解是狭义的，他指出中国绘画自宋朝起，把文人画的起始点笼统地定在宋朝，以苏轼提出“士人画”这一概念为根据，认定为文人画的开始，这是不大精确的。依据刘纲纪等人的论述，我们认为，文人画应当是这样一个大致历程，即发生（魏晋）—发展（唐）—确立（宋）—成熟（元）—进一步演化发展（明清）的过程。

刘纲纪认为，中国绘画史差不多可以元代为界，划分为元以前和元以后两大时期，而宋元绘画异同于明清绘画的一个重要方面是文人画的发展问题。中国绘画从宋到元的重大历史转变的发生，在于出现了以元四大家为代表的文人画，因此，元画与宋画的区别，最主要的是文人画的区别。对于文人画，刘纲纪提出了“广义文人画”的观点，这是他绘画理论中颇具创造性的一个重要思想。那么，“广义的文人画”指的是什么呢？刘纲纪认为：(1)从思想上来看，在中唐禅宗产生以前，思想上是儒、道、玄三者兼而有之，禅宗产生以后，是儒、道、玄、禅四者兼而有之的文人画，在不同时代和具体的人那里，这种思想所占的比例以及它们相结合的情况各不相同，这一类文人对道家的飘逸、玄学的超脱、禅宗的空灵依时代和画家本人的个性不同而各有所爱，但最终又不否定儒家与仁道相关的中正和平的要求。(2)从审美趣味追求上看，鄙弃与世俗对荣华富贵的艳慕相关的美，而追求一种天然、含蓄、悠远平和的美，在不否定现实人生的前提下，追求一种超越性的永恒性的美。(3)从艺术观的理解上看，他们不愿把艺术变成单纯道德说教的工具，而高度重视艺术家个性情感的表现。(4)文人画的发生可上溯至魏晋南朝，但它作为一种重要艺术倾向而明显地表现出来，实始于宋代。② 所以，“广义地说，凡

---

① 俞剑华：《国画研究》，上海：上海书店1984年版，第39页。

② 参见刘纲纪：《中国书画、美术与美学》，武汉：武汉大学出版社2006年版，第540页。

属表现了上述审美要求与思想的绘画就可称为文人画”①。这样,对文人画的理解就不只限于元代文人画而可以上溯至晋代的王恺之、南朝的宗炳、王微、唐代的王维,但文人画取得成熟的典型的形式,成为独立的、人数众多的流派,并对中国绘画产生重要而深刻影响的则是从元人文人画开始的。可以这样来理解:在魏晋南朝以降的中国古代绘画中,具备画外有意、味外有味的“画境”,有着足以启人高志,发人之浩思,令人起高隐之思内涵的,就可认为广义的文人画,这就不限于元代,同时又以元代文人画为重要代表。这样实际上既符合对文人画最先标体划分的董其昌等人的理解,也符合于中国绘画发展的实际。

刘纲纪又同时认为,从中国画史来看,文人画又大致可分为四种类型:(1)表现门阀世族或属于名公、巨卿的文人的审美趣味的,可以王维、赵大年等某些作品为代表;(2)表现非门阀世族和在政治地位上属于中层的文人的审美趣味的,如宋代的苏轼、李公麟、米芾等人;(3)表现社会地位低微甚而潦倒穷贫、流落江湖的文人的审美趣味的,如元四大家;(4)表现得到上层皇室贵族的认可、赏识并与之合作的文人的审美趣味的,如清初“四王”。前三种类型的文人都与上层统治者有某些矛盾,每一类型的文人又可据情况的不同而大致划分为温和派、愤激派和虚无派三种。温和派对现实政治的不满止于表现出隐逸的超脱政治的态度;愤激派则可能表现了批判抗争的思想,虚无派则沉溺于道、禅思想以求个人精神解脱,远离现实政治。在审美趣味上,第一类型的文人追求一种高贵典雅、超然物外的人生境界;第二种类型的文人也追崇典雅,但这种典雅是没有清高气派和玄远趣味而比较接近他日常的现实生活;第三种类型的文人也讲求文人的风雅,但多喜好疏野狂放的旨趣,没有第二类文人那样雍容平和,有时甚至有枯索寒俭之态。② 当然,刘纲纪的这种分类只是一种简约的划分,他对这三类文人的审美追求的描述性划分也同样是约略的划分,实际情况是三者是复杂交错、互相渗透的关系。

刘纲纪进一步指出,三种类型的文人尚有相同之处,他们的共同点在于,一般都不否认绘画有助于教化,但同时又突出地强调绘画还具有不直接从属于政治,也绝不等同于工匠的技艺的美的价值,表现出对绘画的审美特征的高度重视和深刻理解。在比较归纳的基础上,依据实践本体论的艺术反映论的观点,他又指认了这些类型所产生的现实根源,即现实政治和社会生活。

---

① 刘纲纪:《中国书画、美术与美学》,武汉:武汉大学出版社 2006 年版,第 321 页。

② 参见刘纲纪:《中国书画、美术与美学》,武汉:武汉大学出版社 2006 年版,第 344 页。

刘纲纪对三种文人及他们用以表现其审美情感的文人画的划分,同徐复观对"逸民"的总结有异曲同工之妙。徐复观认为"逸民"有三种:第一种"逸"为不肯被权势所屈辱,不肯被世俗所污染的"高逸";第二种"逸"为生活的纯洁,"身中清"的"清逸";第三种"逸"为有脱俗精神,而过着超脱于世俗之上生活的"超逸"。而且这三种逸是相互联系的,"逸必以性格的高、生活的清为其内容,所以,高、清、超都是逸的内容与态度,是一种有重大意义的生活形态。①逸是所有文人画所固有的品格,徐复观对"逸"所做的解读,从一方面印证了刘纲纪对文人画的理解和分类是准确的合乎历史实际的。

在对文人画进行分类的同时,刘纲纪依据文人画发展的历史状况及其影响,创造性地提出了"新文人画"②这一观点,并认为是董其昌开创了"新文人画",这是董的重大贡献之所在。

刘纲纪首先从文人画的发展过程中考察了这一问题。他指出文人画在宋确立以来,在元代得到长足发展而成为成熟的艺术形式,这以元四大家为代表,他们不仅在实践上,而且在理论上提出了但写意思,不求形似,"逸笔草草"的创作理念,明确地把主观意兴的抒发置于"形似"之上,并视为绘画的本质。倪云林还提出了"据于儒,依于道,逃于禅"的人格思想,表现出元代文人画的崭新特征。自元入明以后,院画占据了主导地位,元四大家画不为倚重,至沈周、文征明出现以后,文人画大兴,替代了院画的主导地位,但沈周受明院画和浙派的影响,追求一种含蓄蕴藉、典雅超逸的情味,所以他们创造出了与元文人画不同的风格。他们讲求法度,更注意对物象细致的描绘刻画,文征明更是以工致取胜,而唐寅与仇英则或将宋代院画与文人趣味结合,或把宋代院画里注入追慕豪华之情,仇英甚至形成了"精丽艳逸"之风格,陈洪绶等人推重唐宋绘画,反对显扬元

---

① 参见徐复观:《中国艺术精神》,上海:华东师范大学出版社2001年版,第191页。

② 刘纲纪这里所讲的"新文人画"不同于高剑父、范曾、邓福星等人的"新文人画"概念。高剑父在20世纪40年代认为改革中国画要根植于民族绘画的传统之中,所以提出了画"新文人画"、"新宋院画",这是要求民族画向现代发展的一种艺术主张。20世纪80年代范曾在他的《中国画纵横谈》(《东方美术》,南开大学出版社1987年版)也提出了类似于高剑父所指意义上的"新文人画"概念,但没有作出明确界定。邓福星先生在《新文人画略说》(《美术》1989年第5期)中作了初步解释,认为新文人画是一种当代艺术形态,继承的是旧文人画的创作精神、艺术观念和表现方式等特征。随着新文人画创作的发展,1998年孟铁在《中国新文人画十年发展侧记》里概括说,新文人画是坚持民族文化精神,崇尚"天人合一"思想,重视笔墨,讲究个性和真实情感的中国现代绘画艺术语言方式之一。其后又不断有学者对此进行论述,但总体来讲,它主要是指在80年代之后中国大陆绘画领域出现的一种艺术思潮或文化现象,与刘纲纪此处所言殊异。

代风格。正是在这样的情况下,董其昌一反对元画轻视贬抑的看法,把它提到了极高的位置,同时又不单否定宋画,立足于元画又注意吸收宋画的成就,这就与沈周、文征明、陈洪绶等人立足于唐宋绘画去吸取元画成就形成鲜明的对照,表现了明末绘画的一个新方向。"董其昌对文人画的特殊贡献,正在于他卓有成效地实现了这个新方向,创造出了与宋代和元代的文人画不同的一种新文人画。"①

刘纲纪对董其昌的绘画实践和理论进行了详尽论述,阐明了新文人画的特点。他指出,董其昌的新文人画是对元人的真率和宋人的法度的完美融合,它既追崇元人画的真率、荒卒、天真、淡雅,又不信笔而为,失却法度,既讲究宋人的法度,又不陷入过度的"刻画"之中,纵而有法,从而抵达有元人之风雅而去其轻佻的秀润天成的境界。这样,这种新文人画在意境上具有元人的韵味,但又不荒寒枯索而秀润妍美,妍而不甜,天真幽淡;在笔墨上同样具有元人的韵致但又不是"率易"而为,把宋人精细的结构、造型以元人的笔墨加以表现,大胆地给予简约和形式化,呈现出笔墨精巧微妙的形式趣味。刘纲纪"新文人画"的提出与分析,不仅正确地指出了董其昌的重大贡献,标立了他在绘画史上独特地位,也为文人画在发展阶段上,在风格分类的进一步精细化上提供了一个新的研究路向。

4. 对"六法"的精审解读

从某种意义上可以说,刘纲纪是从研究"六法"开始涉足绘画理论研究的,虽然在此之前他写作了对胡蛮《中国美术史》的评论文章。写于 1956 年大学毕业将即,而发表于 1957 年的《关于"六法"的初步分析》,是刘纲纪"在 50 年代的条件下试图用马克思主义的美学观来解释中国绘画'六法'论的产物,曾得到邓以蛰、宗白华、朱光潜先生的肯定与鼓励"。② 在《美术研究》第四期刊登之后,"那时我正在北大进修美学,就又把文章作了增订补充,改名为《"六法"初步研究》,由上海人民出版社于 1960 年出版。"③运用马克思主义美学观对"六法"进行研究,刘纲纪作出了历史性的突出贡献,是刘纲纪其时尚处于萌芽时期的实践本体论思想在绘画理论中的尝试性成果,对于他本人的学术生涯,对于中国美术理论界在新中国成立之后运用新观点研究传统问题具有开拓性的意义,产生了深远的影响。

---

① 刘纲纪:《中国书画、美术与美学》,武汉:武汉大学出版社 2006 年版,第 543 页。

② 刘纲纪:《中国书画、美术与美学》,武汉:武汉大学出版社 2006 年版,"序"第 3 页。

③ 鲁红卫等主编:《割不断的情缘》,武汉:湖北美术出版社 2004 年版,第 23 页。

概而论之，刘纲纪对“六法”的研究，主要表现在对“六法”源出所做的社会学考察和在此基础对“六法”原初意义的体辨；以辩证的分类观点从艺术创作与欣赏的角度对“六法”的正确理解；以历史的发展的观点对“六法”主要概念如“气韵”、“骨法”等作出深刻精谨的解读等方面。

任何一种理论的形成都是社会实践的结果，都应该在这实践中找到说明，“六法”也如此。过去国内外不少对“六法”的研究大体不外有两种情况：一种是孤立地而非从实际的历史发展中考察，这样就往往在字面意义上或陷入古人争论纷纭的歧异之中，或引申出玄妙难解的诠释。另一种是唯心主义或形式主义的阐释，常常把毫不相干的思想强加于谢赫。要想正确地弄清楚“六法”的真义，“应该是以马克思主义的方法论和一般美学理论作为指南，从实际的历史发展中去阐明‘六法’的真义。‘六法’是谢赫所处的时代绘画实践在理论上的一个总结，因此，对‘六法’的研究和阐明，只有联系谢赫当时绘画发展的实际情况，才可能达到正确的了解。”①

刘纲纪认为，谢赫活动期间是中国文学艺术史上自觉提出和讨论文艺理论和批评同起的时期，文艺被更多地用来吟咏情性，与在现实生活中的人的思想感情有了更加密切的关系，文艺成为上层社会中唯务享乐的重要精神生活内容，文艺品评也自然成为他们饶感兴趣的问题。文学方面出现了《文心雕龙》、《诗品》，书法方面出现了《书品》，围棋方面出现了《棋品》，而谢赫的《画品》也是在此种时代范围和社会环境中应运而生的。由于谢赫是当时最大最有影响的宫廷画家，在表现技巧上有“细密精致而臻丽”的高超能力，又有“随时变改，与时竞新”的创造意识，所以，谢赫凭借自己熟谙的绘画技巧，宫廷画家的特殊身份和在画坛上的显重影响，站在当时绘画发展的最高水平，在当时上层社会对文艺作品的优劣问题饶感兴趣的情形下，有条件有资格出来评论还没有人论说过的绘画问题。“六法”虽为谢赫提出，但其他文艺形式的品评对他有不小影响，特别虽《文心雕龙》、《诗品》等文论思想，萧子显、萧纲一派的文学和美学思想倾向，但最为重要的，还是魏晋以来的绘画实践和思想的发展为其所做的准备，顾恺之的“传神写照”、“置阵布势”、宗炳的“以形写形”等言论观点都成为“六法”的思想资源。“谢赫的功绩在于他适应当时绘画批评的需要，把原来在顾恺之和宗炳那里还是零碎、散乱、模糊的思想，加以明确化、系统化、完善化，提升为创作和

① 刘纲纪：《中国书画、美术与美学》，武汉：武汉大学出版社2006年版，第212页。

批评的准则。”①

为了印证上述结论，刘纲纪在20世纪80年代出版的《中国美学史》中对谢赫的生平活动、《画品》的成书年代及书名、“六法”句读等做了深入的考察和辨析。依据《梁书》、《画品录》、《历代名画记》和谢赫在书中品评人物的生卒年代，以及谢赫所表现出来的根本的美学倾向等历史线索，刘纲纪认为《画品》成书于梁代。对于书名，他认为现在通行的《古画品录》一名是从宋代开始称谓的，这并不是谢赫著作本来的名称，本来的名称应为《画品》，《古画品录》这一名称，估计是后世抄录《画品》的人所拟，其中的“录”不是中国目录学所说的著录、目录之“录”，而是抄录之“录”。他强调指出，“六法”断句、标点问题，是直接关系到能否正确理解“六法”的重要问题。历史上第一个逐条转述“六法”的人是张彦远，其对每一法都是四字连续，中间不断：

> 昔谢赫云：画有六法，一曰气韵生动，二曰骨法用笔，三曰应物象形，四曰随类赋彩，五曰经营位置，六曰传模移写。自古画人，罕能兼之。

刘纲纪认为这种断法是正确的。张彦远之后，宋代郭若虚的《图画见闻志》也是这样，直至清代，并无异议。到近代，严可均作出前所未见的断句：

> 六法者何。一气韵。生动是也。二骨法。用笔是也。……

这种断法先是得到日本学者中村茂夫，后来得到钱钟书的赞同。刘纲纪通过对谢赫“六法”含义的精审辨析，通过同一时代文论和佛经等文著的叙述模式的对比研读，从语义学、修辞学等角度做了细微的考证，得出了严可均的断句方法不能成立的正确结论，从而使对六法的真实含义的把握建立在合乎历史实际、绘画本质和作者原义的正确基点上。对此，叶朗先生在其《中国美学史大纲》里也表达了一致的看法。

刘纲纪对“六法”的研究一直得到邓以蛰等前辈学者的支持和鼓励，《六法初步研究》在1960年出版时，邓以蛰先生还在扉页题字，但刘纲纪并没有因此而完全因承邓先生在“六法”问题上的观点。在邓以蛰的《六法通诠》中说：“窃尝以为气韵生动，骨法用笔，经营位置，三者为吾国画学无上原则，他若传摹移写，

① 刘纲纪：《中国书画、美术与美学》，武汉：武汉大学出版社2006年版，第216页。

只能附之于经营位置；随类赋形，应物象形，则只能附于骨法用笔，……先后主从，莫或可颠倒。”①邓先生同时还认可清代邹一桂“以气韵为第一者，乃鉴赏家言，非作家法也”的看法，认为“六法”除气韵生动，“其余五法皆习画法所有事。”②在他所画的图表中，把“气韵生动”置放在鉴赏家一栏，排斥了创作一维而只从批评的角度来理解气韵生动。毫无疑问，邓以蛰著作于20世纪40年代的文章由于受到当时各种因素的制约，不可能没有尚待商榷之处，而他那个时代所普遍流行的克罗齐美学思想也影响了对气韵生动的科学阐释。运用马克思主义实践论美学思想的研究只能到新中国成立后的50年代，也正是在实践本体论观点的指导下，刘纲纪才能批判地继承其研究成果，得出了与前辈学者判然有别的新观点。

刘纲纪认为，从创作和批评的角度来进行内部结构的分类分析是正确估价“六法”理论价值和历史影响的关键所在，因此，“六法”应这样理解：应物象形、随类赋形和经营位置是中国绘画艺术表现技巧的三个基本方面；骨法用笔是绘画中的造型技巧；气韵生动是中国绘画的现实主义美学准则；传移模写是向传统学习的重要方式。它是一个既包含了创作与批评的一般理论的准则，又包含绘画艺术技巧的准则，从而构成了中国绘画理论科学系统的体系。

“应物象形”是从形的方面去表现各种物象的技巧，这是画家最基本的技巧；“随类赋彩”是从色彩方面去表现对象的技法，“类”是指各个不同的具体对象，即要求画家按照不同的对象的要求而给予色彩的表现，它同时还包含有对象的色彩是有它所属的“类”所规定的，如《林泉高致》所认为的“水色春绿、夏碧、秋青、冬黑”等。中国画家以达到在画面上看不到人为的色彩涂痕，看到的是为色彩应用所追求的“秾纤得中，灵气惝恍”的“浑化”的最高境界。“经营位置”是为了表达主题而进行的画面构图，也就是布局或章法，是绘画艺术表现技巧不可或缺的基本方面。与西洋画比较，中国绘画应用散点透视的方法，在构图上十分注意主体的突出表现与局部的联系，主体与局部在互相呼应、映照、对比衬托之中去求得主体的表现，同时又要取得整体形式感的完美和谐，此外，中国绘画还十分重视构思含蓄蕴藉、耐人寻味的效果，巧妙运用宾主、呼应、虚实、藏露、简繁、疏密、参差等构图规律，以突破通常空间上的限制，达到“收敛

① 刘纲纪主编：《邓以蛰美术文集》，北京：人民美术出版社1993年版，第109页。

② 刘纲纪主编：《邓以蛰美术文集》，北京：人民美术出版社1993年版，第133页。

众景,发之图素”的艺术目的。“骨法用笔”是与“应物象形”密切联系的重要一法,通过用笔而表现出对象的骨法,就是应物象形的实际技巧和实际过程,画家应物象形的能力如何是取决于这一法的修养程度的。简言之,它是绘画中能具体表现物象的体积感、质量感和空间感的造型方法。“气韵生动”是六法的第一法,是中国绘画创作与批评的最高准则和历代画家追求的最高境界,充分表现出中国绘画悠久深远的现实主义美学传统。它有两层含义:从创作角度,绘画反映现实生活的角度讲,气韵生动就是要求画家把现实对象的内在本质、内在生命、精神风貌、性情和“生气”或“生意”生动地传达出来,绘人要绘其情,绘月要绘其明,绘雪要绘其清,绘泉要绘其声,绘花要绘其馨,不停留在物象表面,力求表现本质的一种艺术要求;从鉴赏批评的角度看,气韵生动有着另一丰富深广的含义,艺术以形象反映现实,形象愈生动,它的艺术感染力愈大,气韵在绘画艺术中不是作为某种抽象的本质被表现出来,而是通过生动的艺术形象。要求一幅画“气韵生动”,就是要求它有真实感人的艺术魅力,鉴赏者所说的“气韵”,不是说现实对象的内在本质、生命、性情,等等,而是说这种本质、内在生命、“生意”等在作品中所得到的表现和这种表现所取得的艺术效果,“也就是说,从批评角度去应用的‘气韵’,意味着画家所塑造的整个艺术形象的生命力,艺术感染力和这种感染力所达到的特殊的境界,以及作品的整个风格,等等。”①

对“六法”进行辩证的分类之后,为了正确理解和把握其真实含义,刘纲纪运用历史的发展的观点,对诸如“骨法”、“气韵”等重要概念进行了精细谨严的考析,在理清这些概念在历史上不同时代的意义变化的前提上,对其作出了马克思主义实践本体论美学思想的现代阐释。

从谢赫的原初意义上讲,“骨法”是人的形体状貌,又与人的“性”即人的“操行清浊”有关,这原是一个性命哲学、面相学中的术语,在王充《论衡·骨相》和刘邵品识人物的专书《人物志》里都论说过。王充之前在文艺作品中也有使用这一词语的,如宋玉的《神女赋》,其所讲的意思也就是王充所认为的人体的形状颜色、长短大小、美恶形相,亦即人的形体状貌。由于人物画首先必须正确地描画人的形体相貌,即古人称之为“骨法”或“骨体”的东西,所以,在魏晋南北朝时期就成了绘画理论中的一个术语。顾恺之第一个在绘画批评中应用了这一术语,之后,谢赫才进一步提出来了“骨法用笔”,从他对画家的品评的语论中可以

① 刘纲纪:《中国书画、美术与美学》,武汉:武汉大学出版社2006年版,第287页。

看到,谢赫的理解与自古以来对骨法的理解基本是一样的,但又有所不同。[①] 到唐代,张彦远把它称之为"骨气",这是面相学中对"骨法"的另一种称谓,"气"就是人的"气色",其与"骨法"的意思是一样的,宋代的郭若虚也是在上述意义上理解的。由此可见,谢赫的"骨法用笔"完全是从人物画出发提出来的,因为在他的时代,绘画艺术的表现对象主要还是人物,所以,刘纲纪认为,"古人所说的骨法,意味着我们现在所说的人体的形体比例、结构、质量感、体积感,等等,即人体验生活造型构成的各个要素。"[②]但他同时指出,宋代山水画的发展使"骨法用笔"的含义有了重大变化,山水画家们按照创作实践中的要求去理解"六法",拓展和丰富了"骨法"的含义,它不再只指人的形体的造型构成,而且也指山水中树木山石房屋,后来也指花鸟等形体的基本结构。这是把握"骨法"含义的一个必须注意的重要问题。

因而,在"六法"中,由于"骨法"是针对人物画提出的,所以它的意义是对绘画,特别是人物画而言的,但是,另一方面,"骨"这个词在谢赫使用之前就是一个同中国美学密切相关的重要概念,又由于中国绘画艺术实践的不断丰富发展,因此,谢赫所说"骨法"含义就不只限于人物画甚至不能限于绘画理论,而有着更为广泛多样的意义,概略地说有如下几点:第一,"骨"是同事物的骨架、内在结构有关的,所以在艺术作品中有骨就意味着有支撑作品的内在的坚实结构,不是虚浮无力和臃肿杂乱的。第二,骨与力分不开,而力又与我们民族所崇尚的刚健之美的表现分不开,在艺术上,美与骨的讲求也就是对力之美的追求。虽然谢赫所说的"骨法"是指人的形体,但在联系到用笔时,又有用笔需要有骨力的意思,两者不是彼此不容而是相互统一的,骨力始终是构成中国艺术美的一个重要因素。第三,"骨"的观念在中国古代经常同人的行为节操相联,有骨即意味着刚正不阿。反映在艺术上,对骨的美的追求包含着对艺术家本人刚正磊落的人格的表现,"骨"的表现同艺术家的道德观念和审美理想密切联系,关系到艺术家作品风格的高下优劣。第四,"骨"与"肉"相对,表现在艺术作品中,也就是遒劲有力与羸弱空虚相对的关系。在艺术作品中,作品内在的严密坚实的结构、充实于作品内部的力量和渗透于作品中艺术家崇高的思想感情是"骨"的主要体现。而在这三项中,后者是根本,只有当艺术家的思想是精审深刻的,作品的结

---

① 参见李泽厚、刘纲纪:《中国美学史(魏晋南北朝编)》,合肥:安徽文艺出版社 1999 年版,第 789 页。

② 刘纲纪:《中国书画、美术与美学》,武汉:武汉大学出版社 2006 年版,第 268 页。

构才可能是严谨密实的，只有艺术家的情感是充沛热烈的，其作品才可能是强劲有力的；第五，骨与力相关，因此骨与阳刚之美相关，得骨之美即是得阳刚之美，但阳刚与阴柔相互联系相互渗透，刚以骨力之美胜，但亦须有柔，刚而无柔会有赤筋露骨、粗野僵硬之感。柔以柔和为胜，但亦须有刚，柔而无刚则会有颓废软弱、靡然虚浮之嫌，壮语有韵，秀语有骨，阳刚美与阴柔美要相辅相济。总之，谢赫的"骨法用笔"与"气韵生动"一样把绘画等艺术作品与美深刻而密切地联系起来，表现了中国古代美学从生命与精神的生生不息的运动中找寻美的思想倾向。

徐复观在谈论"六法"时曾说过：在中国文化传统中，本无下定义的习惯，而六朝人又太过注重修辞致使语意更易朦胧，而且气韵生动一语，在后来随时代的不同，随作者的不同，而将其意义引申、移转。[①] 气韵生动自谢赫提出之后，一直到现在，对它有着各种不同的解释，但要真正理解这一命题，就必须密切联系它提出时的社会政治状况，考察各个历史时期各不相同的社会政治因素和艺术实践，以发展变化的眼光解读它原始含义和逐渐增殖丰富的新异意义。

正像"骨法用笔"一样，"气韵生动"最初也是针对人物画提出的，人物的精神性格、风气韵度的表现，由于受当时重视人物品藻的社会风气影响而十分为人看重，所以，谢赫所说的"气韵"首先是指作品对人物内在的精神风貌的表现。其次，从主观方面讲，指的是艺术家的审美趣味，艺术上所达到的境界、艺术的风格特点等的表现，这是气韵的两重基本含义，而且，由于谢赫是针对人物画提出这一命题的，所以只有在画人时才有气韵生动与否的问题可言。之后，张彦远进一步明确发挥了谢赫的思想，提出了"形似"概念，并正确地指出了"形似"与"气韵"的关系。正如宋代山水画的发展拓殖了"骨法"的含义一样，气韵含义在宋代也发生了重大变化，原来认为只适应于人物画的原则，推广到了一切题材的绘画。邓椿在郭若虚等人之后更明确肯定地指出物也有神，也须气韵生动。这气韵就是事物的内在本质、内在生命、内在意蕴等，画物也需传其神，要传山水之神、花之神、万物之神，对这一命题作出大胆新颖的推衍解释。明代唐志契又提出物之气韵即是性情、精神，清代的沈宗骞则进一步认为气韵就是指贯彻万物之间的"生气"，是万物的"活动之趣"，等等。这样，"从人到物，从传人之神到传物之神，气韵这一概念大大地扩展和一般化了。它指的不再只是人物的内在本质、

① 参见徐复观：《中国艺术精神》，上海：华东师范大学出版社 2001 年版，第 87 页。

内在精神了，而是绘画所描写的一切客观对象的内在本质，内在精神了。”[①]

刘纲纪进一步指出，“气韵生动”包含了后来艺术家鉴赏家所推崇的“生意”，由于儒、道、玄、佛对“生意”的理解各不相同，因此，对这四家思想不同轻重的偏倚，各个历史时期的艺术家对“生意”亦即气韵生动的追求也有不同的表现。概略而论，儒家对“生意”的追求以“温厚和平”为特征，道家以放达不拘为特征，玄学高雅绝俗，禅宗冷寂空灵，因而在中国绘画史的发展过程中就呈现出不尽相同的美学倾向，在艺术上就呈现出丰富多彩的表现形态。

由于气韵生动不是一个孤立的命题，“只有联系从老子和《管子》四篇以来的哲学和美学的全部历史发展，只有联系魏晋南北朝元气论的整个哲学美学思潮，才能比较准确地把握气韵生动的含义。”[②]而要做到这些，就不仅需要对气韵生动作出统体或整体的表诠，还必须对其进行分解的研究，对组成这一命题的元范畴如“气”、“韵”等作出深刻明晰的疏解。如前所述，谢赫的气韵具有两重基本含义，但这样理解仅仅是初步的，说明气韵在美学上的重要意义，还必须对“气”、“韵”及两者之间的关系作出分析。

刘纲纪分析认为，“气”这一概念从哲学来看自汉朝时已被视为天地万物产生变化的根基，亦即是宇宙万物的本体和生命，因而也是人的肉体、自然生命得以生存的根基，同时又和人的精神、智慧、善恶密切相关，《画品》写作之时，正是在玄学影响渐弱，汉人元气论又被推重之时，《文心雕龙》和《诗品》都贯彻了气之根本。谢赫论气，多次把力联系起来，他对气的理解既指生命力量，也指人的精神、气质的表现，两者是密切相连的，“气”意味着生命与精神的有力表现，包括着艺术家自身和他所描绘对象的生命与精神两者的表现。我们可以把叶朗先生的理解看做是对这一观点的详细注释，叶朗认为，“气”主要包括三个方面：气是概括艺术本源的一个范畴，气是概括艺术家生命力和创造力的一个范畴，气是概括艺术生命的一个范畴。[③] 徐复观认为，所谓的“气”，常常是由作者的品格、气概所给予作品中力的、刚性的感觉，即当时所言的气势、气力和骨气，这一点比较符合谢赫的原义，也与刘纲纪的看法基本一致。[④]

但是对于韵，刘纲纪却不同意徐复观认为的与音响毫无关联的观点，相反，刘纲纪认为韵首先与音乐相关。魏晋以来，音乐艺术有很大发展，而对音乐美的

---

① 刘纲纪：《中国书画、美术与美学》，武汉：武汉大学出版社 2006 年版，第 284 页。

② 叶朗：《中国美学史大纲》，上海：上海人民出版社 1985 年版，第 220 页。

③ 参见叶朗：《中国美学史大纲》，上海：上海人民出版社 1985 年版，第 219 页。

④ 参见徐复观：《中国艺术精神》，上海：华东师范大学出版社 2001 年版，第 98 页。

欣赏与韵律的品味分不开,音韵成为一个重要范畴为时人所重视,成为此时品评人物、鉴识人伦的日常生活和政治生活的重要内容,而人的"声气"为相法的内容之一,所以评论政治性的人物品藻也就把声音作为一个重要方面。又由于东晋以后讲佛诵经之气大盛,是否有"音声高畅"之美也为人所关注,同时,玄学辩论的胜负既包括说理论辩的力量,又包括声音辞藻的美丽。凡此种种,对声音的重视明显具有和人物的才情、智慧、风度的品评相连的审美意义,韵与艺术美也联系起来了,有韵即有美,无韵则不美,"韵"意味着超群拔俗的风雅之美。

谢赫所说的韵是与气紧切关联的。气是人体的生命力与人的气质、精神直接相联的,由于"气合成声,声应律吕",所以韵的存在不能离开气,有气才有声,有声才有韵可言。因此,韵实质是个体的才情、智慧、精神的美在人的生命、个性、气质上的表现,韵必然伴随着气,有韵之气既然是个体才情精神的美之表现,因此,它既包含着与音乐相通的节奏之美,同时又是一种难以言传的内在的精神之美。在这一点上,金原省吾的理解是对的:谢赫之韵,皆是音响的意味,是在画面所感到的音响。

气与韵密不可分,绝不等于两者可以等同,在气、韵分言的情况下,"气"指生命运动的力的表现,韵则带有更为纯粹精神的、哲理的意味,韵不能离开气,但气只有在呈现出韵之后才有充分的美的价值。同叶朗的理解不同,刘纲纪认为:"谢赫是把韵看得比气更可宝贵的"①。因为,气与力相关,韵与神相联,气不足固然是一个缺点,但如果仍有某种"韵"就依然是可贵的。结合艺术现实,刘纲纪指出,中国书画等艺术有时难于气韵俱备,一种是有气而无韵,因而显得粗野直露,缺少深远的韵味情致,一种是有韵无气,表现出柔弱无力。但如果只在"气力"上稍嫌不足,那么它的美学价值常比第一种情况优越,而在气韵兼举的情况下,强调气者偏于阳刚之美,强调韵者偏于阴柔之美。总之,气韵的概念归根到底是要求从主体生命的有节奏、合规律的运动中展现出主体(表现主体和创作主体两者)的精神之美,也就是展现出"神明之律吕",使主体的个性、气质、才情之美获得一种具有音乐性的美的表现。

谢赫提出的与"气韵"直接相联的"生动",既可上溯到《周易》,又显然因承汉人。生即生长,而生长不能脱离运动,有运动才有生长,所以,就其本有的含义说,指的就是生命生长、变化、发展的运动,是包含人在内的万物存在发展的表

① 李泽厚、刘纲纪:《中国美学史(魏晋南北朝编)》,合肥:安徽文艺出版社 1999 年版,第 792 页。

现。那么,生动与气韵又有何种关系呢?在徐复观看来,气韵生动一语的主体是在气韵,生动只不过是作为气韵的自然效果而言之,没有独立的意味。① 叶朗也基本持这一观点“有了气韵,画面自然生动”,有气韵,则有生动。② 刘纲纪没有这样理解,他从中国古代生命哲学观点的出发认为,气与生动密不可分,有气即有生动,没有生动,气也不复存在,因为气是生动特有的固有本性,因此,在谢赫那里,构成为艺术美的“气韵”,其再现形式必须是“生动”的,在这种朴素的说法里,谢赫已经把艺术美与生命问题明显地联系起来了。“现在看来,要求气韵必须表现在一种生动的形式中,也就是要求艺术的美应具有和生命的运动相通、一致的形式。它在本质上也仍然是中国古代的生命哲学在艺术、美学问题上的应用和表现。”而且,在这一点上,气韵生动的要求与苏珊·朗格主张的艺术是“生命的形式”是相符合相一致的。③ 这样,刘纲纪在实践本体论思想指导下,运用中国古代哲学思想观点和西方现代美学思想精到地阐释论证了气韵与生动之间的关系,比较合理地解决了这一历来为人聚讼不止的理论问题。

---

① 参见徐复观:《中国艺术精神》,上海:华东师范大学出版社 2001 年版,第 113 页。

② 参见叶朗:《中国美学史大纲》,上海:上海人民出版社 1985 年版,第 221 页。

③ 参见李泽厚、刘纲纪:《中国美学史(魏晋南北朝编)》,合肥:安徽文艺出版社 1999 年版,第 793 页。

结语:实践本体论美学思想的学术贡献与理论意义

马克思主义实践观美学确立以来已走过了半个多世纪的风雨历程,在这几十年当中,它的发展和壮大是令人瞩目的,特别是新中国成立之后,以李泽厚、蒋孔阳、刘纲纪、周来祥等为前期代表的实践美学家们用自己的思想智慧所建构的宏大理论,与西方马克思主义美学和苏联马克思主义美学一起,在世界的视域里组成了一道亮丽的理论风景线。但客观地讲,20 世纪 90 年代之后,李泽厚的美学已经不能代表实践美学流派的主导思想了,因为他在观点上逐步脱离了实践本体而主张“情感本体”,所以这一时期以后,实践美学的发展大体上是在刘纲纪所明确提出的实践本体这一基点上前进,刘纲纪、蒋孔阳、周来祥等成为学界公认的领军人物。而他们的思想观点和理论体系又同中见异,各自形成了独具特色的理论形态,刘纲纪的实践本体论美学思想也同样是独树一帜,卓然成为大家的。

总括而论,实践本体论美学总体上显示了这样的理论品格:第一,严整精审的体系性显示出巨大的逻辑感。逻辑力量是哲学美学不同于科学美学所特有的品格,这种力量首先表现为撞击人的理论思维的力量,它力图在最深刻的层次上把握世界的统一性,以此去解释纷繁复杂的审美现象;其次,逻辑力量又表现为理性反思和理论批判的力量,在反思和批判中自我构建、自我运动与自我发展,从而思维规定不断丰富,内容不断充实,思想力度不断强化,逻辑层次不断跃迁。刘纲纪以实践本体论为哲学基础,以创造自由论为理论核心,以审美反映论为艺术本质,三者环环相扣构成一个完整的美学问题域,形成了一个层层推衍又互为支撑的立体网络体系结构;再次,逻辑力量又取决于它的彻底性程度。刘纲纪抓着了“实践”这一本原、本体,也就抓着了包括审美现象在内的所有人类社会存在的根本,在揭示与解释美与艺术的根源、本质、规律、现象等重要问题时,以“实践”统摄全局,从实践到自由再到反映,把实践本体观点一致贯彻到底,产生了巨大的理论力量。

第二,与时俱进的开放性显示出强烈的现实感。刘纲纪立足现实去“改造世界”,指向现实、关注社会的博大的人文关怀的这一维度显示了其与时俱进的现实感,他思想中的现实不是纯粹思辨的产物,而是具有丰厚的时代内容,他以思想理论方式所把握到的现实,又非现实的表象,而是在对时代的整体性把握和批判性反思中得出的实质性结论。由此得出的这种现实感还表现为一种理想性的理论引导,刘纲纪的实践本体论美学理论不仅构成了对现实的反思与批判,更是在其美学所具有的理想性的指导下所展示的新的世界图景——新理想主义和新英雄主义的社会主义新文化建设。

第三,溯根讨源的兼容性显示出厚重的历史感。哲学发展的最基本逻辑就在于它是一种历史性的思想。当我们说“实践本体论”美学是中国马克思主义哲学美学以至世界美学史上的一个阶段或一种形态时,这也许并不算是溢美之言或夸大之词,因为把实践作为建立在自然物质本体基础上的社会本体,并以此建构一个较为严整的哲学美学体系,这是美学史上的独特的一章。而这一理论的生发和建构是以巨大的历史尺度去批判地考察和汲取全部美学史的积极成果为前提的,史与论结合,逻辑与历史统一,用史实印证和支撑理论,这无论是在刘纲纪对美和美感的理解,还是对艺术的阐释,都是显而易见的特点。

第四,弥纶群言的容涵性显示出广博的境界感。这种境界感源于向上兼容的历史感和切近时代的现实感,这使得刘纲纪的美学体系本身具有了海纳百川的包容性和与时代同步的开放性,打通“中、西、马”,这正是他的理论所具备的博大境界。同时,非常显明,刘纲纪美学思想的这种境界感还表现在对人类生存关怀的温暖人心的理论构想,表现在最激动人心的审美的理想社会——社会主义、共产主义必定实现的人类美好前景。

要言之,实践本体论美学独特的学术贡献主要表现在以下七个方面。

第一,在不同的层次和范围里区分了不同本体,创造性地提出了实践本体论,在此基础上建构了具有中国特色的马克思主义实践本体论美学思想,进而又把实践本体论美学推进到实践批判的存在论美学。刘纲纪认为,马克思主义哲学首先是本体论,然后才是认识论,前者是后者的基础,没有本体论的哲学是无根的哲学。本体可以在不同的层次和范围里区分,就包含自然和社会在内的世界的本体是什么这一范围内,应当主张物质本体论,只涉及人类社会的范围内,则应当主张实践本体论。马克思主义哲学本体论不仅是自然的本体论,而且还是关于人类社会的本体论,后者以前者为基础和前提,而自然本体论与社会本体论又是统一的。因为人和人类历史的存在不能脱离自然,人既是自然的存在物,他只能存在于他与自然的统一之中，而这种统一就是以自然为基础的人类的物质生产实践，没有物质生产实践就没有任何人类历史的存在，因此实践是人类历史的发祥地。在实践本体论建构的基础上，刘纲纪用实践创造、自由来阐明美的最终本性，从而展开他的实践美学理论。

在与西方马克思主义美学的比较和对话中，刘纲纪将他主张的实践本体论美学重新命名为"实践批判的存在论美学"，这一理论的"新质"可概括为两点：一是"批判"——通过批判更进一步地干预现实，服务社会；二是"存在"——通过强调存在更进一步地重视个体，关注人生。这是刘纲纪在新时期坚持马克思主义实践观点，批判地融合西方美学，特别是西马哲学美学思想，面向时代，指向现实，突出对个体的生存状况的审美关怀所做的新的理论探索。实践本体论提出的重要意义在于：它击破了西方 19 世纪下半期以来所流行的各种神秘唯心的本体论，特别是 20 世纪 80 年代中国思想界产生较大影响的存在主义本体论，使本体论的研究沿着马克思主义哲学指出的正确方向行进；它将深入地解决本体与现象、本体与主体的关系问题，使本体问题在实践唯物主义基础上得到科学的解决；它将丰富和加深我们对马克思主义唯物主义的理解。实践本体论是刘纲纪在哲学上最突出、最独特的学术贡献，这一思想一以贯之成为他在美学原理、中国美学史、中国传统思想文化、美术理论等领域的指导思想。

对于实践美学而言，这一理论纠正了本体论缺失，纠正了前期实践观美学一些含混甚至错误的理解，改正了李泽厚的歧异、偏颇，突破了传统的认识论的樊篱，使美学在实践本体这一正确的基点之上，真正完成了中国当代美学由传统认识论美学向本体论美学的划时代转型。把美学建立在实践本体上，在实践本体论的正确思想指导下建构实践论美学思想，从而为中国的哲学和美学研究提供了新的思路，更为马克思主义实践观美学科学地解释审美现象，深入地解决美与社会现实的联系等问题指出了一条康庄大道，为实践论美学的进一步兴盛发展开辟了更加广阔的理论空间。

第二，"整体实践观"。刘纲纪从马克思"把感性理解为实践活动"这一重要思想出发，把实践理解和阐释为以劳动为基础的人类整体的实践活动，把实践规定在整个人类生活的意义上。这个"整体的实践"，是指在整个自然界和人类社会领域中的具有创造性的实践活动，它不等于所有的生活实际活动，更不是人类全部的"主观见之于客观"的感性活动，它的最重要、最基本的形式是物质生产劳动，其中创造性是其根本特征。因而有别于蒋孔阳和朱立元二位先生的"生活实践观"和"广义的人生实践观"，有别于他们把实践理解为"全体"和"全部"

的生活内容和广大的人生实践。“整体实践观”的内涵介于李泽厚和蒋孔阳、朱立元之间,比李泽厚的实践观广泛丰富,又比蒋孔阳全部生活内容的观点收束窄狭。

由于“整体实践观”在根本上不同于李泽厚仅从《1844年经济学哲学手稿》出发把实践概念狭隘地囿限在制造和使用工具的“工具论实践观”,因而它超越了李泽厚工具本体论,把实践理解为人的感性现实的本质得以实现的创造性活动,从而拓宽了实践的含义,不仅使实践具有揭示美的根源的意义,而且赋予了实践应有的揭示美本质的阐释能力。

第三,创造自由论。刘纲纪从马克思主义哲学关于自由的基本规定,即“自由是人对客观世界必然性的认识和实际支配”出发来理解自由的本质。他在阐释“自由”这个核心范畴时,一是从对劳动的分析中把握劳动的自由本质,分析自由作为从实践到美的中介的历史过程;二是从对美的分析中把握自由的本质;三是区别了一般自由与审美自由。他将美学意义上的自由的特征归结为三点:一是超物质功利性;二是合规律性与合目的性的统一;三是个人与社会的高度统一性。而这三重意义的自由又有一个根本特征,那就是必须感性具体地落实到个体的身上,不能同个体的个性分离。只有这样的一种自由,才是审美意义上的自由。审美的自由不仅有上述三种意义的规定性,而且还有感性具体显现的形式,这种形式是自由在不同对象上的物化。刘纲纪对美和美感的分析与认识,对艺术的本质特征的理解,对一切关于美的问题的解决,都是从自由的这三个特征出发来进行的。这一与他人迥然有别的“创造自由论”,同“整体实践观”一样,是刘纲纪的实践本体论美学思想的核心范畴。

第四,审美反映论。刘纲纪认为列宁所指出的认识论意义上的反映,并非反映的全部含义,马克思实践论的反映论不等同和局限于认识论意义上的反映,反映是一个既包含人的感觉和思维,又包含人的情感和意志的广泛的概念,情感和意志与感觉和思维一样都是客观现实的反映。现实生活中,作为主体方面的人的感情、思想、理想、欲望,以及作为对象方面的客体、客体与主体的关系、主体自身等都应纳入反映的范围,而艺术作为人的自我实现、自我创造过程中所体现出的自由的具体感性的显现,正是对现实生活无限多样的丰富性的反映。又因为艺术对生活的反映是不同于其他意识形态如哲学、科学等的反映,它的独特之处在于这种反映是一种审美反映,因此,对艺术的本质规定就应当是:艺术是对生活的审美反映。这种反映,最根本的特点是把人的生活当做人自身实践创造的感性具体的过程和结果来反映并从中显示出自由的本质。人类的全部生活,只要作为人类争取自由的感性具体的实践创造的过程和结果,艺术通过各种形式表现出在这一过程和结果上所产生的同人的自由实现相联系的某种感情,引起人的审美感受,从广义上看,就是一种审美的反映。

实践本体论美学的艺术反映论,不是简单补充已知的概念,而是一种新的理解。审美反映理论改变了以往把作为哲学原理的一般认识论意义上的反映论直接搬进艺术理论的简单化做法,把审美作为艺术与现实世界之间的中介,丰富了人们对艺术反映的复杂性、具体性和特殊性的认识,这种研究思路具有方法论上的突破性意义。把审美引入艺术反映论还拓宽了研究视野,促使研究者不仅从认识论出发,而且从实践本体论出发,从艺术主体与现实的辩证、互动关系入手来探究艺术反映过程的复杂性,突出了艺术反映主体的主观能动性,给予反映的情感、想象乃至无意识、幻想、直觉等心理活动更多的关注和重视,开拓和丰富了以往的艺术反映论。刘纲纪把"审美"概念引入反映论来阐释"艺术是生活的反映"这一传统的美学命题,将它纳入实践本体论美学的框架之内,赋予它新的意义和生机,使得实践论中关于美和美感的思想完美合理地贯彻在艺术理论之中,准确地揭示也正确地解释了关于艺术本质、来源等一系列重大问题。

第五,对美和美感的创造性论述。美是人的内在的心灵自由的感性物质的显现,这是刘纲纪实践本体论美学的核心命题。其中又包含了不可分离的两个方面:一是内在的心灵的自由,这是属于主观的东西,二是体现了这种自由的外在的感性物质形式,这是属于客观的东西,两者的统一就是美。美既然是主客观的统一,但这个统一归根结底是人改造世界的实践的产物。要认清美的本质,就必须研究劳动的本质,刘纲纪通过对马克思的"劳动创造了美"这一命题进行了现象学的还原和美的发生学阐释,在劳动这一美的起源上对美的本质的规定作出具体明晰的阐明。这一还原过程表现在两个阶段:第一阶段:物质生活需要满足的领域——必然王国——自由表现为生存需要服务——非纯粹意义的美(美好合一——美好区分);第二阶段:社会精神生活需要的领域——自由王国——自由的发展成为目的本身——纯粹意义的美(美善合一——美善区分)。在对劳动进行"还原"和分析后,刘纲纪指出,通过创造性劳动所取得的自由的这种动态(在劳动过程中)和静态(在劳动产品上)的表现,就是劳动美之所在,不仅劳动,由劳动所规定的人的生活也是人自身所创造的作品,因而也具有美学的意义。依此,他指出了美的四个相互补充说明的本质特征:美具有二重性;美是客观的;美既是客观的,又是主客观的统一;美是达到了自由境界的真与善的统一。

与李泽厚的"美是自由的形式"、蒋孔阳的"美是自由的形象"、高尔泰的"美是自由的象征”、周来祥的“美是和谐”等一样,刘纲纪的“美是人的自由的感性物质显现”的崭新界说,丰富和发展了马克思主义实践观美学思想。

美感是美引起的,在根本上决定于对美的本质的认识。刘纲纪认为,美感是人从他所创造的世界上直观到他的自由获得了实现时所引起的一种精神快感。这种精神快感,是一种由于见到人发挥自己创造的智慧、才能和力量,战胜了种种困难,从客观世界取得了自由而产生出来的愉快。与其他美学家通常所认为的美感具有直观性、情感性和社会功利性三大特征不同,刘纲纪通过严密的分析后指出,美感有社会精神性、直观性、超功利性和能动性四种本质特性。刘纲纪在实践本体论思想指导下对美感进行了较详细的心理学分析,结合艺术的创造与欣赏,对审美心理因素作出了科学的解释。更进一步,他又从实践本体论理论本身的内在需要出发,在社会学意义上对审美理想、审美趣味和审美标准等审美意识进行了深刻的阐发,揭示了其对人生、社会所具有的重要价值和意义。

第六,艺术类型理论。刘纲纪对艺术门类的划分是以实践本体论美学思想为根本依据的,是他关于美的本质和艺术的本质理论在解决具体艺术问题时的落实与表现。在实践本体思想的总的划分原则之下,刘纲纪又提出了艺术对现实反映的方式原则、艺术作品所使用的物质媒介原则等五项基本原则,在上述原则的指导下,刘纲纪依据不同的划分标准和方法,对艺术进行了两种不同的类型划分。第一种分类:根据实践本体论美学思想对美的本质和艺术本质的规定,按照前述总体原则和五项基本原则,艺术分为再现性和表现性两大系列,再依据作品使用媒介的质料和方式、主体知觉方式以及作品的呈现方式等划分标准,两大系列之下又划分了 11 个门类;第二种分类:主要依据实践本体论关于美的本质和艺术的本质思想的总体原则,相对地忽略“五项基本原则”,而按照历史与逻辑相统一的方法,把人类艺术划分为原始型艺术、古代型艺术、近代型艺术和现代型艺术四种不同的类型。

与王朝闻、蔡仪、李泽厚、杨辛和甘霖等几家比较起来,刘纲纪的艺术类型理论有如下特点:(1)以实践本体论为总的美学指导思想,以美的自由本质论和艺术审美反映的本质论为主要根据来制定艺术分类原则和标准。(2)历史—逻辑的艺术分类方法是运用马克思主义美学理论对黑格尔美学思想的改造,是迄今为止的中国当代美学家中唯一运用这一方法对艺术进行分类的尝试,具有理论开拓的意义。尽管这一分类方法是在西方理论框架里主要以西方艺术的发展流变为主体所进行的历史性考察,对包括中国在内的一些没有充分经历资本主义发展阶段的国家和民族,并不具有完全的普适性。但他的这一分类思想补救了中国近现代和当代艺术分类理论只进行具体门类划分，缺少宏阔的历史唯物主义视野的偏弊，丰富和发展了马克思主义美学思想和艺术理论，成为刘纲纪实践本体论美学思想中的一个重大创见。(3)多维度多视角综合分析，从而构建了更系统、更严整也更符合艺术现实的类型体系。这一分类体系，在很大程度上克服了以往国内一些美学家流于简约的分类缺陷，也在一定程度上纠正了国外诸如卡冈和竹内敏雄等美学家过于烦琐的弊端。

第七，对书论和画论的开拓性阐释。刘纲纪在新中国成立以来，引领了书法研究的先路。他的《书法美学简论》是新中国成立以来中国书法这一门类艺术美学研究的开山之作。刘纲纪对书法理论的贡献主要体现在论述书法美之根源的审美反映论上，表现在对书法的比象说、书法的生命形式和书法的情感意味等艺术特征的阐述上。刘纲纪指出，书法是对自然的反映，这种反映是一种合乎美的形式规律的创造，因而是一种审美反映。刘纲纪早年把书法的三种美的特征总结为用笔美、结构美和意境美，随着他对书法艺术不断深入地体悟，对中国传统哲学美学与西方现代美学理论的批判性接受和运用，他把原来的结论融入生命哲学理论和心理学理论，用更为妥帖和更为科学的范畴和命题，在更高的哲学美学层面上予以阐发，提出了书法比象说、生命形式说和情感意味说，构成了他卓然自新的实践本体论的书法艺术特征论。刘纲纪对中国绘画史论、美术理论研究的学术贡献主要在：

一是从实践本体论出发的研究原则和方法。

二是不囿旧说、独抒新见的绘画历史人物论。刘纲纪对龚贤创作的特色及历史地位做了前人没有做过的中肯的分析和详细的论述，对文征明做了迄今为止最为全面、系统深入的研究。

三是对中国古代文人画的独到研究。对于文人画，刘纲纪提出了“广义文人画”的观点，这是他绘画理论中具有创造性的一个重要思想，这一观点在符合历史实际的前提下拓展了文人画的内涵。他把文人画大致分为四种类型：(1)表现门阀世族或属于名公、巨卿的文人的审美趣味的；(2)表现非门阀世族和在政治地位上属于中层的文人的审美趣味的；(3)表现社会地位低微甚而潦倒穷贫、流落江湖的文人的审美趣味的；(4)表现得到上层皇室贵族的认可、赏识并与之合作的文人的审美趣味的。前三种类型的文人又可大致划分为温和派、愤激派和虚无派三种。在对文人画进行分类的同时，刘纲纪依据文人画发展的历史状况及其影响，创造性地提出了“新文人画”，这一观点为文人画在发展阶段上和风格分类的进一步精细化分提供了新的研究路向。

四是对“六法”的精微表诠。刘纲纪的《“六法”初步研究》是我国第一部运用马克思主义美学思想来研究中国画的理论纲领——“六法”的专著。刘纲纪对“六法”的研究,主要表现在对“六法”源出所做的社会学考察和在此基础上对“六法”原初意义的体辨;以辩证的分类观点从艺术创作与欣赏的角度对“六法”的正确理解;以历史的发展的观点对“六法”主要概念如“气韵”、“骨法”等作出深刻精谨的解读等方面。

刘纲纪既是美学家、美术理论家,又是书画家,这使他对中国传统绘画理论的研究,扎实可靠地成立在马克思主义实践论的理论基础上,建立在自己对绘画实践的经验体验上,这使他的绘画理论具有卓异的创造性和科学的理论性。他的书画理论体现了他在更高的哲学层面上对传统艺术的思索,也表现出了刘纲纪引进心理学等实证美学的方法和观念,使哲学美学与科学美学融会贯通的学术努力。

此外,实践本体论美学的学术贡献还体现在对中国古代美学史的研究和对《周易》中所包含的古代中国哲学和美学观点的发掘与总结上。刘纲纪独立撰写的《中国美学史》在新中国成立后开美学史写作之先河,填补了“五四”新文化运动以来中国美学史研究方面的空白。刘纲纪的《周易美学》从哲学本位的角度,将《周易》放在古代文化思想发展的客观历史背景中,全方位深层次地讨论了其美学精神,简明扼要地概括出《周易》的美学精神——刚健笃实辉光,日新其德,并指出这也是中国古代美学的伟大精神之所在。由于篇幅等缘由,本论文对此没有做专章研究。

总之,在刘纲纪实践本体论美学思想中,在刘纲纪所作出的开拓性的理论探索中,诸多睿智的见解和富于真理性的论述,对于中国美学的建设和发展都极具学术价值和启发意义,而他的谨严务实的做学态度与积极入世的精神,也将激励和迪示着后学者与时偕行,在“刚健”、“笃实”、“辉光”、“日新”的伟大的美学精神感召下,作出更多的有益于我们时代发展和人民幸福的事业。

当然,没有哪一种理论体系会是完全准确、正确而全面的,实践本体论美学思想体系并非是完美无憾的,某些方面的局限性仍然是显在的。它还存在着一些可待指证的隙地尚需进一步拓充,一些关键的环节亦需要进一步加以澄明。这主要体现在如下若干方面:

首先,是关于实践。从《艺术哲学》到《批评与答复——再谈我对马克思主义哲学的理解》,刘纲纪的实践观点经历了一个由广义到狭义的收束过程,由于他的“整体实践”指的是在整个自然界和人类社会领域中的具有创造性的实践活动，不等同于人类全部的“主观见之于客观”的感性活动，更不等同于所有生活实际活动。这使得人自身的生产实践、精神实践、话语实践等实践类型中的部分内容就有排除在外的可能，而这就将难以恰当阐释越来越丰富的人类实践活动同审美之间的关系问题。

其次，关于“自由”的理解还需进一步开放。从“自由是人对客观世界必然性的认识和实际支配”出发来理解自由的本质，界定美学意义上的自由，相对于美的多种范畴，如悲剧、喜剧、丑，等等，自由的形态就会有不自由、准自由、反自由等多样情态，就不能全面涵盖和恰当解释。而且，美学意义上的自由似乎依然和一般哲学意义上的自由纠缠在一起。自由概念在这里既包含了认识论意义上认识的自由，也包括了本体论意义上意志的自由，这只能是美从何而来的发生学阐释和美之为美的现象学还原，对审美的自由还没有完全通融。实际上，人的审美的实质是一种自由感。从人的主体精神来看，“自由感作为人类一切活动的最终目的，本身倒是一切人是自由和实践自由的前提，认识和实践自由则是为了获得人的自由感的手段”①。因为对人来说，没有自由感，任何自由终归是不现实的和异化了的，在人的精神现象上，自由感是自由对人的最直接、最具完整意义的呈现。

再次，关于“两种生产”。早在1982年，潇牧在《美的本质疑析》中就对此提出过质疑，直到2005年，阎国忠先生还重新提及两种生产的问题，他认为，实践本体论的美学家“刘纲纪一直没有认真看待马克思和恩格斯有关两种生产的理论，其实这正是构成马克思主义实践概念的总体”。② 在两种生产中，人的自身生产与物质生产劳动之间有没有主次关系？刘纲纪先生认为的后者是主、前者是次，但潇牧先生认为它们是“并行”或“并重”地决定着人类历史的发展，成为美和艺术的来源的。刘纲纪并没有完全展开论述，如在什么样的社会历史条件下两者存在主次之分？人的自身生产在什么意义上成为美和艺术的来源？两种生产之间是怎样的互动关系，有没有一般形式与特殊形式之分？如果有，会存在哪些表现？等等。我们认为，实践美学标举“实践”观点，却往往把实践拘囿在“物质生产”的范围之内，而物质生产却并不包括人的自身生产。这样就把实践美学的研究探索限制住了，也正因此，美和审美及其艺术的许多与人的自身生产

---

① 邓晓芒、易中天：《黄与蓝的交响——中西美学比较论》，北京：人民文学出版社1999年版，第476页。

② 阎国忠：《实践美学的经典文本——刘纲纪的美学思想》，《文艺研究》2005年第11期。

相关联的属性、特质,也无法解释清楚。而实际上,人的自身生产是人类社会实践中的物质生产的一个重要方面,研究人类的审美和艺术就必须揭示人的自身生产的本体论意义和功能。

最后,对于艺术的论说仅限于“反映”,而相对忽视了对“艺术生产”的阐述。最后,对实践与美和艺术之间的中介环节尚没有仔细揭示,这些基本环节上还存在一些缝隙和纰漏,需要进一步弥合和拓充。当然,这些问题不仅是刘纲纪美学必须面对的问题,在一定意义上也是整个实践论美学必须面对的问题。但正是这种严整中的疏漏,成就中的不足给了我们更大的启发,使后学者可以在刘纲纪已经提出的问题的基础上对其中一些基本概念和命题做进一步的疏浚和完善。

毫无疑义,在实践论美学思想的建构中,刘纲纪诸多睿智的见解和富于真理性的论述,所作出的开拓性理论探索,对于中国美学的建设和发展都极具学术价值和启发意义。正如阎国忠先生所言,刘纲纪“以自己的学术成果证明,中国马克思主义美学的确具有了与世界上一切重要的美学对话的地位和资格”。[①] 他实践本体论美学思想的学术品格与理论贡献在中国马克思主义实践论美学理论建设上达到了当代的高度。

---

① 阎国忠:《实践美学的经典文本——刘纲纪的美学思想》,《文艺研究》2005 年第 11 期。

参考文献

一、刘纲纪文本文献:

刘纲纪:《美学对话》,武汉:湖北人民出版社1983年版。

刘纲纪:《艺术哲学》,武汉:湖北人民出版社1986年版。

刘纲纪:《美学与哲学》,武汉:湖北人民出版社1986年版。

刘纲纪:《周易美学》,长沙:湖南教育出版社1992年版。

刘纲纪主编:《现代西方美学》,武汉:湖北人民出版社1993年版。

刘纲纪:《传统文化、哲学与美学》,南宁:广西师范大学出版社1997年版。

李泽厚、刘纲纪:《中国美学史(先秦两汉编)》,合肥:安徽文艺出版社1999年版。

李泽厚、刘纲纪:《中国美学史(魏晋南北朝编)》,合肥:安徽文艺出版社1999年版。

刘纲纪:《艺术哲学》,武汉:武汉大学出版社2006年版。

刘纲纪:《美学与哲学》,武汉:武汉大学出版社2006年版。

刘纲纪:《传统文化、哲学与美学》,武汉:武汉大学出版社2006年版。

刘纲纪:《周易美学》,武汉:武汉大学出版社2006年版。

刘纲纪:《中国书画、美术与美学》,武汉:武汉大学出版社2006年版。

(刘纲纪的其他文本均在附录《刘纲纪著作简表》中,兹不列出)

二、研究刘纲纪的文本文献

潇牧:《美的本质疑析——兼与刘纲纪先生商榷》,《学术月刊》1982年第7期。

金大陆:《关于〈美学对话〉的对话》,《读书》1985年第1期。

张玉能:《马克思美学研究的新成果——简论刘纲纪实践观美学思想》,《文艺研究》1987年第5期。

易中天:《站在实践哲学的历史高度——刘纲纪"实践自由说"的美学观点述评》,《武汉大学学报》1987年第6期。

穆纪光:《中国当代美学家》,石家庄:河北教育出版社 1989 年版。

黎山峣:《实践—自由—审美:刘纲纪美学思想述评》,《江汉论坛》1989 年第 3 期。

傅伟勋:《大陆哲学界的"苦行僧"刘纲纪教授——〈刘勰〉序》,载刘纲纪:《刘勰》,台北:东大图书公司 1989 年版。

丁东风:《中国当代著名社会科学家选介》,《社会科学家》1990 年第 5 期。

余三定、张玉能:《博大精深,自成一家——刘纲纪教授的美学研究》,《云梦学刊》1992 年第 4 期。

张玉能:《周易美学》,《文艺研究》1993 年第 5 期。

傅伟勋:《审美意识的再生》,台湾《文星》杂志 1993 年第 6 期。

邹华:《向主体外部世界扩展的崇高——刘纲纪的美学思想》,《西北师范大学学报》1993 年第 1 期。

刘清平:《〈周易〉研究的新开拓:评〈周易美学〉》,《武汉大学学报》1993 年第 3 期。

高楠:《贵在拨乱反正的学术价值——评〈评周易美学〉》,《中国图书评论》1993 年第 5 期。

邹元江:《解释的难题与创造的解释:评刘纲纪主编的〈现代西方美学〉》,《中国图书评论》1994 年第 3 期。

邹元江:《生命哲学与生命美学——评刘纲纪的〈周易美学〉》,《哲学研究》1994 年第 1 期。

邹元江:《心物交感——文艺本体论:刘纲纪〈周易美学〉述评》,《贵州社会科学》1994 年第 5 期。

邹元江:《卦象:哲学性与艺术性的符号——刘纲纪〈周易美学〉述评》,《中国文化研究》1995 年第 2 期。

何梓焜:《浅议艺术反映对象的特殊性》,《岭南学刊》1995 年第 1 期。

徐碧辉:《中华美学学会副会长刘纲纪教授访谈录》,《中华美学学会通讯》1995 年第 2 期。

李亚彬:《走向新世纪的马克思主义美学——访刘纲纪》,《光明日报》1997 年 1 月 4 日。

彭国亮:《追求真善美》,《学校党建与思想教育》1997 年第 5 期。

邹元江:《从美术到美学与哲学——刘纲纪教授的学术贡献》,《美术观察》1997 年第 8 期。

余三定:《学术的自觉与学者的自立:当代学者研究》,武汉:华中师范大学出版社 1998 年版。

[德]卜松山:《以美学为例反思西方在中国的影响——刘纲纪〈德国美学在中国〉德文版序》,《青岛海洋大学学报》1998 年第 1 期。

彭富春:《刘纲纪与实践本体论的建构》,《华中师范大学学报》2000 年第 5 期。

夏冬红:《〈周易〉中的美学——读刘纲纪先生的〈周易美学〉》,《周易研究》2000 年第 1 期。

陈望衡:《20 世纪中国美学本体论问题》,长沙:湖南教育出版社 2001 年版。

杨春时:《审美的超实践性与超理性——与刘纲纪先生商榷》,《学海》2001 年第 2 期。

朱刚:《多声部的实践美学——李泽厚刘纲纪实践美学之比较》,《沙洋高等师范专科学校学报》2001 年第 10 期。

聂运伟:《路漫漫其修远兮,吾将上下而求索——刘纲纪先生访谈录》,《文艺研究》2004 年第 6 期。

吴治平、章辉:《刘刚纪实践美学观的理论贡献及其局限》,《社会科学家》2004 年第 2 期。

华昉:《超越实践美学:当代中国美学建设的首要任务——兼评刘纲纪先生实践美学观的人本主义哲学基础》,《广西社会科学》2004 年第 6 期。

鲁红卫等主编:《割不断的情缘》,武汉:湖北美术出版社 2004 年版。

阎国忠:《实践美学的经典文本——刘纲纪的美学思想》,《文艺研究》2005 年第 11 期。

唐铁惠:《贵州普定走出的美学名家》,《当代贵州》2006 年第 1 期。

李松:《实践本体论的卓越成就——评刘纲纪学术丛书》,《高校社科动态》2007 年第 4 期。

三、相关中文研究文献

(一)著作

中国社会科学院哲学研究所编:《南斯拉夫哲学论文集》,北京:三联书店 1979 年版。

伍蠡甫:《西方文论选》,上海:上海译文出版社 1979 年版。

北京大学哲学系美学教研室编:《西方美学家论美和美感》,北京:商务印书馆 1980 年版。

王朝闻主编:《美学概论》,北京:人民出版社 1981 年版。

高尔泰:《论美》,兰州:甘肃人民出版社 1982 年版。

贾泽林:《南斯拉夫当代哲学》,北京:中国社会科学出版社 1982 年版。

徐崇温:《西方马克思主义》,天津:天津人民出版社 1982 年版。

《复旦学报》编辑部编:《中国古代美学史研究》,上海:复旦大学出版社 1983 年版。

董学文:《马克思与美学问题》,北京:北京大学出版社 1983 年版。

四川省社会科学院文学研究所编:《中国当代美学论文选》,重庆:重庆出版社 1984 年版。

全国马列文艺论著研究会《马列文论研究》编辑部编:《马克思手稿中的美学问题》,哈尔滨:黑龙江人民出版社 1984 年版。

陆贵山:《艺术真实论》,北京:中国人民大学出版社 1984 年版。

周来祥:《美学问题论稿》,西安:陕西人民出版社 1984 年版。

周来祥:《论美是和谐》,贵阳:贵州人民出版社 1984 年版。

周扬:《周扬文集》,北京:人民文学出版社 1984 年版。

叶朗:《中国美学史大纲》,上海:上海人民出版社 1985 年版。

马奇:《艺术哲学论稿》,太原:山西人民出版社 1985 年版。

蔡仪:《新美学》(改写本),北京:中国社会科学出版社 1985—1991 年版。

李泽厚:《李泽厚美学文选》,长沙:湖南人民出版社 1985 年版。

高尔泰:《美是自由的象征》,北京:人民文学出版社 1986 年版。

张涵主编:《美学大观》,郑州:河南人民出版社 1986 年版。

蔡元培:《蔡元培美育论集》,长沙:湖南教育出版社 1987 年版。

胡经之:《中国现代美学丛编(1919—1949)》,北京:北京大学出版社 1987 年版。

朱光潜:《朱光潜全集》,合肥:安徽教育出版社 1987 年版。

黄楠森:《哲学的足迹》,北京:中国社会科学出版社 1987 年版。

高楠:《蒋孔阳美学思想研究》,沈阳:辽宁人民出版社 1987 年版。

赵士林:《当代中国美学研究概述》,天津:天津教育出版社 1988 年版。

肖前:《哲学论稿》,北京:中国人民大学出版社 1988 年版。

王先霈:《文学心理学概论》,武汉:华中师范大学出版社 1988 年版。

陆贵山:《审美主客体》,北京:中国人民大学出版社 1989 年版。

陈廷祐:《中国书法美学》,北京:中国和平出版社 1989 年版。

萧元:《书法美学史》,长沙:湖南美术出版社1990年版。

凌继尧:《美学和文化学:记苏联著名的16位美学家》,上海:上海人民出版社1990年版。

张涵主编:《中国当代美学》,郑州:河南人民出版社1990年版。

王朝闻:《王朝闻学术论著自选集》,北京:北京师范学院出版社1991年版。

李连科:《哲学价值论》,北京:中国人民大学出版社1991年版。

毛泽东:《毛泽东选集》第一至四卷,北京:人民出版社1991年版。

李春青:《美学与人学》,北京:法律出版社1991年版。

李西建:《审美文化学》,武汉:湖北人民出版社1992年版。

成复旺:《中国古代的人学与美学》,北京:中国人民大学出版社1992年版。

朱立元:《当代中国美学新派别——蒋孔阳美学思想研究》,上海:复旦大学出版社1992年版。

陈伟:《中国现代美学思想史纲》,上海:上海人民出版社1993年版。

王国维:《王国维哲学美学论文辑佚》,佛雏校辑,上海:华东师范大学出版社1993年版。

聂世明:《马克思主义实践观新探》,北京:当代中国出版社1994年版。

马奇主编:《中西美学思想比较研究》,北京:中国人民大学出版社1994年版。

刘小枫主编:《人类困境中的审美精神》,上海:知识出版社1994年版。

张世英:《天人之际——中西哲学的困惑与选择》,北京:人民出版社1995年版。

金开诚、王岳川:《书法艺术美学》,北京:中国文联出版公司1995年版。

何楚熊:《中国画论研究》,北京:中国社会科学出版社1996年版。

阎国忠:《走出古典——中国当代美学论争述评》,合肥:安徽教育出版社1996年版。

肖前、李淮春、杨耕主编:《实践唯物主义研究》,北京:中国人民大学出版社1996年版。

敏泽、党圣元:《文学价值论》,北京:社会科学文献出版社1997年版。

陈炎:《积淀与突破》,桂林:广西师范大学出版社1997年版。

冯宪光:《“西方马克思主义”美学研究》,重庆:重庆出版社1997年版。

聂振斌、腾守尧等:《艺术化生存——中西审美文化比较》,成都:四川人民出版社1997年版。

封孝伦:《二十世纪中国美学》,长春:东北师范大学出版社 1997 年版。

杨春时:《生存与超越》,桂林:广西师范大学出版社 1998 年版。

杨国荣:《理性与价值》,上海:上海三联书店 1998 年版。

叶朗:《胸中之竹》,合肥:安徽教育出版社 1998 年版。

腾守尧:《审美心理描述》,成都:四川人民出版社 1998 年版。

邓以蛰:《邓以蛰全集》,合肥:安徽教育出版社 1998 年版。

俞宣孟:《本体论研究》,上海:上海人民出版社 1999 年版。

叶朗:《现代美学体系》,北京:北京大学出版社 1999 年版。

叶朗主编:《美学的双峰》,合肥:安徽教育出版社 1999 年版。

李泽厚:《美学三书》,合肥:安徽文艺出版社 1999 年版。

李泽厚:《李泽厚哲学文存》,合肥:安徽文艺出版社 1999 年版。

蒋孔阳:《蒋孔阳全集》,合肥:安徽教育出版社 1999 年版。

蒋孔阳、朱立元主编:《西方美学通史》,上海:上海文艺出版社 1999 年版。

邓晓芒、易中天:《黄与蓝的交响——中西美学比较论》,北京:人民文学出版社 1999 年版。

王先霈、胡亚敏主编:《文学批评原理》,武汉:华中师范大学出版社 1999 年版。

朱狄:《艺术的起源》,北京:中国青年出版社 1999 年版。

复旦大学中文系文艺理论教研室编著:《马克思主义文艺理论发展史》,北京:中国文联出版社 2000 年版。

汝信、王德胜主编:《美学的历史:20 世纪中国美学学术进程》,合肥:安徽教育出版社 2000 年版。

钱中文:《文学审美特征论》,武汉:华中师范大学出版社 2000 年版。

朱存明:《情感与启蒙》,北京:西苑出版社 2000 年版。

郑元者:《美学心韵》,上海:上海人民出版社 2000 年版。

阎国忠等:《美学建构中的尝试与问题》,合肥:安徽教育出版社 2001 年版。

陆贵山、周忠厚:《马克思主义文艺学概论》,北京:中国人民大学出版社 2001 年版。

曹俊峰:《康德美学引论》,天津:天津教育出版社 2001 年版。

贺善侃:《实践主体论》,上海:学林出版社 2001 年版。

朱立元:《美的感悟》,上海:华东师范大学出版社 2001 年版。

俞吾金:《实践诠释学——重新解读马克思哲学与一般哲学理论》,昆明:云南人民出版社2001年版。

张曙光:《生存哲学》,昆明:云南人民出版社2001年版。

高楠:《生存的美学问题》,沈阳:辽宁大学出版社2001年版。

杨平:《康德与中国现代美学思想》,北京:东方出版社2002年版。

王振复:《中国美学的文脉历程》,成都:四川人民出版社2002年版。

王义军:《从主体性原则到实践哲学》,北京:中国社会科学出版社2002年版。

复旦大学文艺学美学研究中心:《美学与艺术评论》,上海:复旦大学出版社2002年版。

冯宪光:《马克思美学的现代阐释》,成都:四川教育出版社2002年版。

杨平:《康德与中国现代美学思想》,北京:东方出版社2002年版。

孔智光:《中西古典美学研究》,济南:山东大学出版社2002年版。

曾繁仁:《美学之思》,济南:山东大学出版社2003年版。

曾繁仁主编:《中西交流对话中的审美与艺术教育》,济南:山东大学出版社2003年版。

宗白华:《艺境》,北京:北京大学出版社2003年版。

邱紫华:《东方美学史》,北京:商务印书馆2003年版。

陶伯华:《美学前沿》,北京:中国人民大学出版社2003年版。

王振复主编:《中国美学重要文本提要》,成都:四川人民出版社2003年版。

毛宣国:《中国美学诗学研究》,长沙:湖南师范大学出版社2003年版。

邹华:《20世纪中国美学研究》,上海:复旦大学出版社2003年版。

李泽厚:《批判哲学的批判——康德述评》,天津:天津社会科学院出版社2003年版。

邓晓芒:《中西文化视域中真善美的哲思》,哈尔滨:黑龙江人民出版社2004年版。

杜卫:《审美功利主义》,北京:人民出版社2004年版。

赵铮邸:《主体美学》,杭州:浙江大学出版社2004年版。

张世英:《新哲学讲演录》,桂林:广西师范大学出版社2004年版。

邹华:《流变之美——美学理论的探索与重构》,北京:清华大学出版社2004年版。

冯友兰:《中国哲学简史》,赵复三译,天津:天津社会科学院出版社2005年版。

宗白华:《美学散步》,上海:上海人民出版社 2005 年版。

张玉能:《席勒审美人类学思想》,桂林:广西师范大学出版社 2005 年版。

张玉能:《西方美学思潮》,太原:山西教育出版社 2005 年版。

彭富春:《哲学美学导论》,北京:人民出版社 2005 年版。

彭富春:《哲学与美学问题——一种无原则的批判》,武汉:武汉大学出版社 2005 年版。

彭富春主编:《美学》,武汉:武汉大学出版社 2005 年版。

孙正聿:《哲学通论》,上海:复旦大学出版社 2005 年版。

陈良运:《美的考察》,南昌:百花洲文艺出版社 2005 年版。

章启群:《百年中国美学史略》,北京:北京大学出版社 2005 年版。

王子铭:《现代美学基本范式研究》,济南:齐鲁书社 2005 年版。

徐碧辉:《实践中的美学》,北京:学苑出版社 2005 年版。

张法、王旭晓主编:《美学原理》,北京:中国人民大学出版社 2005 年版。

黄凯锋:《价值论及其部类研究》,上海:学林出版社 2005 年版。

孙美堂:《文化价值论》,昆明:云南人民出版社 2005 年版。

刘方:《中国美学的历史演进及其现代转型》,成都:四川出版集团、巴蜀书社 2005 年版。

章辉:《实践美学:历史谱系与理论终结》,北京:北京大学出版社 2006 年版。

薛富兴:《分化与突围》,北京:首都师范大学出版社 2006 年版。

朱存明:《美的根源》,北京:中国社会科学出版社 2006 年版。

高建平、王柯平主编:《美学与文化 东方与西方》,合肥:安徽教育出版社 2006 年版。

张玉能:《新实践美学论》,北京:人民出版社 2007 年版。

(二)论文

周忠厚:《论美来自实践》,《华南师范大学学报》1983 年第 1 期。

杨恩寰:《评美学研究中的几种实践观点》,《辽宁大学学报》1985 年第 2 期。

毛崇杰:《美学十年话暖寒》,《文艺研究》1989 年第 4 期。

蔡仪:《谈美学的哲学基础问题》,《文艺研究》1989 年第 4 期。

张玉能:《必须澄清美学研究的哲学基础——与蔡仪先生商榷》,《长江大学学报》1990 年第 3 期。

刘士林:《“劳动创造了美”新探》,《学术论坛》1993年第3期。

章斌:《原始审美发生新探——劳动美学研究札记》,《思想战线》1993年第4期。

张玉能:《坚持实践观点,发展实践美学》,《社会科学战线》1994年第4期。

秦湘源:《本体论的历史演进》,《求是学刊》1994年第4期。

杨春时:《走向“后实践美学”》,《学术月刊》1994年第5期。

何萍:《哲学本体重建与中国马克思主义的发展》,《江海学刊》1994年第4期。

朱立元:《实践美学的历史地位与现实命运》,《学术月刊》1995年第5期。

张玉能:《自然美与自由》,《云梦学刊》1997年第1期。

陈炎:《实践美学与实践本体》,《学术月刊》1997年第6期。

杨恩寰:《实践美学断想录》,《学术月刊》1997年第6期。

宁梓:《国内实践唯物主义研究的前期线索与基本概况》,《理论探讨》1997年第5期。

王德胜:《中国美学:百年进程及其学术史话题》,《江苏社会科学》1998年第6期。

贺金瑞:《“日本哲学杂志讨论”述评》,《哲学研究》1998年第5期。

徐碧辉:《对五六十年代美学大讨论的哲学反思》,《中国社会科学》1999年第6期。

李丕显:《实践美学的哲学基础和理论逻辑》,《学术月刊》1999年第8期。

李丕显:《实践美学和实践唯物主义》,《安徽师范大学学报》1999年第2期。

周来祥:《新中国美学50年》,《文史哲》2000年第4期。

张玉能:《实践美学:超越传统美学的开放体系》,《云梦学刊》2000年第2期。

王南湜:《范式转换:从本体论、认识论到人类学》,《南开学报》2000年第6期。

杨春时:《20世纪中国美学论争的历史经验》,《厦门大学学报》2000年第1期。

刘士林:《当代美学的本体论承诺》,《文艺理论研究》2000年第3期。

刘成纪:《从实践、生命走向生态》,《陕西师范大学学报》2000年第2期。

张玉能:《重树实践美学的话语权威》,《民族艺术》2001年第1期。

张玉能:《实践的类型与审美活动》,《吉首大学学报》2001 年第 4 期。

朱立元:《发展和建设实践本体论美学》,《广西师范大学学报》2001 年第 1 期。

彭富春:《中国当代思想的困境与出路》,《文艺研究》2001 年第 2 期。

彭富春:《马克思美学的现代意义》,《哲学研究》2001 年第 4 期。

陈望衡:《李泽厚实践美学述评》,《学术月刊》2001 年第 3 期。

陶伯华:《生命美学是世纪之交的美学新方向吗?》,《学术月刊》2001 年第 7 期。

刘士林:《百年中国美学提问方式批判》,《天津社会科学》2001 年第 6 期。

潘知常:《生命美学与超越必然的自由问题》,《河南社会科学》2001 年第 2 期。

潘知常:《实践美学的一个"误区":还原预设》,《学海》2001 年第 2 期。

张玉能:《从实践美学的话语生成看其生命力》,《益阳师专学报》2002 年第 1 期。

张玉能:《在后现代语境下拓展实践美学》,《广西师范大学学报》2002 年第 1 期。

张玉能:《新实践美学与实践观点》,《武汉理工大学学报》2002 年第 2 期。

王德胜:《审美现代性问题与 21 世纪中国美学研究》,《学术月刊》2002 年第 5 期。

王庆卫:《对实践美学的再认识》,《武汉理工大学学报》2002 年第 2 期。

李社教:《人的自由与实践美学的意义》,《武汉理工大学学报》2002 年第 8 期。

邓晓芒:《什么是新实践美学——兼与杨春时先生商讨》,《学术月刊》2002 年第 10 期。

张玉能:《实践创造的自由与美和审美》,《汕头大学学报》2003 年第 5 期。

王天保:《回到马克思》,《汕头大学学报》2003 年第 5 期。

朱立元:《走向实践存在论美学》,《湖南师范大学学报》2004 年第 4 期。

朱立元:《实践论美学的发展历程》,《陕西师范大学学报》2004 年第 4 期。

邓晓芒:《建构马克思的实践唯物主义哲学体系》,《学术月刊》2004 年第 12 期。

周来祥:《"和谐论"文艺美学的理论特征和逻辑构架》,《文史哲》2004 年第 3 期。

李建盛:《20世纪中后期中国美学中的本质论》,《深圳大学学报》2004年第2期。

薛富兴:《李泽厚后期实践美学的基本理路》,《广西师范大学学报》2004年第1期。

马驰:《论马克思主义的实践观》,《河北学刊》2005年第5期。

陈卫平:《台湾学者对大陆近20年来美学研究的评述》,《南京师大学报》2005年第2期。

朱志荣:《实践论美学的发展历程》,《安徽师范大学学报》2005年第5期。

鲁鹏:《实践在什么意义上可以成为本体》,《东岳论丛》2005年第2期。

郭玉生:《对实践范畴和实践美学的再思考》,《武汉理工大学学报》2005年第10期。

阎国忠:《给实践美学提十个问题》,《吉首大学学报》(社会科学版)2005年第4期。

朱志荣:《论马克思实践美学观的价值》,《广东社会科学》2005年第4期。

徐勇:《反驳实践美学终结论》,《汕头大学学报》(人文社会科学版)2005年第4期。

周均平:《关于实践美学与后实践美学论争》,《甘肃社会科学》2005年第2期。

李世涛:《实践美学的产生及其引发的争论》,《甘肃社会科学》2005年第2期。

赵之昂:《实践美学的再阐释》,《甘肃社会科学》2005年第2期。

岳友熙:《叶茂根深的实践美学》,《武汉理工大学》(社会科学版)2005年第1期。

张黔:《心理化——实践美学发展的二条线索》,《滨州学院学报》2005年第4期。

柳倩月:《实践派美学家的美感根源理论之比较》,《江淮论坛》2005年第5期。

薛富兴:《20世纪后期中国美学概观》,《南开学报》2006年第1期。

陈炎:《审美也是一种终极关怀》,《中国人民大学学报》2006年第2期。

朱立元:《关于实践美学发展的构想》,《河北学刊》2007年第1期。

朱志荣:《实践美学发展的必要性问题》,《河北学刊》2007年第1期。

张玉能:《全球化与中国当代美学的发展》,《玉林师范学院学报》2007年第

4 期。

劳承万:《百年中国美学寻踪与当下困境》,《粤海风》2007 年第 4 期。

童庆炳:《朱光潜的“美学实践论”文艺思想》,《文艺争鸣》2007 年第 5 期。

张玉能:《新时期美学研究问题域的转换》,《华中师范大学学报》2007 年第 6 期。

阮学永:《高尔泰的“自由美学”再认识》,《河北理工大学学报》2008 年第 1 期。

王汶成:《现实关怀与问题意识:中国当代美学发展的出路》,《山东社会科学》2008 年第 1 期。

四、相关外文研究文献

[德]康德:《判断力批判》,宗白华译,北京:商务印书馆 1964 年版。

[德]马克思、恩格斯:《马克思恩格斯选集》,北京:人民出版社 1995 年版。

[德]马克思、恩格斯:《马克思恩格斯全集》,北京:人民出版社 1974 年版。

[德]黑格尔:《小逻辑》,贺麟译,北京:商务印书馆 1976 年版。

[德]黑格尔:《精神现象学》,贺麟译,北京:商务印书馆 1979 年版。

[美]乔治 · 桑塔耶纳:《美感》,缪灵珠译,北京:中国社会科学出版社 1982 年版。

[美]H. 加登纳:《艺术与人的发展》,兰金仁译,北京:光明日报出版社 1982 年版。

[美]苏姗 · 朗格:《艺术问题》,滕守尧等译,北京:中国社会科学出版社 1983 年版。

[美]阿恩海姆:《艺术与视知觉》,滕守尧等译,北京:中国社会科学出版社 1984 年版。

[苏]列 · 斯脱洛维奇:《审美价值的本质》,凌继尧译,北京:中国社会科学出版社 1984 年版。

[法]狄德罗:《狄德罗美学论文集》,北京:人民文学出版社 1984 年版。

[法]米盖尔 · 杜夫海纳:《美学与哲学》,孙非译,北京:中国社会科学出版社 1985 年版。

[苏]卡冈:《艺术形态学》,凌继尧译,北京:三联书店 1986 年版。

[匈]阿诺德 · 豪泽尔:《艺术社会学》,居延安译,上海:学林出版社 1987 年版。

[德]鲍姆嘉登:《美学》,王旭晓译,北京:文化艺术出版社 1987 年版。

[德]马克思、恩格斯:《德意志意识形态》,北京:人民出版社 1987 年版。

[美]哈里斯:《文化人类学》,李培茱等译,北京:东方出版社 1988 年版。

[澳]艾格妮丝·赫勒:《人的本能》,邵晓光等译,沈阳:辽宁大学出版社 1988 年版。

[苏]图加林诺夫:《马克思主义中的价值论》,北京:中国人民大学出版社 1989 年版。

[匈]卢卡奇:《社会存在本体论导论》,沈耕等译,北京:华夏出版社 1989 年版。

[日]竹内敏雄:《艺术理论》,卞崇道译,北京:中国人民大学出版社 1990 年版。

[意]葛兰西:《实践哲学》,徐崇温译,重庆:重庆出版社 1990 年版。

[日]今道友信:《东西方哲学美学比较》,李心峰等译,北京:中国人民大学出版社 1991 年版。

[德]黑格尔:《美学》,朱光潜译,北京:商务印书馆 1996 年版。

[德]席勒:《秀美与尊严》,张玉能译,北京:文化艺术出版社 1996 年版。

[德]格罗塞:《艺术的起源》,蔡慕晖译,北京:商务印书馆 1996 年版。

[德]海德格尔:《海德格尔选集》,孙周兴等译,上海:上海三联书店 1996 年版。

[德]席勒:《席勒散文选》,张玉能译,天津:百花文艺出版社 1997 年版。

[美]阿多诺:《美学理论》,王柯平译,成都:四川人民出版社 1998 年版。

[美]布洛克:《现代艺术哲学》,滕守尧译,成都:四川人民出版社 1998 年版。

[德]海德格尔:《存在与时间》,陈嘉映等译,北京:三联书店 1999 年版。

[德]伽达默尔:《真理与方法》,洪汉鼎译,上海:上海译文出版社 1999 年版。

[英]H. A. 梅内尔:《审美价值的本性》,刘敏译,北京:商务印书馆 2001 年版。

[英]鲍桑葵:《美学史》,张今译,桂林:广西师范大学出版社 2001 年版。

[德]康德:《判断力批判》,邓晓芒译,北京:人民出版社 2002 年版。

[德]沃尔夫冈·韦尔施:《重构美学》,陆扬译,上海:上海译文出版社 2002 年版。

[英]威廉·荷加斯:《美的分析》,杨成寅译,桂林:广西师范大学出版社

2002 年版。

[美]理查德·舒斯特曼:《实用主义美学》,彭锋译,北京:商务印书馆 2002 年版。

[德]胡塞尔:《生活世界现象学》,倪梁康、张廷国译,上海:上海译文出版社 2005 年版。

[法]马克·西门尼斯:《当代美学》,王洪一译,北京:文化艺术出版社 2005 年版。

[美]杜威:《艺术即经验》,高建平译,北京:商务印书馆 2005 年版。

后　记

本书是在我的博士学位论文的基础上修订而成的。回想几年前论文做完时,当我在键盘上敲出最后一个标点符号的时候,电脑却莫名其妙地转换成英文格式,本该出现的句号却变成了一个小点。我想,这也许是一种隐喻或暗示:在三年的求学经历中,学位论文的完成对我来说,仅仅是一点点的成绩而已,学术的道路才刚刚开始,足下的途程还很漫长,不管在这条蹊径上能走多远,能走出多大的天地,我都是从这一“点”起程了。

尽管是一点点的收获,它也不是全部属于我一个人的,在这一本薄薄的著作后面,有着我的老师和众多的同学朋友们的教导与关怀。六年前,导师张玉能先生不因我学智愚钝而收录门下,求学当中,他和师母黄老师在学习和生活等方面一直悉心关怀尽心指教。张先生深厚的学养和严谨勤勉的治学态度,对我产生了很大的影响,是我终生受用不尽的巨大财富。在学业上,从书目的开列到阅读进度的汇报,从读书笔记的检查到小论文的写作,他都严格要求,正是在他的教导之下,我才得以领略到美学博大精妙的理论景观。这篇学位论文的选题、写作、修改,更是在张先生的耐心指导和帮助下进行的,大到文章的观点和构架,小到标题和字句都给予指正,其严格与严谨令人感动,而所有这些,又怎能是有限的言辞所能表达得了的?

我要诚挚地感谢华中师范大学文学院的老师们,胡亚敏老师、王先霈老师、孙文宪老师、邱紫华老师、谭邦和老师、李显杰老师、张晋业老师等,我或在他们所讲授的课程中当面聆听他们的教诲,或于他们的著作里领悟其思想的深刻和精彩。我还要感谢刘纲纪先生。在写作的一年多时间里,我多次到他家中造访,向先生请教问题,请他提供一些在外面难以查找的资料,他每次都不厌其烦地给予热情帮助。正是那段时间,刘先生决定重写《中国美学史》,这是一个非常浩大的工程,但他仍拔冗纳扰为我解答疑难。在此衷心祝福他身体健康,祝愿《中国美学史》以全新的面貌早日与我们见面。

在论文的写作过程中,师兄王庆卫、黄健云、黄定华、陈全黎,师姐梁艳萍、陆兴忍、季芳，师弟彭公亮、李三强、刘继平，师妹黄卫星等人，也给予了不少帮助。健云兄和我同住一栋楼舍，我们有更多机会在一起商榷推敲，相互鼓励帮助，走过这如鱼饮水、冷暖自知的读写日月。我的大学或中学同学刘九利、马明君、乔雷庆、沈云霞、徐霞、屈复生等远在故土的朋友们，在华师一起读书的陈卫星、陈兰薰、王春阳等博士，当然，还有我的家人，在我读硕和读博期间，在精神与物质方面都给予了极大的关怀和支持。没有他们，非但我的学位论文难以顺利完成，即便是日常生活也会艰辛困窘，将难以度过那两千多个日日夜夜，在此，谨向他们表示我的殷殷谢忱。

人民出版社的洪琼博士为本书的出版作出了很大的努力，在此也致以衷心感谢！

春秋交序，经冬涉夏，窗外的树叶绿了又黄，落了又生，岁月的容颜在树木前头倥偬而过，迹痕难觅，桂子山留给我的是终身不能忘却的深情，是永远咀嚼不尽的精神丰餐，是我一生中最为美好的记忆。

拙著将要出版了，我却感到忐忑不安，因为相对于刘纲纪先生的思想理论，相对于马克思主义美学的广博精深，我的研究还显得窄狭浅尝，还有很多尚待弥补充实之处。路漫漫其修远，我也会以此为契机，带着对学问的敬畏和亲人朋友的期冀，在这条学术道路上勇敢地走下去。

2011 年 9 月

责任编辑:洪　琼

图书在版编目(CIP)数据

实践本体论美学思想研究/石长平 著. -北京:人民出版社,2012.11
(新实践美学丛书)
ISBN 978-7-01-011370-8

Ⅰ.①实…　Ⅱ.①石…　Ⅲ.①马克思主义美学-研究　Ⅳ.①B83

中国版本图书馆 CIP 数据核字(2012)第 250587 号

实践本体论美学思想研究

SHIJIAN BENTILUN MEIXUE SIXIANG YANJIU

石长平　著

人民出版社 出版发行
(100706　北京市东城区隆福寺街 99 号)

北京瑞古冠中印刷厂印刷　新华书店经销

2012 年 11 月第 1 版　2012 年 11 月北京第 1 次印刷
开本:710 毫米×1000 毫米 1/16　印张:17
字数:300 千字　印数:0,001-2,000 册

ISBN 978-7-01-011370-8　定价:45.00 元

邮购地址 100706　北京市东城区隆福寺街 99 号
人民东方图书销售中心　电话 (010)65250042　65289539